개념도 연구방법론

계획에서부터 평가에 이르기까지

Mary Kane · William M. K. Trochim 공저
최윤정 · 김지연 · 이혜은 공역

Concept Mapping
for Planning
and Evaluation

학지사

Concept Mapping for Planning and Evaluation
by Mary Kane and William M. K. Trochim

역자 서문

『Concept Mapping for Planning and Evaluation』이라는 책을 처음 펼쳐 본 지 16년의 세월이 흘렀습니다. 박사과정 시절 BK 연구생으로서 개념도 연구방법을 활용하여 연구를 수행하기 위해 이 연구방법의 창시자인 Trochim 교수님의 논문들을 조사하면서, 출판물이 1989년부터 출간되기 시작한 것을 알게 되었습니다. 2006년 당시 '20년 세월 동안 연구 성과의 집약물이 책으로 출판되지 않았을까?' 하는 생각이 번뜩 나서 바로 아마존에 들어가 보니, 정말 기적처럼 막 출판이 되어 판매되고 있었습니다! 그때 이후로, 지금 제 손에 있는 이 책은 동료, 선후배, 제자 할 것 없이 참 많은 이의 손을 탄 추억의 소장품이 되었습니다.

2007년 「고학력 기혼여성의 진로단절 위기 경험에 대한 개념도」라는 연구를 『상담학연구』에 발표한 이래, 개념도를 활용한 몇 편의 연구를 수행하면서 제가 무엇을 모르고 했는지 그리고 무엇을 제대로 알고 했는지를 자문하는 기회가 여러 차례 있었습니다. 그럴 때마다 찾았던 것은 개념도 방법론의 안내서로서 충실하게 쓰인 바로 이 책이었습니다. 이 책의 진수는 방법론의 별자리에서 새로운 별이 하나 탄생하기까지 있었던 Trochim 교수님의 헌신과 노력 그리고 실천 후 성찰의 과정을 여실히 살펴볼 수 있다는 데 있습니다. 선지식의 앎의 과정과 실천 행위들을 접할 수 있는 이 책은 연구자로서 '앎의 우주의 세계'에서 무엇을 바라보고 살아가야 하는지와 연구에 임하는 태도에 대해 스스로 점검하도록 방향을 제시하는 '지도'가 아닌가 생각합니다.

개념도 연구의 방법은 좁게는 특정한 소수자의 의견을 모아 특정 집단의 요구를 파악하여 필요한 프로그램을 개발하고 평가하는 것에서부터, 넓게는 서로 다른 생각을 갖고 살아가는 다양한 사람의 합의된 지성을 모을 수 있는 방법으로서 보다 나은 세상을 만들어 가는 데 핵심적인 일이 무엇인지 함께 토의하는 문화를 형성할 수 있는 장점에 이르기까지 그 적용의 범위가 상당히 넓다는 점에서, 다양한 학문 분야의 연구자들에게 유용한 방법론이라 생각합니다.

방법론전공자가 아닌 상담전공자들이 모여서 번역을 한 이유는 상담이라는 활동이 이야기를 나누는 것이고 이야기 속에서 아이디어들을 주고받는 일과 관련 있다 보니 함께 토의하면서 진행하는 방식의 개념도 연구방법론이 상담전공 연구자들에게 좀 더 친숙한 방법론으로 자리 잡게 된 것에서 찾아볼 수 있을 것입니다. 먼저, 용기를 가지고 번역 기획에 앞장을 선 이혜은 선생님과 '매의 눈'으로 단어 하나하나를 놓치지 않고 번역에 힘써 주신 김지연 선생님이 함께하셨기에 번역을 마칠 수 있었습니다. 두 선생님은 제가 서울대학교 대학원에서 교수자 역할을 수행했던 수업에서 각각 학습자로 인연을 맺었던 후배님들이지만, 이제는 함께 연구하는 소중한 동료들로서 함께 결실을 이루어 매우 기쁘고 두 분과의 인연에 진심으로 감사한 마음을 전합니다. 단지 앞서 공부한 선배라는 이유로 부족한 저에게 대표 역자의 자리를 믿고 맡겨 주셔서 이 또한 감사합니다.

끝으로, 출판을 허락해 주신 학지사 김진환 사장님과 한 권의 책으로 출판되기까지 꼼꼼하게 편집을 맡아 진행해 주신 담당 편집자 황미나 과장님께도 감사 인사를 드립니다. 원저의 진수가 독자들에게 잘 전달될 수 있기를 진심으로 희망하면서, 부족한 부분이 발견되면 계속해서 개선해 가도록 하겠습니다.

2022년 10월

대표 역자 최윤정

저자 서문

인간은 집단의 일원이 되는 데에서 의미를 얻는 존재입니다. 우리가 미래를 위해 살아가고 소통하고 계획을 세우는 방법은 속해 있는 집단과의 상호작용, 특히 집단 구성원들을 이해하고 집단 구성원 내 합의를 구축하는 노력에 기초합니다. 집단에 대한 체계적인 연구가 개발된 이래로 사회과학자들은 집단에서 더 나은 계획을 세워 효과적으로 행동하고 그들의 노력을 평가하는 데 활용할 수 있는 엄격하면서 참여적인 접근법을 개발하려고 시도해 왔습니다.

지도를 만드는 인간 활동도 똑같습니다. 그 지도는 우리가 있는 위치, 여기서 새로운 장소로 이동하기 위한 선택지들, 집으로 다시 돌아가는 방법을 아는 데 도움을 줍니다. 지구본, 도로지도, 또는 물 표식(water markings)은 모두 우리가 있는 지역과 가고자 하는 방향을 안내합니다. 이 책에 소개되는 개념도 방법론은 사고와 지식의 위치를 지도로 만드는 방법에서 긴 진화의 한 부분이며, 변화를 계획하고 측정하기 위한 인간 활동의 이익을 위해 활용됩니다.

계획하는 것과 평가하는 것은 개인들이 어떤 문제에 대한 공통적 접근을 창안하는 필수적인 인간 활동으로, 지능, 지식, 경험에 의해 촉진됩니다. 계획과 평가 활동 모두는 많은 사람 및 직책과 관련되며, 이러한 개인들은 종종 자신의 지식, 경험 및 정치적 관점으로 평가 과제에 접근합니다. 공통의 개념구조를 도출하는 과정에서 개인적 관점에 대한 가치와 범위를 인지하는 것은 계획자와 평가자가 직면하는 가장 큰 방법론적 난제 중 하나입니다.

개념도(concept mapping)는 말, 목소리, 심지어 자료들이 때때로 우리를 어렵게 할 수 있는 분야에 대한 양적·질적 접근을 모두 사용하여 사회적 집단 연결에 대한 인간적 특성과 지형을 확인하려는 욕구를 모두 고려합니다. 가장 목소리 높은 참여자, 가장 공통적인 진술문들, 또는 가장 강력하게 표현된 아이디어는 다양한 이해관계자 집단의 핵심 관점을 대표할 수도 있고 그렇지 않을 수도 있습니다. 개념도는 많은 공동체의 관심으로부터 나온 아이디어에 대해 이해관계자가 직접 시각적 지도를 창조하는 하나의 방법론으로, 특정 집단에게 중요한 문제에 대한 계획 과정과 평가 노력을 안내하는 데 사용될 수 있는 지도들을 산출하기 위해서 특별한 분석 및 자료 해석 방법이 혼합됩니다.

아이디어를 지도로 만드는 것에 대해 과거에도 다른 기법들이 제안되었습니다. Novak(1984)은 주요 아이디어들의 명확한 기술과 아이디어들을 위계적 개념으로 분류하는 것을 포함하는 '손으로만 그리는(free-hand)' 개념도 절차를 기술합니다. Rico(1983)는 글쓰기의 개념적 구조를 개발하는 데 유용한 방법으로 '손으로만 그리는' 방식의 개념도나 그림으로 나타내는 방법을 제안한 바 있습니다. Moore(1987)는 아이디어를 발전시키기 위한 몇 가지 전략, 즉 명목(nominal) 집단 기법, 아이디어 작성하기, 델파이 기법과 해석적 구조모형의 사용에 대해 기술하고 있습니다. 이러한 방법들은 모두 결과적으로 그림이나 지도가 될 수 있습니다. 이러한 접근법과 그 밖의 접근법들도 계획과 평가를 위해 가치가 있지만, 이 책의 범위 밖에 있습니다.

여기에 설명하는 개념도 방법은 다음과 같은 이유에서 다른 개념도 기법과는 다릅니다.

- 이 개념도 방법은 다양한 출처의 자료와 서로 다른 전문지식 내용이나 관심사를 통합하기 위한 목적으로 설계됩니다.
- 특정 집단의 복합적 사고를 보여 주는 일련의 지도들을 제작합니다.
- 지도를 구성하기 위해 다변량 분석을 사용합니다.
- 이 개념도 방법은, 특히 패턴 일치시키기와 방향-위치(go-zone) 지도[1]를 통해서 계획과 평가를 위한 독특한 장점을 지니는 축척 수준의 지도를 산출합니다(이 책의 후반부에 설명).
- 목표 계획, 실행 전략들, 평가를 촉진하기 위해서, 결과로 나타나는 자료는 평정 준거, 이해관계자 집단, 서로 다른 시점, 또는 다른 준거와 같은 변인들에 따른 이변량 비교에 충분히 적합해야 합니다.

이 책 전반에 걸쳐 논의된 과정은 다양한 기존의 구조화된 개념화 과정 중의 하나입니다. 집단 개념도(group concept mapping)는 계획과 평가에서 이론이 맡는 역할에 대해 증가하고 있는 관심과 관련이 있습니다. 예를 들면, 평가에서 이러한 관심은 프로그램 이론 중요도에 관한 저술(Bickman, 1986; Chen & Rossi, 1983, 1987), 인과 과정 연구의 중요도에 대한 강조가 높아진 상태에서(Mark,

1) 역자 주: 일반적으로 지하철 노선도, 놀이공원 안내지도 등의 지도를 말한다.

1986), 특히 이론 기반 판단 연구에서 판단의 중심 역할에 대한 인지에서(Cordray, 1986; Einhorn & Hogarth, 1986), 그리고 비판적 다원주의 사고(Shadish, Cook, & Houts, 1986)에서 찾아볼 수 있습니다. 이러한 연구들은 여러 조작화 분석을 선택하고 안내할 때 이론의 역할을 강조하고 있습니다. 개념도는 이러한 맥락에서 이론을 정교화하는 한 가지 방법입니다.

계획 과정에서 개념화(conceptualization)는 다소 더 많은 관심을 받았고, 종종 서로 다른 계획 모델과 개념화 방법에 대한 압도적인 확산에서 볼 수 있습니다(Dunn, 1981; Moore, 1987). 평가를 위한 도구로서 그러한 방법들은 프로젝트의 성과가 이해관계자의 광범위한 목표들을 가진 프로젝트 내에서, 특히 이러한 목표들이 시간이 지남에 따라 진화되는 경우에 유용성이 증가하는 것을 발견해 오고 있습니다. 계획과 평가의 두 가지 맥락에서, 개념도는 조직의 관계망을 생각하고 성장시키는 체계의 세계에서 점차로 가치가 있고 유용한 참여적 접근 방식을 아우르고 있습니다.

거의 20년 전에 소개된 이래로 이 책에서 기술하는 개념도 방법론은 광범위한 계획과 평가 프로젝트에서 핵심적인 역할을 해 왔습니다. 다음은 작은 사례입니다.

- 하와이에 담배 정착 자금을 배분하고, 이후 하와이주 입법부에 의해 후속적으로 시행된 권고안을 도출하기(Trochim, Milstein, Wood, Jackson, & Pressler, 2004)
- 정신질환 가족치료에서 흑인 가족의 참여에 대한 장애 조사하기(Biegel, Johnsen, & Shafran, 1997)
- 직장 내 성희롱에 대한 인식의 성별 차이 탐색하기(Hurt, Wiener,

Russell, & Mannen, 1999)

- 비즈니스 조직의 진행자/자문가의 교육 요구 및 관련 기대 역량 파악과 직원 역량 평가(McLinden & Trochim, 1998)를 통해 경영 컨설팅 회사를 위한 비즈니스 설계 교육 프로그램 개발하기
- 보건공무원, 법률 전문가, 학업 및 정책 관계자, 예방 연구 관련 구성원 등의 이해관계자 전반에 걸친 보건 공동체 내 사망 문제에 대한 우선순위 정의하기(Rao et al., 2005)
- 소아 호스피스 및 완화 치료에서 아동의 요구 모델 개발하기 (Donnelly, Huff, Lindsey, McMahon, & Schumacher, 2005)
- 질병통제예방센터(Centers for Disease Control) 및 만성질환 전문가(Chronic Disease Directors)의 지도 감독하에, 뇌전증 (epilepsy)과 같은 저발병률만성질환의 공중보건관리 지침 수립하기(Wheeler et al., 2005)
- 보완 및 대체의학 제공자가 조사연구에서 강조할 개념 영역 확인하기(Baldwin, Kroesen, Trochim, & Bell, 2004)
- 외상성 뇌손상 환자의 문제 모델 개발하기(Donnelly, Donnelly, & Grohman, 2005)

이 책은 학생, 연구자 및 창업자를 포함한 광범위한 사회과학자를 위한 개념도 방법론과 전략에 대한 권위 있는 지침서입니다. 저자들은 개념도 프로젝트의 연구진행자(facilitators)가 직면할 수 있는 문제에 대해 특별히 관심을 갖고, 프로젝트의 계획 및 실행과 관련한 상당한 실제 경험을 공유하고 이 방법의 기술적 기초와 분석 및 결과 해석의 핵심 쟁점에 관한 광범위한 내용에 대해 안내하고

자 합니다. 끝으로, 계획과 평가에서 개념도를 사용하는 것에 대한 마지막 장에서 실제 실행의 상세한 예와 함께 개념도를 실제로 적용할 수 있는 여러 가지 방법을 보여 줍니다.

철학자 William James는 "자료에 인지적인 색채를 입히지 않는다면, 아이디어는 너무나 평평한 심리적 표면(surface)이다."라고 말한 적이 있습니다. 개념도는 통찰력, 이해력 및 합의를 창출하는 방식으로 한 집단의 아이디어를 반영하는 고유한 방법을 나타냅니다. 이 책은 여전히 보이지 않는 아이디어의 지형을 발견하고 이러한 아이디어들이 당신 자신의 사회과학 노력의 유익함으로 이용되도록 하기 위해서 평평한 지형을 넘어서 볼 수 있도록 도와줄 것입니다.

차례

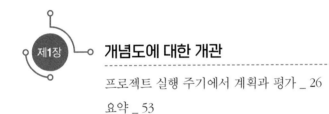

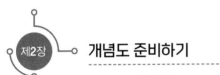

제3장

제4장

제5장

제6장

제7장

제8장

제9장

제1장

개념도에 대한 개관

프로젝트 실행 주기에서 계획과 평가

요약

CONCEPT MAPPING FOR PLANNING AND EVALUATION

제**1**장

개념도에 대한 개관

아이디어는 토끼와 같다. 토끼 암수 한 쌍을 어떻게 다루는지를 배우면, 곧 12마리를 갖게 될 것이다.

—John Steinbeck

개념도(concept mapping)는 아이디어를 그림이나 지도로 표현하는 모든 과정을 설명하는 포괄적인 용어이다. 그러나 이 책에서 우리는 이 용어를 브레인스토밍, 진술문 분석과 종합, 진술문의 비구조화된 분류하기, 다차원 척도법 및 군집(cluster) 분석, 그리고 수많은 해석이 가능한 지도와 도표 자료 산출의 단계를 포함하는 하나의 통합된 접근(Trochim, 1989c; Trochim & Linton, 1986)인 개념도의 특별한 형태를 언급하는 것으로만 사용한다.

개념도는 다양한 이해관계자 집단이 함께 모이고 계획 및 평가에 사용할 수 있는 공통의 개념구조를 빠르게 형성하는 것을 돕기 위해서, 한 집단이나 조직의 아이디어를 조직화하기 위한 하나의 구조화된 방법론으로 간주될 수 있다. 개념도는 통합된 혼합 방법의 한 유형으로 고려될 수 있다(Caracelli & Greene, 1993; Greene, Caracelli, & Graham, 1989). 왜냐하면 개념도는 질적·양적 구성요소들이 서로 불가분하게 결합되어 이해관계자들의 다양한 집단이 자신의 아이디어를 명확히 표현하고 그 아이디어들을 다양하게 계량적으로 도출한 시각적 결과물들—개념도, 패턴 일치 및 평정값 도표—로 나타날 수 있게 하기 때문이다. 그러한 시각적 결과물들은 당면한 문제에 대한 즉각적인 인식과 진행 방법에 대한 합의 도출에 사용될 수 있다.

이러한 협력적인 집단 과정은 초점 집단과 같은 덜 정교한 개념화 접근 방식과 비교할 때, 사회과학자와 다른 연구자들에게 몇 가지 이점을 갖는 계획과 평가를 위한 하나의 개념적 구조를 산출한다.

- 개념도는 잘 정의된 양적 결과를 산출하기 위해서 정교한 다변량 통계적 방법과 함께 브레인스토밍, 비구조화된 아이디어 분류하기, 평정 과제와 같은 구조화된 집단 과정을 통합하는 하나의 체계적 과정을 나타낸다.
- 개념도는 특정 계획 목표 또는 평가 매트릭스를 개발하는 데 직접적으로 활용될 수 있는 하나의 개념구조에서 특정 아이디어들을 그래프로 나타낸다.
- 개념도는 한 집단의 쟁점이나 요구에 대한 정의, 계획, 평가를 필요로 하는 가상의 어떤 환경에서도 폭넓고 다양한 이해관계자 집단 그리고/또는 다른 자료 출처로부터 자료 수집을 촉진하고, 시의적절한 방식으로 참여자들에게 이러한 자료들에 대한 피드백을 가능하게 한다.
- 개념도는 소규모 단일의 현장 모임에서부터 온라인으로 정보를 제공하는 지리적으로 분산된 수백 명의 이해관계자에 이르기까지 어떤 크기의 이해관계자 집단에도 사용될 수 있다.
- 개념도는 초기 아이디어의 생성뿐만 아니라 결과의 해석에 관

심 있는 공동체의 이해관계자들이 직접 참여하는 협력적이고 참여적인 과정을 제공한다. 진행자보다는 오히려 이해관계자 자신들이 전체 개념화 및 결과 해석 과정을 위한 내용을 관리한다.

무엇보다도 개념도는 체계적 관점[1] 내에서 계획과 평가 과정에 대해 하나의 통일된 개념구조를 제공하는 그 두 가지 과정을 통합하는 방법론을 사용한다(Veney & Kaluzny, 1984). 다양한 관심 공동체에 따라, 생각의 지도로 참여자의 노력들을 표현함으로써, 개념도는 효과적인 계획하기와 평가 노력을 위한 새로운 양적 개념구조를 제공한다.

개념도는 하나의 특정한 쟁점에 관해 참여자인 이해관계자들의 아이디어의 열린 기여를 추구하고, 그 아이디어를 조직화해서 쉽게 이해되도록 그림이나 지도로 묘사한다. 결과적으로 나온 개념지도를 하나의 토대로 사용하기 때문에, 연구자들은 참여자의 아이디어에 대한 중요도나 실행 가능성과 같은 많은 관심 변수들을 측정할 수 있고 지도상에 패턴들로 보여 줄 수 있다. 그 변수들은 통합적으로 그리고 세부적으로, 두 개 또는 그 이상의 패턴으로 비교할 수 있다. 측정 유형들이나 실행의 잠재적 과정을 확인하는 '방향–위치 지도(go zone)'로 알려진 이변량 그래프와 함께, 시간 경과에 따른 합의와 일관성을 확인하기 위해 패턴 일치시키기를 사

1) 역자 주: 체계적 사고 관점을 의미한다. 체계들과 하위 구성요소들이 서로 긴밀하게 연결되기 때문에 체계적 사고 관점은 체계들 간의 상호작용과 상호 관련성에 대한 해석에 숙달하는 것을 강조한다.

용하여 두 개 이상의 패턴을 비교할 수 있다. 개념도 연구과정은 프로젝트의 초기 개념화에서부터 실행, 프로그램 그리고/또는 측정의 개발, 프로그램의 초기 실행에 이르기까지, 그리고 최종적으로 평가와 재구성에 이르기까지 프로젝트 실행 주기 전체에서 하나의 통합된 개념구조로 유용하다.

개념도 연구방법이 성공적으로 사용된 몇 가지 예시는 다음과 같다.

- 하와이 보건부(The Hawaii Department of Health: HDOH)는 개념도 방법을 사용하여 담배, 영양 그리고 신체 활동과 관련된 개인의 행동에 영향을 미치는 지역사회와 체계 요인들을 정의하기 위해서 지역의 이해관계자 및 국가 수준의 주제 분야 전문가를 참여하게 했다(Trochim et al., 2004). 이 결과는 즉각적으로 주지사와 주 의회에 의해 승인된 하나의 공식적인 계획으로 통합되었고, 하와이의 담배 정착 자금들이 대중 건강에 지속 가능한 변화를 도출하기 위해 사용될 수 있는 방법이 추천되었다. 이 프로젝트는 4주 기한 내에 완료되었고, 하와이의 담배 정착의 공유로 인해 성공적으로 보건부 기금 지원이라는 결과를 만들어 냈다. 게다가 그 결과, 향후 프로그램 평가에 채택될 하나의 개념구조를 제공했다.
- 개념도는 연방정부 지원금을 활용해야만 할 경우에, 주 보건부가 뇌전증 및 저발병률만성질환(Low-Prevalence Chronic Conditions: LPCCs)을 제기할 때 수행할 역할을 발의하기 위해서 질병통제예방센터(Centers for Disease Control and Prevention: CDC)와 공동으로 미국 만성질환전문가협회(National Association

of Chronic Disease Directors: NACDD)에 의해서 후원을 받는 프로젝트에 사용되었다. 여기에서 이해관계자에는 만성질환전문가(Chronic Disease Directors: CDD), 질병통제예방센터(CDC), 공공보건기관, 옹호 단체 등의 대표들이 포함되었다. 이 프로젝트는 주 보건부가 뇌전증 또는 다른 저발병률만성질환(LPCCs)에 광범위하게 관여할 수 있는 활동 범위(평가, 역학 및 감시, 파트너십, 주 계획, 개입과 평가)를 추천하였다. 또한 이 권고안은 주 기반의 만성질환 프로그램을 위한 선행 우수 사례 프로그램의 구성요소들과 놀랍게도 일치하였다.

- 국립암연구소(National Cancer Institute: NCI)는 학제간 담배 사용자연구센터(Transdisciplinary Tobacco User Research Centers: TTURCs)로 알려진 대규모 복합센터 요구 프로그램에 대한 평가의 일환으로 개념도를 사용했다(Stokols et al., 2003). 이 개념도는 하나의 평가 기초로서 측정해야 할 성과들을 결정하는 것을 촉진하기 위해 수행되었다. 이 프로젝트에서 개념 지도의 사용은 아이디어 군집뿐만 아니라 과정, 구조, 그들의 노력에 대한 성과를 정의하는 영역으로, 이러한 군집들을 재배치하는 것을 명료하게 하였다. 제8장에서 논의되는 것처럼, 이러한 군집 집단들을 단기, 중기, 장기 평가 준거로 거의 정확한 지도를 가져온 것이다.

연구자는 계획하기나 평가 프로젝트 실행 주기 동안 프로젝트에 내재된 많은 근본적인 설계, 과정 그리고 성과 질문들을 제기하는 것을 돕는 개념도를 실행할 수 있다.

- 계획하기 또는 평가 프로젝트에서 쟁점들은 무엇인가? 개념도는 특정 쟁점들과 바람직한 성과의 명확한 기술을 요구하는 특정 초점 및 평정 프롬프트의 개발로 시작되며, 이해관계자의 아이디어를 창출하기 위한 구조화된 브레인스토밍 과정이 뒤따른다. 또한 이 과정을 인터넷으로 자연스럽게 적용하는 것은 크고 지리적으로 분산된 공동체의 관심사로부터 아이디어를 수집하는 것을 촉진시킨다.
- 어떤 쟁점들이 상대적으로 더 중요하거나 더 높은 우선순위를 가져야 하는가? 이해관계자에 의해서 실행되는 분류와 평가 과정은 참여자들에 의해서 아이디어들이 군집화되고 평정되는 방법에 대해 정교화되고 혼합된 방법으로 분석하기 위한 원자료를 제공한다.
- 참여자 집단들 간에 합의가 있는가? 개념도 분석은 개별적인 이해관계자 하위 집단들의 평정들이 어떻게 일치하거나 차이가 나는지에 대해 시각적 도표를 산출한다.
- 이해관계자들은 그들이 하나의 프로젝트 실행 주기를 관통하는 전체 과정 동안 각 단계에서 그들이 성취하고자 노력하고 있는 것에 대한 공통의 비전을 갖고 있는가? 시각적 지도들은 참여자들에게 핵심 아이디어, 즉 아이디어들이 어떻게 군집되고, 그 군집들이 서로 어떻게 관련되는지, 그리고 특정한 준거에 따라 군집들이 어떻게 평정되는지 등을 명료화시켜 준다. 집단들은 그들의 생각에 대한 '현재 상태'를 인지하기 위해서 그리고 변화를 추적하기 위해서 이러한 정보를 사용한다.
- 이해관계자는 프로그램이나 개입의 실행을 평가하고 계획과 평가 사이의 간극을 연결하기 위해서, 그 프로그램이나 개입이 원래 의도된

초점을 어느 정도 반영하는지를 점검할 수 있는가? 개념도 방법론은 계획하는 노력과 후속 프로그램 평가 모두를 사정하기 위한 공통의 개념구조를 제공한다.

- 프로그램이 효과가 있으며, 어떤 변수들에 대해 효과가 있는가? 특정 아이디어와 아이디어 군집 및 관련 평정값 모두에서 실행되는 개념도 접근은 프로그램 결과에 대한 특수한 측면의 평가를 가능하게 한다. 그것은 또한 여러 이해관계자 집단의 관점과 시간 두 가지에 따른 프로그램 평가를 촉진한다.
- 이해관계자들이 성취하기 위해 설정한 목표를 그들이 달성하고 있는지를 보기 위해서 프로그램 성과들을 원래 기대나 의도와 연결시킬 수 있는가? 개념도 방법론을 사용함으로써, 프로그램 평가자들은 계획 과정의 자연스러운 결과물로서 관련 성과 준거를 산출할 수 있다.
- 조직의 평가 체계는 무엇으로 구성되며, 어떻게 실행되는가? 개념도는 어떤 체계의 개념구조를 개발하고 어떤 조직이 조직의 요구사항, 진전도 지표, 측정을 통합된 방식으로 연결할 수 있도록 한다.

개념도는 참여적 집단 과정과 함께 양적이고 질적인 분석 방법을 혼합함으로써 전반적인 이해관계자의 사고에 대한 분석과 이해를 명료화하는 방식으로, 계획과 평가 프로젝트 내에서 이와 같은 질문들을 제기한다. 개념도는 개인들이 한 집단으로서 보다 효과적으로 생각할 수 있도록 돕지만, 개인이 기여하는 독특성을 잃지 않도록 한다. 또한 개념도는 그 집단들이 대부분의 계획과 평가 상황에서 중요한 세부 사항을 간과하거나 잃어버리지 않고 내재된 복잡성을 관리할 수 있도록 돕는다.

하나의 쟁점에 대한 개념화는 계획과 평가에서 가시적인 성과의 열쇠가 된다. 앞과 같은 모델을 개발하는 것은 연구자들이 계획은 제기되고 수정하거나 개선해야만 한다는 쟁점을 이해하는 것을 전제한다. 평가를 실시하는 것은 연구자들이 요구를 반영할 것이고 바람직한 변화를 보여 줄 요소들을 확인하고 측정할 수 있다는 것을 전제한다. 쟁점을 개념화하고 그 개념화를 통해 계획과 평가 관련 접근법을 도출하는 것은 응용 연구자들에게 종종 도전이 되는 중요한 단계이다.

사회연구는 개념화 과제를 달성하기 위해 여러 가지 방법을 사용하지만, 이 책은 현존하는 모든 방법을 개관하려는 시도가 아니다. 대신에, 우리는 지난 20년 동안 상세하게 조사되었고 계획과 평가에서 가치 있는 하나의 도구로서 인정되는 '개념도'라는 특수한 과정을 기술한다. 개념도는 브레인스토밍, 진술문 종합, 분석, 지도 만들기의 과정을 통해 앞에서 설명한 것과 같은 결과를 가능하게 한다. 이러한 전체 과정은 연구자들이 제기하는 쟁점들에 대한 개념화를 지원한다. 이 장은 개념도를 소개하고 프로젝트 실행 주기 전체에 걸쳐 어떻게 작동하는지 보여 준다. 이어지는 장에서는 적절하고 성공적인 개념도 프로젝트를 완수하는 데 필요한 각 단계들을 기술한다.

프로젝트 실행 주기에서 계획과 평가

가장 일반적인 수준에서 계획과 평가는 [그림 1-1]처럼 프로젝트 전체 과정에서 다소 단순한 과정을 따르게 된다.

첫 번째 단계인 **개념화**(conceptualization)에서는 주요 이해관계자들이 핵심 쟁점을 파악하고 이를 이해하려고 노력하며, 이루어져야 할 것과 관련된 합의나 공유된 비전을 달성하고자 노력하게 된다. 만약 그들이 어떤 프로그램을 개발하고 있다면, 그들은 프로그램의 목적과 목표에 대해 합의하고 프로그램의 주요 구성요소나 원리를 기술하게 된다.

두 번째 단계인 **개발**(development)에서는 일부 이해관계자들이 개념적 구조를 조작적 현실로 전환하기 시작한다. 그들은 프로그램 제공의 각 단계, 필요한 자원, 그리고 작업을 가장 잘 수행할 수 있는 방법을 정확하게 설명한다.

세 번째 단계인 **실행**(implementation)에서는 프로그램 또는 계획에 대한 예비 점검을 거쳐 원래의 비전에 대한 충실도를 확인한다. 필요한 경우, 프로그램이 의도한 것을 보다 정확하게 반영할 수 있도록 미세하게 조율되고 조정된다.

마지막으로, 네 번째 단계인 **사정**(assessment)에서는 프로그램의

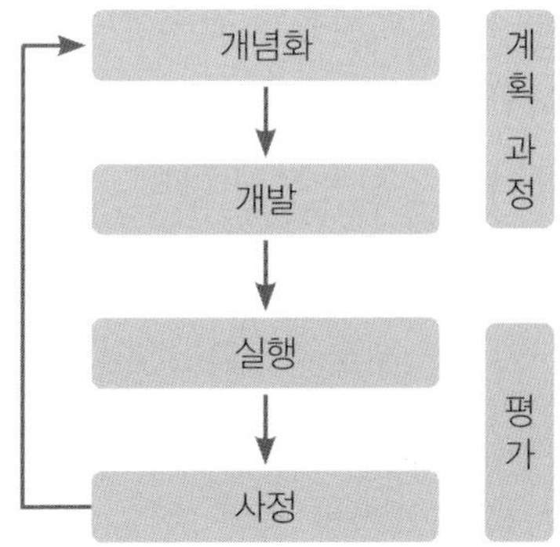

[그림 1-1] 전형적인 프로젝트 실행 주기

효과들이 단기 측정 및 장기적인 성공 지표 모두에서 평가된다. 평가(evaluation)는 종종 문제에 대한 더 많은 정보에 입각한 재개념화와 아마도 변경된 새로운 공유된 비전으로 완전히 새로운 주기의 시작을 이끌어 가기도 한다.

이러한 프로젝트의 실행 주기 모델은 거의 모든 프로젝트에서 일반적인 단계들을 강조한다. 세부 절차는 프로젝트의 성격에 따라 확실히 다를 수 있다. 예를 들어, 사회적 프로그램 설계를 위한 개발 단계 방법론은 대화형 멀티미디어 훈련 프로그램을 설계하는 과정과 아주 다를 것이다. 그럼에도 불구하고 대부분 최고 수준의 프로젝트들은 [그림 1-1]에서 기술된 단계들의 일부를 조정하여 따르게 된다.

비록 계획자들과 평가자들이 프로젝트 실행 주기의 수많은 변동성을 기술했더라도(Veney & Kaluzny, 1984), 대체로 실행 주기의 모든 단계를 통합하는 방법론은 부족하다. 앞에서 설명한 것과 같은 복잡한 다단계 구조는 개념도와 같은 통합된 방법론이 없을 때 전체 실행 주기 동안 노력의 연속성을 유지하는 것을 어렵게 한다. 여러 이해관계자 집단은 프로젝트에 대한 그들 나름의 가치, 관점, 선호도를 지닌 채 서로 다른 단계들에 참여한다. 이러한 다단계 프로젝트를 제대로 실행할 수 있는 방법이 없다면, 집단들 사이에서 그리고 단계들 사이에서 잘못된 소통과 단절이 쉽게 발생할 수 있다.

개념도 모델은 전체 프로젝트 실행 주기를 다루는 포괄적인 접근 방식이다. 만약 여러분이 증거 기반 건강관리 방법을 효과적으로 보급하는 방법을 검토한 후, 이러한 보급 방법의 효과를 측정해야 하는 사회연구자라고 가정해 보자. 이와 같은 프로젝트 초기에 개념도를 사용하면 다양한 이해관계자 집단들이 프로젝트에 대한 아이디어를 제시하고, 이러한 아이디어를 조직하며, 합의를 탐색하는 데 도움이 된다. 이는 세부적인 프로젝트 개발을 위해 안내할 수 있는 개념 지도의 형태로 공유된 비전을 구성하도록 돕는다. 개념도는 프로그램의 초기 실행을 평가하기 위한 개념구조를 제공할 수 있고, 그 프로그램이 프로그램 비전에 충실한지를 보증하는 데 도움이 된다. 개념도는 또한 평가자들로 하여금 프로그램으로 인한 성과들을 즉각적으로 그리고 장기간 추적을 가능하게 하고, 프로그램이 의도한 바를 달성하고 있는 정도를 평가할 수 있도록 하며, 프로그램이 지속적으로 개선될 수 있는 방법을 제안할 수 있도록 한다.

대부분의 응용 분야, 특히 사회과학에서는 계획과 평가의 모든 활동은 사고, 아이디어, 또는 예감에 대한 명확한 표현, 그리고 이들 중 일부는 목표 형태의 표현을 포함한다. 비록 일부 연구자들이 계획과 평가를 별개의 활동으로 보더라도, 우리는 그 둘이 한 과정의 필수적인 단계들이고 상호 연결되어야 한다고 믿는다. 이 방법론은 아이디어 지도의 분석과 해석처럼, 하나의 공통된 체계 관점으로부터 그 둘에 접근한다. 기본적으로 여기서 기술한 개념도는 통합적인 혼합된 연구방법을 적용하고 구조화된 집단 과정을 몇 가지 정교한 다변량 통계 방법과 연결시킨다.

개념도 과정

개념도 방법에서, 분류된 아이디어는 관심 주제에 대한 시각적·지형적 표현을 고안하는 그림 또는 지도 형태로 표현된다. 지도를 구성하기 위해서, 아이디어들은 먼저 기술되거나 산출되고 그들 사이에 상호관계들이 명확하게 표현된다. 다변량 통계적 기법들인 다차원 척도법과 군집 분석이 이러한 정보에 적용되어서 그 결과를 지도 형태로 보여 주게 된다. 지도의 내용(아이디어의 분류)은 전적으로 참여자 집단에 의해 결정된다. 그 집단은 최초의 아이디어를 브레인스토밍하고, 이러한 아이디어들이 어떻게 서로 연관되어 있는지에 대한 정보를 제공하며, 분석 결과를 해석하고 그 지도가 어떻게 사용되어야 하는지를 결정한다.

이러한 개념도 접근은 한 집단의 사람들이 평가나 계획을 위한 하나의 개념적 구조의 개발을 원할 때 효과적이다. 개념구조는 어떤 쟁점에 대한 현재 상태나 미래의 바람직한 상태를 기술할 수도 있는데, 그 집단의 생각을 그래프로 나타내는 일련의 개념 지도들로 보여 준다. 이러한 지도들은 당면한 주제와 관련된 집단의 모든 아이디어를 표현하는 동시에, 이러한 아이디어들이 서로 어떻게 연관되어 있는지, 그리고 대체로 어떤 아이디어들이 보다 관련되고, 중요하고, 또는 적절한지를 보여 준다.

개념도는 특히 복합 기관의 운영위원회와 같은 알려진 복수의 이해관계자로 구성된 집단이 계획과 평가 활동에 참여할 때 효과적이다. 이와 같은 집단들은 조직의 집행부 구성원들이나 직원, 행정가들로 구성될 수 있다. 예를 들면, 관련 선거구 집단의 지역사회 지도자 또는 대표, 학자 또는 정책 입안 공동체의 구성원들, 감독 책임이 있는 자금지원기관 또는 단체 대표, 특정 탐구 분야의 연구자 및 실무자 집단, 관련 고객 모집단 대표들, 또는 이들의 조합으로 구성될 수 있다. 위계적인 의사결정 모델이 표준이거나 조직의 계획 또는 평가 모델이 사전에 결정된 체계나 문화에서 개념도를 도구로 이용하는 것은 덜 적절하다.

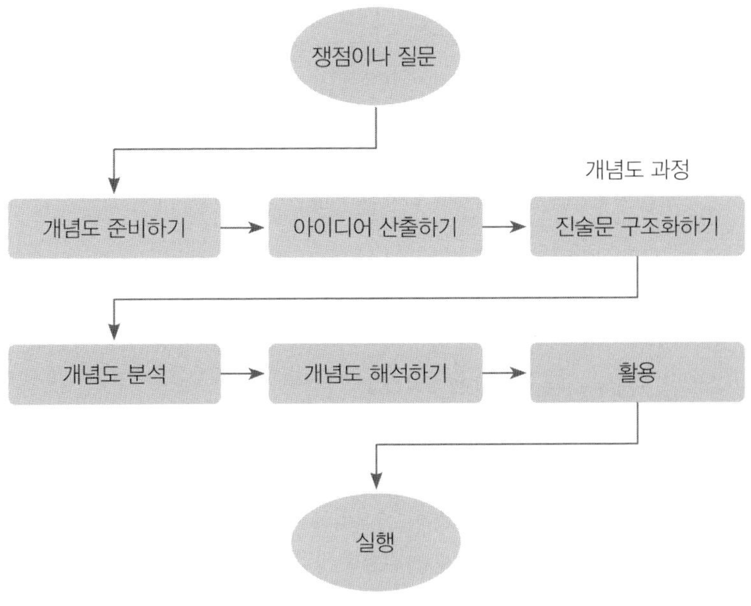

[그림 1-2] 개념도 과정의 개관

개념도 과정은 **연구진행자**(facilitator)[2]에 의해서 안내되는데, 계획과 평가에 책임이 있는 집단의 내부 구성원이거나 외부 자문가일 수 있다. 진행자는 개념도 과정을 관리하지만 개념 지도의 내용, 해석 및 활용은 전적으로 그 집단에 의해 결정된다. 이러한 촉진 과정은 단일 개인 또는 팀에 의해 수행될 수 있으며, 조직 내부 또는 외부의 사람들을 포함할 수 있다.

[그림 1-2]는 개념도 과정의 개관을 보여 준다. 그리고 〈표 1-1〉은 각 단계의 중요한 요소들을 기술한다.

2) 역자 주: 연구에 초점을 두어 번역하여 facilitator는 연구진행자로, initiator는 연구책임자로, participant는 연구참여자로 번역하였다.

표 1-1 개념도 과정의 단계

1. 개념도 준비하기
   - 초점: 바람직한 연구의 성과
   - 표집과 참여자: 관련 이해관계자와 그들이 참여하게 될 방법을 확인하기
   - 일정과 세부 계획: 이해관계자 참여 조정
2. 아이디어 산출하기
   - 브레인스토밍: 지식과 의견을 수집하기
   - 아이디어 분석: 논리적인 집단 아이디어 세트를 고안하기
3. 진술문 구조화하기
   - 인구통계학적 변인(조직 그리고/또는 개인): 비교 분석을 위한 이해관계자 집단을 확인하기
   - 구조화되지 않은 파일 분류하기: 아이디어 진술문들을 범주로 구성하기
   - 평정하기: 아이디어에 가치를 부여하기
4. 개념도 분석
   - 다차원 척도법
   - 위계적 군집 분석
   - 연결하기(bridging) 분석
   - 지도 산출
   - 패턴 일치시키기
   - 이변량 도표['방향-위치(go zone)' 도표]
5. 개념도 해석하기
   - 구조화되고 참여적인 이해관계자 기반의 해석: 참여한 이해관계자 저작권을 개발하기
6. 활용
   - 실행: 계획 과정으로부터의 실행 항목들
   - 측정: 초기 바람직한 성과 대비 결과와의 비교
   - 평가: 측정 결과를 바람직한 성과와 연결하고 변화를 사정하기

이 단계 이후의 세부 사항은 개념도 프로젝트를 실행하기 위한 설계의 기초를 형성한다. 여기에서 우리는 각 단계를 간략하게 설명하고, 전체 과정에 대한 하나의 가상 사례에서 적용되는 대로 각 단계를 설명하는 예시를 보여 준다. 각 단계는 이 책의 후속 장의 주제이다.

1단계: 개념도 준비하기

진행자는 구조, 기대 및 바람직한 결과를 설정하기 위해 주요 참여자 집단과 협력하여 연구 과정의 시작 부분을 관리하는 데 도움을 준다. 시작하기 위해서, 진행자는 바람직한 노력의 성과가 명확하게 표현되도록 고객 또는 후원자와 협력한다. 그런 다음, 진행자는 그 집단이 프로젝트의 특정한 초점에 도달하도록 돕고 관련된 참여자인 이해관계자들의 선택을 확신하도록 돕는다.

초점을 개발하기 준비에서 첫 번째 중요한 단계는 개념화의 초점 또는 영역을 개발하는 것이다. 개념도 분석을 위한 방향을 제공하기 위해 대체로 두 개의 초점 진술문이 사용된다. 먼저, 진행자는 2단계인 브레인스토밍 회기의 초점을 정의하도록 참여자를 안내한다. 둘째, 참여자와 진행자는 구조화 단계인 3단계 동안 수행되는 평정의 초점을 개발한다. 이 초점은 브레인스토밍에서 도출된 각각의 진술문들을 평정하게 될 차원(들)을 정의한다.

브레인스토밍을 위한 초점은 종종 **초점 진술문**(focus statement)으로 먼저 표현되며, 이는 의도된 특정 지시사항을 주기 위한 말이다. 예를 들어, 전략적인 계획 단계에서 브레인스토밍의 초점 진술문은 다음과 같이 표현될 수 있다.

"XYZ 조직이 미션을 제기하기 위해 해야 할 구체적인 것들을 기술하는 짧은 문구나 문장을 산출하라."

브레인스토밍 과정을 촉진하기 위해서, 이 초점 진술문은 종종 완전한 문장 형식으로 표현된 **초점 프롬프트**(focus prompt)로 다시 작성되기도 한다.

"XYZ 조직이 미션을 수행하기 위해 해야 하는 한 가지 구체적인 사항은 __________이다."

초점 프롬프트는 전형적으로 주관 기관의 원하는 결과 및 요구사항에 대한 촉진적 질문을 통해서 도달하게 된다. 어떤 프로그램 평가를 위한 **중요도**(importance) 평정 초점은 다음과 같이 작성될 수도 있다.

"프로그램의 중요도 측면에서 각각의 잠재적 성과를 5점 척도로 평정하세요. 여기서 '1'은 '전혀 중요하지 않음', '3'은 '보통', '5'는 '매우 중요함'을 의미합니다."

평정은 우선순위, 현재 능력, 미션과의 관련성, 선호도 등과 같은 당면한 프로젝트의 관심사에 대해 어떠한 측정으로도 수집될 수 있다. 그 집단은 각각의 이런 평정 척도 진술문을 위한 구체적인 표현법에 동의해야 한다.

참여자 선정하기 개념도 과정에서 참여자를 확인하는 것은 가장 중요한 과제 중의 하나이다. 어떤 상황들(예: 제품 개발 계획 과정)은 개념도 과정에서 산출된 지도의 용도가 매우 초점화되어 있고 다른 세부 계획들이 수용되는 것이 보다 수월하다는 이유로 더 작고 동질한 집단이 요구될지라도, 개념도는 다양한 사람의 지식이나 경험이 초점 질문과 관련이 있을 때, 가장 유용하다. 참여자 수에 대한 엄격한 제한은 없다. 개념도 프로젝트는 8명에서 15명 사이의 소규모 집단부터 수백 명의 참여자를 포함하는 집단까지 다양했다. 방법의 초기에는, 참여자 집단이 단일 위치에서 비교적 작은 집단 회의에 참여하는 경향이 있었다. 이제는 인터넷을 사용하는 상호작용 도구들이 지리적으로 멀리 분산되어 있는 보다 큰 참여자 집단들에게 브레인스토밍, 분류 및 평정 작업에 참여할 수 있도록 한다.

모든 참여자가 개념도 과정의 모든 단계에 참여할 필요는 없다. 예를 들어, 대규모 집단은 아이디어 산출(즉, 브레인스토밍) 단계에 참여하고, 더 작은 집단은 분류 작업에 참여할 수 있고, 아이디어 내용을 산출한 동일한 대규모 집단이 아이디어를 평정하는 데 책임이 있을 수 있다. 이러한 모델은 특히 대규모 이해관계자 집단과의 프로젝트에서 유용하다. 그러나 일반적으로 한두 단계만 참여한 사람보다 모든 과정에 참여한 사람들이 개념도를 더 잘 이해한다는 것을 우리는 확인해 오고 있다.

2단계: 아이디어 산출하기

일단 참여자와 초점 진술문이 정의되었다면, 실제 개념도 과정이 시작된다. 참여자들은 이상적으로 관심 주제에 대한 전체 개념도 영역을 나타낼 일련의 진술문들을 생성한다. 일반적인 경우,

브레인스토밍이 사용되고 초점 프롬프트는 브레인스토밍 과정을 위한 기초가 된다. 브레인스토밍의 일반적인 규칙이 적용된다(Osborn, 1948). 사람들은 많은 진술문을 산출하도록 격려를 받고 그 과정 동안 생성된 진술문의 타당성에 대해 비판이나 토론을 할 수 없다는 안내를 받는다. 이 과정은 진행자가 참여자들이 생성하는 진술문들을 기록해서 그 집단의 구성원들이 모두 발전되는 일련의 진술문들을 볼 수 있도록, 실시간 모임의 형태로 이루어질 수 있다. 또는 인터넷이나 다른 수단을 통해 원격 및 비동시적으로 진행될 수도 있다.

아이디어 분석 이론적으로 처리할 수 있는 진술문의 수에는 제한이 없지만, 너무 많은 진술문은 후속 참여자 활동에 심각한 실질적 제약을 부여할 수 있다. 특히 대규모의 분산된 이해관계자 집단에서, 오늘날 수백 개의 진술문이 브레인스토밍으로 토의되는 일은 드문 일이 아니기 때문에, 우리는 종종 진술문들을 더 관리하기 쉬운 세트로 분류하고 편집하는 과정을 사용한다. 이러한 과정은 항상 이해관계자 집단의 구성원을 포함한다. 우리의 경험에 기초할 때, 우리는 전형적으로 최종 진술문 세트를 100개 이하로 제한한다. 이것은 다음에 기술하는 것처럼, 분류하고 평정하는 참여자들에게 완수하도록 관리 가능한 과업을 제공하면서 기여한 아이디어 표현의 폭을 넓히게 한다.

3단계: 진술문 구조화하기

일단 그 집단이 주어진 초점에 대한 개념 영역을 기술하는 일련의 진술문 세트를 갖게 되면, 우리는 각 참여자에게 두 가지 '구조화' 과업, 즉 묶기(또는 분류) 및 평정을 수행하도록 요청한다. 묶기 또는 분류 작업의 경우(Coxon, 1999; Rosenberg & Kim, 1975; Weller & Romney, 1988), 각 개인은 '당신이 이해되는 방식으로' 아이디어를 분류하도록 지시를 받는다. 참여자는 모든 항목을 하나의 범주로 분류하거나, 모든 항목을 그 자체의 범주로 분류하거나(비록 일부 항목들이 그 자체로 분류될 수 있더라도), 한 개의 항목을 둘 이상의 범주에 분류할 수 없다.

참여자들은 이러한 분류 과정을 수동 또는 전자 방식으로 수행할 수 있다. 수동으로 하는 방법은 진술문이 적힌 분리된 카드를 인쇄하고 각 참여자로 하여금 물리적으로 그 카드들을 범주로 분류하게 하는 것을 포함한다. 이러한 방법은 당신 앞에 모든 카드를 펼쳐서 그 카드들을 동시에 볼 수 있게 하는 장점이 있다. 대안적으로, 웹 기반 인터페이스는 참여자들이 목록에서 진술문들을 선택하고 카드들을 적절한 범주로 이동하도록 버튼을 클릭함으로써 분류할 수 있게 한다. 웹 기반 방법은 수동으로 하는 과정과 동등한 전자 방식이다.

평정을 위해서, 각 참여자는 평정 초점 진술문에 기술된 대로 하나 또는 그 이상의 차원에 대해 각 진술문들을 평정한다. 예를 들어, 다음은 **실행 가능성**(feasibility)을 평정하는 초점 프롬프트이다.

> "향후 3년 이내에 달성할 가능성의 측면에서 각 쟁점을 5점 척도로 평정하세요. 여기서 '1'은 '전혀 실행 불가능함', '3'은 '보통', '5'는 '매우 실행 가능함'을 의미합니다."

많은 연구자가 리커트 유형의 척도를 적용하더라도, 참여자들로부터 판단을 이끌어 내기 위해 어떤 수치 척도도 사용할 수 있다. 또한 참여자들은 연필과 종이를 통해 수동으로 또는 소프트웨어 도구로 전자식으로 이 단계를 수행할 수 있다. 분석에서 평정의 산술적 평균(그리고 때로는 다른 기술통계 정보)이 계산될 것이다.

4단계: 개념도 분석

개념도는 이 단계에서 다차원 척도법을 통해 산출되며, 이 분석은 각 진술문을 지도상에서 별개의 점으로 위치시킨다. 이 지도에서 서로 보다 가까운 진술문들은 일반적으로 평정자들에 의해 더 자주 분류된다. 지도에서 보다 먼 진술문들은 일반적으로 덜 빈번하게 분류된다. 다음으로, 위계적 군집 분석은 지도상에 그 진술문들을 군집으로 분할한다. 이러한 군집들은 원래의 진술문 세트에 대한 보다 일반적인 개념적 범주들이다. 마지막으로, 각 진술문과 각 군집에 대해 평균 평정값들이 계산된다.

5단계: 개념도 해석하기

개념화를 해석하기 위해 우리는 특정한 자료들을 조합하고, 구체적인 연속적 단계들, 즉 다양한 프로젝트로 쌓은 우리의 경험을 기초로 개발된 하나의 과정을 따른다. 자료들은 원래의 진술문들과 군집들, 관련 변인들뿐만 아니라 이러한 진술문들과 군집들을 묘사하는 일련의 지도들, 그리고 패턴 일치와 방향–위치 지도(go-zone)로 알려진 평정 비교 그래프들로 구성된다. 이러한 자료들은 다음으로 시작된다.

1. 진술문 목록: 브레인스토밍된 원래의 진술문 목록. 각 문항은

식별 번호로 제시된다.

2. **군집 목록:** 군집 분석에 의해서 분류된 군집 진술문들의 목록

다음으로는 일련의 지도들이 있다.

3. **포인트 지도:** 다차원 척도법으로 배치된 대로 진술문들을 보여 주는 지도
4. **군집 지도:** 어떻게 진술문들이 군집 분석에 의해서 분류되었는지를 보여 주는 지도
5. **포인트 평정 지도:** 진술문의 평균 평정치를 나타내는 숫자가 기입된 포인트 지도
6. **군집 평정 지도:** 군집의 평균을 나타내는 군집 지도

여기에는 여러 가지 다른 유형의 지도가 있다는 것을 주목하라. 그중 개념도는 어느 것인가? 사실, 이 모두가 개념도이다. 각각의 지도는 우리에게 주요 아이디어와 그것들이 어떻게 상호 연관되어 있는지 알려 준다. 각각의 지도는 개념적 정보의 서로 다른 측면을 강조한다. 두 개의 부가적인 지도가 서로 다른 준거에 따른 평정 결과의 비교를 촉진시킨다.

7. **패턴 일치:** 서로 다른 이해관계자 집단들, 평정 변수들, 또는 시점과 같은 준거에 따른 군집 평정에 대한 쌍별 비교를 위해 사다리 그래프 표현을 사용한다. 이러한 그래프의 구조와 사용법은 이 장의 후반부에서 설명한다.
8. **방향-위치 지도:** 한 군집 내에서 두 개의 평정 변수에 대한 진

술문 값의 이변량 그래프는 각 변수들의 평균 위와 아래에 있는 사분면으로 나뉘어, 두 변수에서 평균 이상에 있는 진술문들의 '목표 지점' 사분면을 보여 준다.

이러한 지도와 그래프들이 개념적 구조를 묘사하거나 표현하는 방법이 확연히 다르더라도, 모두 상호 연관되어 있고, 단순히 동일한 현상의 서로 다른 관점을 반영한다는 점을 기억하는 것이 중요하다. 해석은 참여자들에게 순차적으로 자료를 배포하고 진술문들의 군집을 명명하고 검토하는 것과 같은 확실한 해석적 과제를 안내하는 것을 포함한다.

6단계: 활용

이 지점에서, 집단은 계획과 평가를 개선하기 위해서 최종 개념도, 패턴 일치, 방향-위치 지도를 사용하는 방법에 대해 논의한다. 이러한 도구들의 사용은 집단의 창의성과 동기에 의해서만 제한된다. 계획하기를 위해서, 이러한 결과들은 후속 계획을 세우기 위한 노력이나 계획 보고서의 개요를 위한 개념구조를 구조화하는 데 사용할 수 있다. 평가에서 개념도, 패턴 일치시키기, 방향-위치 지도는 측정도구 개발을 위한 안내로서, 또는 결과의 패턴을 조사하기 위한 개념구조로서 프로그램을 운영하고 실행하기 위한 조직화 장치의 기능을 할 수 있다.

개념도 운영 방법의 예

개념도 과정이 어떻게 운영되는지 설명하기 위해, 우리는 여기서 연구 과정의 각 단계를 보여 주는 하나의 가상적이고 탈맥락적인 예시를 고려한다. 나머지 각 장에서는 상당히 자세하게 그 과정의 구체적인 단계에 대해 집중적으로 다루고 개념도와 관련된 쟁점과 변형의 일부를 설명하기 위해서 수많은 실제 세계 프로젝트의 예를 보여 준다.

지역사회를 위해 봉사하는 지역 기관이 미래의 우선순위를 결정하기 위한 계획 과정에 관여하고 이를 달성하는 것을 조력하기 위해서 개념도 방법론을 이용하기로 결정한 상황을 상상해 보라. 첫째, 준비 단계에서 조직자들은 주관 기관의 원하는 결과들을 논의하고, 이해관계자 집단을 확인하고, 초점 진술문들(구체적으로, 브레인스토밍을 위한 초점 진술문과 관심 주제에 관한 아이디어를 이끌어 내기 위해 설계된 초점 프롬프트, 그리고 관심 특성에 따라 진술문들을 평정하기 위한 한 가지 이상의 초점 진술문들)을 산출할 것이다. 전형적인 브레인스토밍 초점 진술문은 이와 같을 것이다.

> "우리 기관의 조직적 사명을 제기하기 위해서 지역사회에 제공해야 할 구체적인 서비스들을 기술하는 진술문을 만들어 보세요."

이는 다음의 초점 프롬프트로 변환될 수 있다.

> "우리 기관이 우리 조직기관의 사명을 이루기 위해 앞으로 제공해야 할 한 가지 서비스는 _________입니다."

전형적인 평정 초점 진술문은 다음과 같다.

> "'1'에서 '5'까지의 척도로 각 진술문의 중요도를 평정하세요. 여기서 '1'은 가장 낮은 중요도 수준이고 '5'는 가장 높은 중요도 수준과 같습니다."

다음 단계에서, 브레인스토밍 과정인 아이디어와 쟁점의 산출은 진술문을 산출하기 위해서 수행된다(앞서 정의한 브레인스토밍 초점 진술문을 사용하여). 예를 들어, 앞의 프롬프트에 대한 반응으로 진술문들은 다음을 포함할지도 모른다.

1. 직원 지원 프로그램
2. 노인을 위한 외래 서비스
3. 부모 훈련 육성하기

이 단계에서 수집된 진술문들은 중복되거나 관련되지 않은 진술문들을 통합 정리하기 위해 처리된다. 브레인스토밍된 진술문들의 수가 충분히 큰 경우(예: 100보다 큰 경우), 보다 적은 수로 편집된 진술문 세트 내에서 집단의 원래 아이디어들이 가능한 한 많이 유지되면서 진술문 세트는 분석되고 편집될 수 있다.

다음으로, 각 참여자는 앞에서 논의한 제약 조건에 따라 수작업으로 또는 컴퓨터 소프트웨어를 사용하여 유사한 진술문들을 분류한다. 각 분류의 범주는 하나의 진술문으로 구성될 수 없다(즉, 진술문들의 수와 범주의 수가 일대일로 일치될 수 없다). 즉, 모든 진술문은 한 개의 범주가 될 수 없고, 어떤 진술문도 한 개 이상의 분류 범주에 있을 수 없다. 그런 다음, 각 참여자는 앞에서 설정한 평정 초점 진술문에 따라 각 진술문을 평정하게 된다.

이 책의 제4장에서 설명한 대로, 이제 분류 및 평정 자료는 다음의 결과 도표들을 만들기 위해서 분석의 순서(예: 다차원 척도법과 군집 분석)를 이용하여 분석된다.

1. 포인트 지도 이 지도([그림 1-3])는 분류한 자료에 대한 2차원의 다차원 척도법의 도표로, 각 진술문과 일치하는 점들을 보여준다. 이러한 진술문을 나타내는 점들의 근접성은 진술문들이 참여자에 의해서 같은 범주로 더 많이 분류된 것에 기초한다.

제시된 지도에서 왼쪽에 10번 진술문을 위한 점과 76번 진술문을 위한 점은 물리적으로 서로 가깝다. 이는 이 진술문들이 참여자들에 의해 같은 범주로 보다 많이 함께 묶였을 가능성을 나타낸다. 예를 들어, 공중보건 계획 연구에서 다음의 진술문들은 대부분의 분류자에 의해서 '제공자와 함께 작업하기' 범주에 속하도록 함께 분류될 것이다.

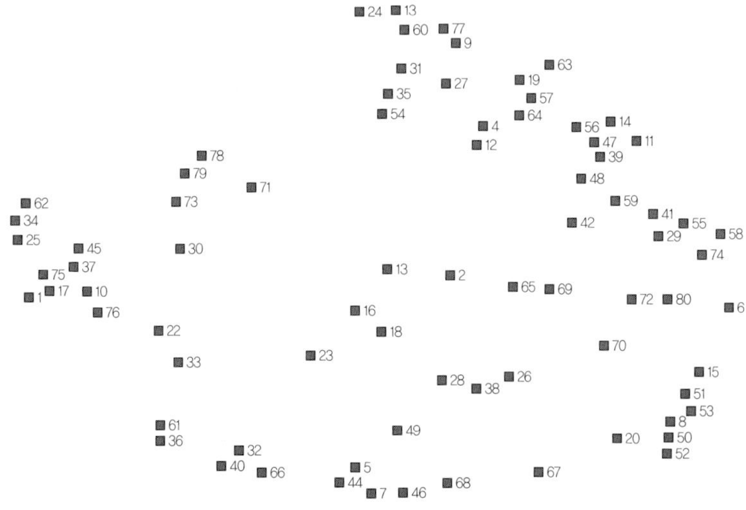

[그림 1-3] 포인트 지도

진술문 10: '예방 건강검진을 향한 지역사회의 신념에 대해서 지역기관 봉사자들을 교육하라.'

진술문 76: '기존 심사 지침 및 관행에 대한 수용과 이해도를 높이기 위해 지역기관 봉사자들과 함께 작업하라.'

포인트 지도는 서로 연관이 있는 진술문들을 보여 준다는 점에서 **관계형**(relational) 지도에 해당한다. 지도의 방향은 그 결과의 분석에 중요하지 않다. 이 지도는 시계 방향 또는 시계 반대 방향으로 회전하거나 수평 또는 수직으로 뒤집힐 수 있으며, 그 점들은 여전히 서로에 관하여 같은 위치를 지닐 것이다. 이 지도는 종종 참여자들이 진술문 간 관계를 탐색하고 근접한 진술문들의 집단에 대한 범주를 정의하는 것을 시작하기 위한 토론의 도구로 사용된다.

2. 포인트 군집 지도 포인트 군집 지도는 [그림 1-4]와 같이 위계적 군집 분석 결과를 원래의 다차원 척도 포인트 지도에 덮어씌워 나타낸다. 군집 분석은 이차원적 다각형에 의해서 나타나는 관련된 진술문들을 구별된 집단으로 묶는다. 이 지도는 각 군집을 관련 있는 진술문들과 연결시키고 참여자들에게 군집에 대한 적절한 명칭을 제안하도록 요청하는 데 유용하다. 예를 들어, 지역사회 정신건강 계획 연구에서, 왼쪽 군집 1에 있는 진술문들은 모두 교육적 봉사 노력에 관한 것일 수 있지만, 반면에 오른쪽에 있는 더 큰 군집 4는 외래환자 치료 선택에 관한 진술문들을 포함할 수 있다.

군집들의 다각형 모양은 분석에 의해 결정된 각 군집의 가장 바깥쪽 점을 연결함으로써 생성된다는 점을 주목하라. 군집들의 크

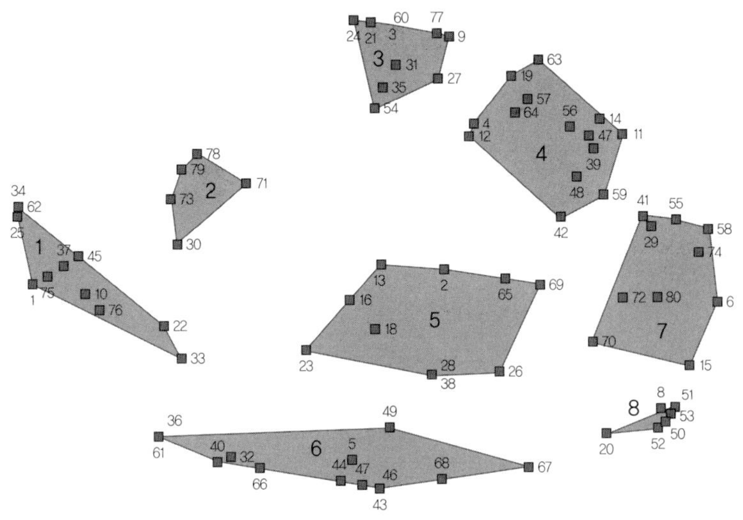

[그림 1-4] 포인트 군집 지도

기와 관련해서, 보다 넓은 형태는 대체로 보다 넓은 개념을 나타내는 반면에, 보다 작은 군집들은 일반적으로 더 좁게 초점화된 개념을 나타낸다. [그림 1-4]와 [그림 1-5]의 군집 지도에서, 군집들을 1, 2, 3 등의 라벨 기호를 사용하여 나타낸다. 실제 연구에서 이해관계자 일부 혹은 전체는 그들에게 가장 이해가 되는 방식으로, '교육' 또는 '외래서비스'와 같은 기술적인 라벨로 명명하는 과정에 참여하게 될 것이다. 이 라벨들은 브레인스토밍 과정에서 생성된 아이디어 영역의 핵심 요약을 차례로 나타낸다. 이 장 전체에서 제공되는 지도의 실제 예는 이해관계자가 저작한 라벨의 군집들을 보여 준다.

3. 군집 지도 군집 지도는 군집 분석의 명명된 결과들을 보여주고 아이디어 영역에 대한 '큰 그림' 개요를 제공한다. [그림 1-5]

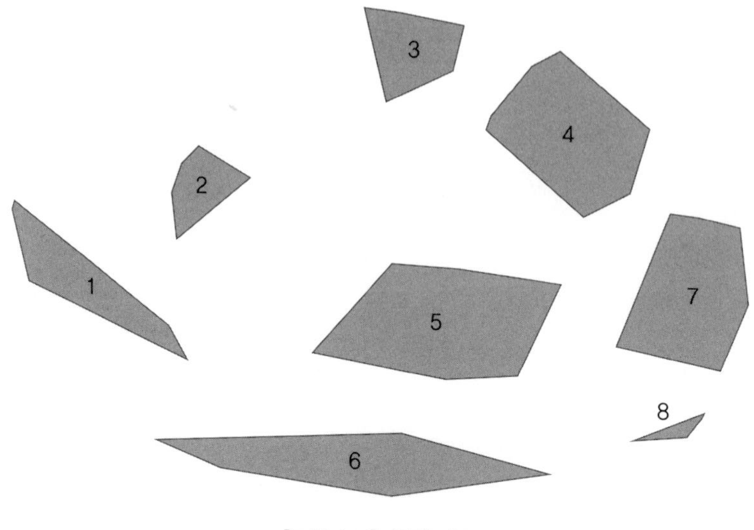

[그림 1-5] 군집 지도

는 군집 지도의 예를 보여 준다.

더불어, 포인트 지도와 군집 지도([그림 1-3]부터 [그림 1-5]까지)는 연구를 위해 산출된 개념적 구조를 구성한다. 그러므로 다음의 두 지도는 단순히 이러한 구조를 평정 자료를 보여 주기 위한 틀로 사용한다.

4. 포인트 평정 지도 포인트 평정 지도는 포인트 지도에 각 진술문에 대해 평균 평정 우선순위의 그래프 표현을 겹친 것이다. [그림 1-6]은 포인트 평정 지도의 예를 보여 준다.

이 지도에서 한 열의 높이를 이루는 '블록'의 수는 평정 작업에 참여한 이해관계자에 따른 각 진술문 평균의 상대적 중요도를 나타낸다. 예를 들어, 이 그림에서 가장 중요한 문항들이 지도의 동쪽 또는 북동쪽에 속하는 경향이 있다는 것은 눈에 띄게 명백하다.

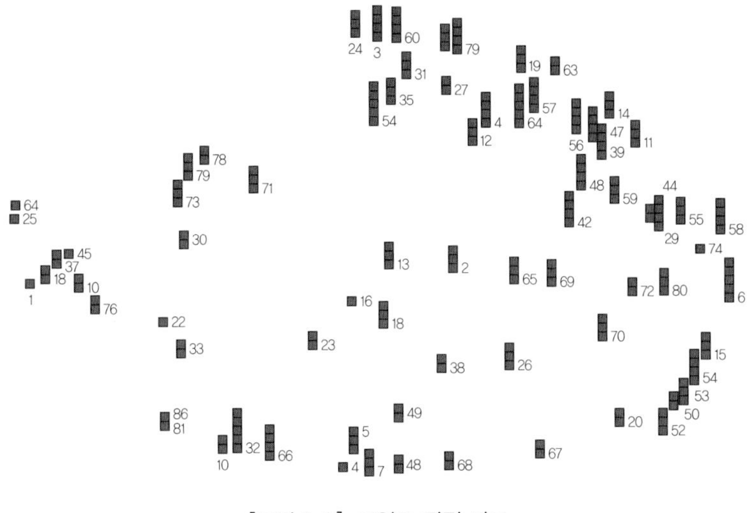

[그림 1-6] 포인트 평정 지도

5. 군집 평정 지도 군집 평정 지도에서 평균 평정값들은 각 진술문들의 군집에 대해 계산되고 군집 지도 상단에 3차원으로 표시된다. 포인트 평정 지도와 마찬가지로, 3차원에서 보다 높은 값을 갖는 군집들은 참여자들이 보다 높은 평균으로 평정한 진술문들을 포함한다. [그림 1-7]은 군집 평정 지도의 예를 보여 준다. 각 군집의 상대적 높이는 지도상의 다른 아이디어들과 비교하여 각 아이디어 집단의 상대적 중요도를 나타낸다.

지금까지 진술문들의 근접성(다차원 척도 분석을 통해), 군집(군집 분석을 통해), 그리고 이러한 점들과 군집에 관한 평균 진술문 평정의 형식으로 진술문 영역을 보여 주는 지도들을 산출해 보았다. 그러나 계획 및 평가 과정의 중요한 한 부분은 다양한 변수, 하위 범주 또는 시간 경과에 따른 이러한 결과들을 비교하는 것이다. 패턴 일치와 방향-위치 도표로 알려진 두 개의 부가적인 종류의 지도는 이를 다루기 위해 특별히 설계된다.

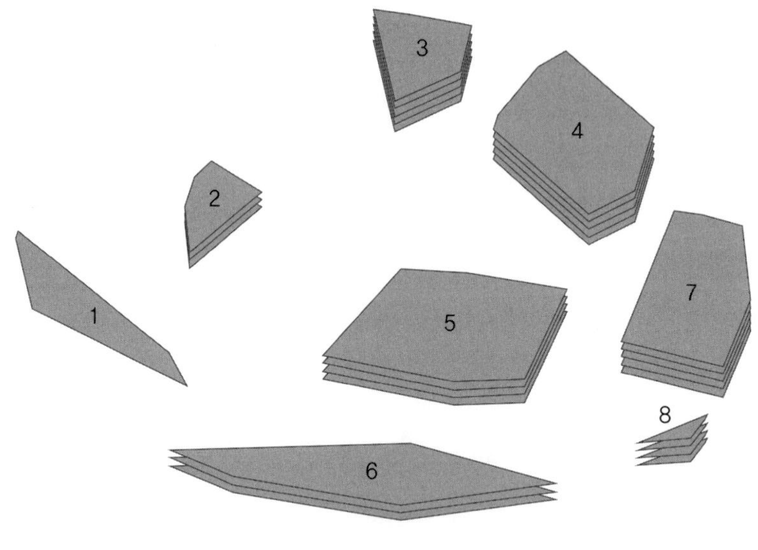

[그림 1-7] 군집 평정 지도

6. 패턴 일치 패턴 일치시키기 도표는 다음과 같은 두 변수 사이의 평균 군집 평정에 대한 비교를 제공한다.

- 개별적인 두 이해관계자 집단 사이
- 영향 및 실행 가능성과 같이, 서로 다른 두 개의 평정 변수 사이
- 서로 다른 시점에 따른 비교

패턴 일치시키기 도표는 두 개의 패턴 사이에 하나의 완벽한 상관관계가 마치 사다리의 가로대처럼 직선으로 표시되기 때문에, 이름하여 자료에 대한 '사다리 그래프'라는 표현을 사용한다([그림 1-8] 참조). 이 도표는 다음과 같이 구성된다.

1. 분석은 질문에 있는 척도로 참여자들이 진술문에 평정한 평균

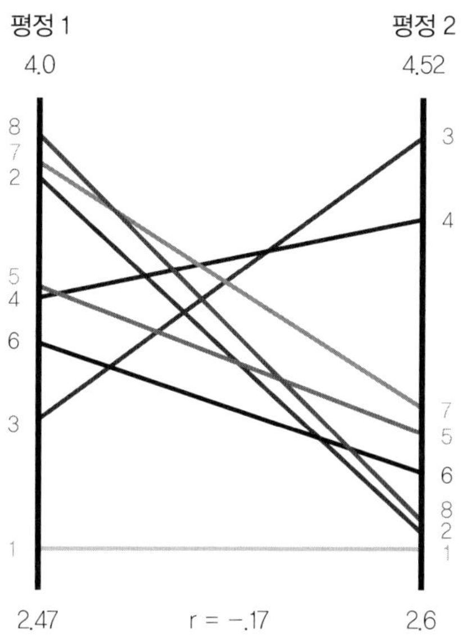

[그림 1-8] 두 변수 사이의 패턴 일치시키기

을 계산하고 나서 한 군집 내 모든 진술문에 따른 평균을 계산한다.

2. 사다리 각 측면에 하나의 변수가 나타나고, 군집들은 참여자 집단에 의해서 이러한 변수에 따라 평정된 순서로 각 측면에 나열된다.
3. 사다리 그래프에서 각 군집의 위치는 질문에서 변수에 대한 평정값에 기초한다.
4. 직선들은 그래프의 각 면에 있는 같은 군집 사이에 그려진다. 자료는 보기 쉽도록 왼쪽의 군집 명칭을 오른쪽의 동일한 군집 명칭을 연결하는 색상 코드, 점선 또는 회색선으로 나타낼 수 있다.
5. 두 변수 사이의 관계를 나타내는 피어슨 상관계수(Pearson

product-moment connector)라 알려진 상관계수 값이 그래프 하단에 표시된다.

아이디어의 범주를 나타내는 이 패턴 일치 위에 있는 각 선은 이제 군집으로 나타난다는 것을 상기하라. 패턴 일치시키기를 통해 검토될 수 있는 몇 가지 변수로 다음이 포함된다.

- 진술문 군집들에 대한 중요도 대 실행도와 같은 두 평정 변수의 비교: 그러한 비교는 이해관계자가 바람직한 성과를 실행하는 데 어려움을 보거나 다른 해결책만큼 일부 해결책들을 높이 평가하지 않는 경우에서와 같이, 계획 및 평가 과정에 가치 있는 안내를 제공할 수 있다.
- 둘로 구분된 이해관계자 집단 사이에 특정 변수의 결과: 예를 들어, 공중보건 연구를 위한 개념도의 노력의 경우 의료계의 이해관계자들은 연구의 노력을 가장 높게 평가하는 반면, 고령화 지역사회의 이해관계자는 간병인 지원서비스에 훨씬 더 높은 가치를 부여할 수 있다는 것을 보여 줄지도 모른다.
- 프로젝트의 계획 단계와 평가 단계에서 진술문 군집에 대한 중요도 평정과 같은 시간 경과 변수에 대한 비교

[그림 1-8]에서 평균 군집 평정들은 −0.17의 낮은 피어슨 상관계수 값과 양쪽 측면의 군집 평정값 사이의 큰 차이에 의해 입증되듯이, 두 변수 간 상대적으로 낮은 상관을 보여 주었다. 그래프에서 볼 수 있듯이, 군집 1은 두 변수의 평균이 낮으면서 두 변수에 따라 매우 가깝게 비교되는 반면에, 군집 4와 6은 중간 정도로 서로 다른

평정값을 갖고 나머지 다른 군집들은 매우 차이가 있는 평균 평정값을 갖는다.

어떤 연구 내에서 패턴 일치시키기는 서로 다른 이해관계자 집단, 시점, 또는 다른 준거들 사이에서 의견 차이를 이해하기 위한, 즉 연구의 목표에 미치는 이들의 영향을 이해하고 이러한 차이를 논의하기 위한 하나의 수단으로서 중요한 기법을 보여 준다.

7. 방향-위치 지도 지도들과 패턴 일치와 더불어, 세 번째 주요 개념도는 '방향-위치' 그래프로 알려진 것이다. 방향-위치 지도는 일반적으로 한 군집 내 각 진술문의 평균값을 보여 주는 패턴 일치에 있는 자료의 이변량 도표의 특정 유형이다. 이 지도는 각 평정 변수의 군집 내 평균값의 위와 아래 사분면으로 나뉜 X-Y 그래프에 진술문 결과들을 점으로 표시한다. [그림 1-9]는 방향-위치

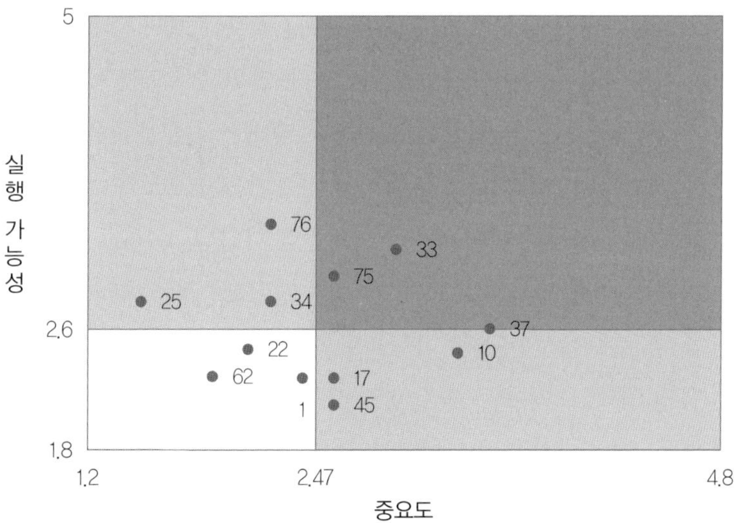

[그림 1-9] 두 개의 평정 준거에 따른 진술문을 비교하는 방향-위치 도표

도표를 나타낸다.

X축 위에 있는 수직선과 Y축 위에 있는 수평선은 평정 준거에 따른 군집 평균값을 기술하는 것, 즉 군집 내용들을 사사분면으로 나누는 것이다.

'방향-위치'라는 용어는 우측 상단 사분면이 두 변수 모두에서 평균 이상으로 평정되었던 군집의 진술문들을 표시한다는 사실에서 유래한다. 많은 상황에서 이것들은 군집 내에서 가장 실행 가능한 진술문들을 나타낼 것이다. 이 우측 상단 사분면은 두 변수 모두에서 평균 이상의 순위를 차지한 진술문들(예를 들어, 실행 가능성과 중요도 모두에서 평균 이상으로 평정되는)을 포함하고, 즉 보다 높은 실행 우선순위를 나타낼 것이다.

또한 다른 사분면들도 중요한 피드백을 제공한다. 이 예에서, X축이 중요도를 나타내고 Y축이 실행 가능성을 나타낸다고 가정하면, 좌측 상단 사분면은 실행 가능성에서 평균보다 높으나 중요도에서는 낮은 진술문들을 포함하여, 이해관계자로부터 보다 낮은 우선순위를 나타낸다. 유사하게, 우측 하단 사분면은 중요도는 높지만 실행 가능성은 낮은, 즉 실행의 도전을 나타내는 진술문들을 포함하게 될 것이다. 마지막으로, 좌측 하단 사분면은 중요도와 실행 가능성 모두에서 평균 아래에 있는 진술문들을 나타낼 것이다.

[그림 1-9]에 제시된 예는 두 개 모두 평균값 아래의 흰색 진술문 영역, 한 변수에서만 평균 이상으로 평정되는 진술문들에 대한 옅은 음영 영역, 그리고 두 평정 변수 모두에서 평균 이상인 진술문들에 대한 보다 짙은 음영 영역의 방향-위치를 확실하게 차별화하기 위해서 다른 음영 색상을 사용한다.

일단 이러한 지도들과 그래프들이 참여자 집단에 배포되고 해석

되면, 그 연구는 아이디어의 표현이 실행을 위한 하나의 개념구조가 될 수 있는, 다음의 활용 단계로 진행될 수 있다. 진행자는 보통 계획 과정이나 개념도 결과에 대한 참여자 집단의 해석에 의해 도출된 평가 결과로 이 과정을 안내한다.

요약

이 책에서 설명한 집단 개념도 과정은 계획하기나 평가의 노력을 위한 하나의 개념적 구조를 개발하도록 돕는 데 사용될 수 있다. 이 과정은 일련의 여섯 가지 주요 단계를 포함한다.

1. 개념도 준비하기
2. 보통 브레인스토밍을 통해 아이디어를 산출하기
3. 대체로 진술문들을 범주로 분류하고 각 진술문을 평정하는 것을 통해서 진술문들을 구조화하기
4. 다차원 척도법과 위계적 군집 분석의 조합을 이용하여 산출되는 지도에서 아이디어를 나타내는 개념도 분석하기
5. 개념도 해석하기
6. 활용

이 책의 나머지 장에서는 어떻게 이와 같은 개념도 연구 과정이 구성될 수 있고 계획과 평가 맥락에서 사용될 수 있는지 자세히 설명한다.

연습문제

1. 소규모 집단에서 다른 사람들과 함께, 수 분 이내로 당신이 생각할 수 있는 대로 서로 다른 개념화가 필요한 많은 상황에 대해 브레인스토밍을 하고 작성하라. 운영계획, 전략계획, 과정 평가, 결과 평가 그리고 기타의 범주로 그것들을 분류해 보라. 다른 사람들을 위해 간단한 분류 도식을 생각해 보라.

2. 1번에서 브레인스토밍한 개념화 상황 중 하나에 대해 또는 당신 자신이 선택하는 일부 다른 상황에 대해 당신이 어떻게 개념도 과정을 준비할지에 대한 개요 작성을 시작하라. 다음 질문들에 대해 간단히 답을 작성해 보라.
   a. 이것은 어떤 유형의 개념화 상황인가? (예: 운영계획, 결과 평가)
   b. 이 경우에 개념도의 목적은 무엇인가?
   c. 이 경우에 개념도가 정당한가, 또는 개념적 구조가 다른 과정을 사용하면서 쉽사리 고안될 수 있는가?
   d. 이 개념도 프로젝트에 그럴 만한 그리고/또는 바람직한 참여자들은 누구인가?
   e. 개념도 과정을 방해하거나 위협을 할 수도 있는 요소로 당신이 아는 것은 어떤 것이 있는가?
      - 참여자들이 동기가 있을 가능성이 있는가? 무엇을 위해? 참여자는 성과에서 어떤 지분을 갖는가?
      - 연구 과정에 영향을 줄 수 있는 정치적/관계적 긴장들이 있는가?
      - 조직은 개념도와 후속 활동을 지지하는 동기적·재정적 자원을 갖고 있는가?
      - 이 프로젝트에 동기를 부여할 수도 있는 가능한 '숨겨진 아젠다'는 무엇인가?

제2장

개념도 준비하기

CONCEPT MAPPING FOR PLANNING AND EVALUATION

제2장

개념도 준비하기

시작이 반이다.

—Aristotle, 오래된 속담에서 인용함

이 장에서는 개념도 과정을 준비하는 방법에 대해 설명한다. 여기에서는 개념도 과정의 매우 초기 단계에서 발생할 수 있는 몇몇 중요한 쟁점을 조사한다. 특히 진행자 선정과 연구책임자−진행자 관계의 특성이 중요하다. 또한 초점의 개발, 참여자들의 선정, 활용될 수 있는 방법의 결정, 일정 협의, 소통 계획, 자원도 살펴본다. 마지막으로, 논의될 준비 쟁점들을 요약하기 위해 서면 계획을 개발하는 데 도움이 되는 질문지가 제시될 것이다.

준비는 개념도 과정에서 가장 중요한 단계이다. 왜냐하면 이 단계에서 심사숙고한 결정이 부드럽고 의미 있는 연구 과정을 보증하고, 여기에서 이루어지는 오류는 연구 과정이 전개됨에 따라 증폭될 수 있기 때문이다. 해야 할 구체적인 준비사항들에 대해 논의하기 전에, 개념도 과정이 일반적으로 어떻게 유래되었는지 살펴보자. [그림 2−1]은 개념도를 계획할 때 일반적으로 따르는 단계를 설명하는 흐름도(flowchart)를 보여 준다.

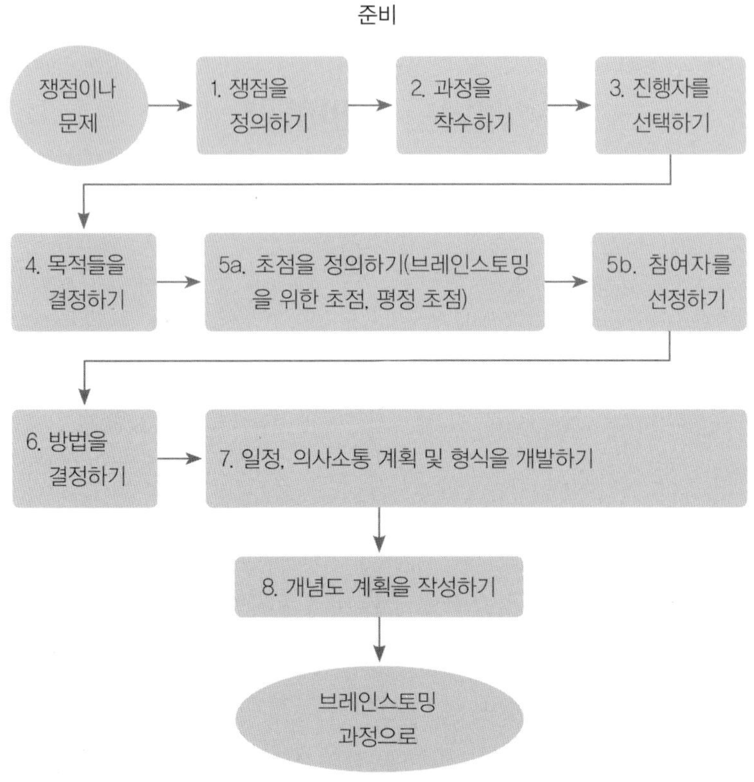

[그림 2-1] 개념도 과정을 준비하기 위한 흐름도

준비 단계에는 여러 과업을 포함한다.

- **쟁점을 정의하기**: 핵심 요구, 관심사, 또는 조사하게 될 쟁점을 파악하라.
- **과정을 착수하기**: 개념도 프로젝트의 필요성을 정의하고, 목표와 바라는 성과를 위해 적절한 방향으로 착수하라. 개인이나 함께 모인 팀일 수 있는 연구책임자를 통해서 정치적이거나 실제적인 프로젝트 범위를 확실하게 할 수 있다.

- 진행자를 선택하기: 과정을 촉진하고 활성화할 수 있는 조직 안팎의 사람을 선택하라.
- 목표들과 목적들을 결정하기: 개념도 프로젝트의 목표들과 바람직한 성과들을 확인하라.
- 초점을 정의하기: 개념도의 목표와 초점을 논의하라.
- 참여자들을 선정하기: 개념도에 참여할 사람들을 선택하라. 이들에게는 결과가 되는 초점 진술문뿐만 아니라 연구의 목표와 목적에 따른 정보가 제공된다.
- 참여 방법들을 결정하기: 개념도의 목표들이 대면 대 원격 브레인스토밍, 분류 및 평정을 사용할 때 가장 잘 달성되는지를 확인할 뿐만 아니라 각 단계에서 적합한 이해관계자 집단의 크기를 확인하라.
- 일정, 의사소통 계획 및 형식을 개발하기: 개념도 과정의 각 단계들을 위한 시간 구성, 참여자들에게 각 단계들을 소통하기 위한 계획, 그리고 최종 보고서, 프레젠테이션, 또는 출판물을 위한 가장 좋은 형식을 수립하라.
- 자원을 결정하기: 과정의 자원과 예산을 명확히 하라.
- 인간 대상 연구에 대한 승인을 받기: 많은 기관에서 인간을 대상으로 하는 모든 데이터 수집은 연구윤리위원회(Institutional Review Board: IRB)의 승인을 받아야 하는 것이 필수요건이다.
- 개념도 계획을 작성하기: 이러한 준비 단계들은 개념도 과정을 설명하는 서면 계획이 결과로 나와야 한다.

결과로 나온 문서는 계약서나 전반적인 계획에 대한 덜 공식적인 설명이 될 수 있다. 이 계획은 일반적으로 잠재적 참여자들과 협의를 한 후에 연구책임자에 의해 작성된다. 참여자들이 그들이 개념화하는 것이 무엇이고 왜 그 과정이 수행되는지를 알고, 업무수행 쟁점들과 일정을 논의하고, 양질의 업무를 하기 위한 참여의 극대화와 충분한 시간을 허용하는 것을 확실하게 해야 한다.

쟁점을 정의하기

개념도 프로젝트들은 일반적으로 특정한 요구나 관심을 이해하고 실행을 계획하고 평가하기 위해서 광범위한 이해관계자들의 참여적 정보를 필요로 하는 것에서 생겨난다. 예를 들어, 사회과학에서 그러한 쟁점들은 다음을 포함할 수 있다.

- 어떤 실행들이 가장 효과적으로 공중보건의 특정 영역을 개선할 수 있을까?
- 어떻게 기관들이 조직의 자원을 가장 효과적으로 활용할 수 있는가?
- 사회적 쟁점들을 해결하기 위해 제한된 공공예산의 가장 좋은 사용은 무엇인가?
- 장기적 목표들을 위한 전략적 계획에서 다루어야 할 핵심 영역들은 무엇인가?
- 프로그램 효과성을 위한 가장 중요한 평가 준거들은 무엇인가?

그 과정 이후에, 이러한 쟁점들은 아이디어들을 생성하거나 지지하는 아이디어를 평정하기 위한 구체적인 **초점 진술문**(focus statement)들을 개발하는 데 사용된다. 그러나 이 시점에서 더 중요한 과제는 쟁점들 자체를 정의하고 개념도 과정이 어떻게 그것들을 지지하는 성과들을 만드는 데 도움이 될 수 있는지를 검토하는 것이다.

과정을 착수하기

대부분의 개념도 과정은 조직이나 집단 내의 요구, 관심사 또는 쟁점으로 시작한다. 예를 들어, 조직이나 부서의 책임자는 장기간 계획하는 과정을 시작하는 것을 결정할 수도 있고, 감독에 책임이 있는 사회적 프로그램이나 대행사의 대표는 평가를 요구하는 프로그램을 결정할 수도 있다. 이 과정의 첫 단계는 이 프로젝트가 포함해야 할 범위를 결정하고 전략적인 초점을 결정하는 것이다. 또한 개념도 과정의 핵심 이해관계자가 구체화되기 시작하는 단계가 바로 이 단계이다. 다음의 참여자들을 포함한다.

- **연구책임자(들)**: 개념도 과정을 시작하는 데에 책임이 있는 사람 또는 사람들이다. 그들은 프로젝트와 프로젝트 실행을 위한 최고의 과정을 결정하는 데에 궁극적인 책임을 지닌다.
- **진행자**: 개념도 과정을 실제적으로 감독할 사람 또는 사람들이다.
- **자문 집단**: 프로젝트의 일부 또는 전체 단계들을 위한 감독 및 자문 역할을 맡게 되는 대규모 이해관계자 집단의 하위 집단이다.

- **핵심 참여자 집단:** 개념도 프로젝트의 브레인스토밍, 아이디어 종합, 분류, 평정 및 분석을 포함하는 모든 단계에 참여할 것에 헌신할 이해관계자들의 대표 집단이다.
- **초대된 참여자 집단:** 쟁점과 관련된 모든 수준에서 광범위한 이해관계자들의 집단, 예를 들면 이해관계자 기반의 모든 차원에 따른 대표자들, 즉 말단 직원에서 임원까지, 공공에서 민간 부문까지, 연구에서 실천까지, 응급 처치에서 공중보건까지 등을 포함한다.

프로젝트의 범위가 항상 미리 결정되는 것은 아니고, 연구책임자들에게 원래 소개한 쟁점들은 사실상 시간과 추가 논의에 따라 더 깊어진 쟁점들을 가리킬 수도 있다는 것을 주목하는 것이 중요하다. 예를 들어, 특정한 모집단의 건강 행동들과 관련된 쟁점인 것으로 보일 수 있는 것이 사실상 사회적 맥락에서 더 큰 쟁점을 반영하거나 다른 집단들로 일반화될 수도 있다. 이상적으로, 연구책임자들은 그들이 프로젝트를 시작할 때, 열린 마음을 유지해야만 하고, 그들이 선택한 진행자와 그들의 요구들에 부합하는 적절한 프로젝트 범위를 결정하기 위해 함께 작업해야만 한다.

진행자를 선정하기

개념도 과정의 첫 번째 단계들 중 하나로서, 연구책임자들은 진행자로서 봉사하게 될 사람 또는 팀을 선정하거나 확인할 것이다. 때때로 그 과정은 조직 내에서 전적으로 수행되며, 진행자는 조직의 직원들 중 한 명이 된다. 다른 상황들에서는, 기관이 내부적으로 진행자로서 수행할 수 있는 누군가가 없을 수 있거나 그 조직이 그 역할을 이행할 외부 자문가가 있기를 선호할 수 있다.

연구책임자들은 첫 번째로 내부의 진행자들을 둘지 아니면 외부의 진행자들을 둘지 결정해야만 하고, 내부의 진행자들과 기관 외부 자원들 사이의 선택에서 비용 편익을 고려할 것이다. 내부의 진행자는 참여자들의 일부 또는 전체가 알게 될 가능성이 있고, 긍정적인 방식으로 그 노력에 기여할 기관과 당면한 쟁점에 대한 지식을 가지고 있을 수 있다. 또한 내부의 진행자는 참여자들의 시간적 제약들이 있음에도 불구하고 보다 효과적으로 작업할 수 있을 것이고, 정규 근무시간들 외에 추가적인 참여 시간을 요구하지 않고 프로젝트 활동들을 수행할 수 있을 것이다. 그러나 정치적으로나 대인관계적으로 책임지는 환경에서 참여자들은 개념도 과정, 연구 진행자의 능력, 또는 심지어 그 과정을 정확하게 다루는 진행자의 능력에 대해 더 많은 의심을 품은 채, 그들이 아는 누군가를 지지하거나 협력하지 않을 수 있다. 반면에, 외부의 진행자는 공정성과 객관성의 모습을 갖고 기관에서 쉽게 얻을 수 없는 주제 전문성 수준을 갖추고 있을 수 있다. 만약 진행자가 그 분야나 기관의 구성원들에게 잘 알려져 있고 존경받는다면, 참여자들은 시작부터 보다 쉽게 그 과정을 수용할 수 있다. 또한 외부의 진행자를 활용하는 것은 그 프로젝트를 위해 기꺼이 추가적인 자금을 제공했기 때문에 기관이 보다 강하게 그 과정에 전념하게 되는 것을 암시할 수 있다.

진행자들의 어떤 유형들은 특정 유형들의 프로젝트들에 더 적합할 수 있다. 내부의 진행자는 운영상의 계획 또는 과정 평가에 더 적합할 수 있는데, 그 이유는 이 두 가지 모두 기관의 어떤 부분에서의 내부적인 일상 기능에 대한 세부적인 검토에 초점을 맞출 수 있기 때문이다. 내부의 진행자는 그러한 세부 사항들을 더 잘 알고 있을 것이다. 외부의 진행자는 초점이 훨씬 폭넓거나 내부의 세부 사항들에 덜 의존적이고, 그 기관이 개념도 과정의 결과나 시사점들에 의해서 더 많이 위협받을 수 있는 전략적인 계획 또는 성과 평가들에 보다 적합할 수도 있다. 비슷하게, 외부의 진행자는 외부자 관점을 가지고 올 수 있고, 차례로 그 프로젝트의 전체 범위를 보다 정확하게 정의할 수 있다.

진행자와 연구책임자가 함께 하는 첫 번째 결정 또한 성과에 가장 중요하다. 이 개념도 프로젝트의 초점은 무엇이고, 누가 이 과정의 다른 단계에 참여할 것인가? 연구책임자와 진행자는 매우 다른 관점을 가질 수도 있다. 연구책임자는 아마도 관리자일 것이고, 그렇기 때문에 정의된 목표를 충족시키기 위해 시기적절하고 효율적이며 논리적으로 관리할 수 있는 과정을 요구할 수도 있다. 진행자(특히 외부인이라면)는 연구책임자들에 의해 명확히 설명되지 않았던 쟁점들을 탐색하기를 바랄 수 있고, 철저한 개념도를 산출하기 위해 충분히 폭넓은 의견뿐만 아니라 결과들을 이해하고 완전히 해석할 충분한 시간도 보장받기를 원할 것이다. 그러므로 연구책임자는 미리 정해진 초점 진술문, 보다 적은 참여자, 보다 많은 내부 참여자(일정 조정이 쉽기 때문), 보다 적고 짧은 회기 등을 제안할 수도 있다. 반대로, 연구진행자는 보다 깊이 있게 초점 쟁점들을 탐색하기를 바라며, 폭넓은 참여, 보다 많은 회기 수와 회기 내 더 많은 시간을 주장할 수 있다. 여기서 진행자는 바람직한 성과가 드러나고 분명히 표현되도록 보장하기 위해서, 그리고 요구들, 제한점, 시간 구성이 주어진 프로젝트에 대한 최고의 설계를 안내하는 것을 돕기 위해서 실제적인 측면뿐만 아니라 요구들을 탐사하는 데 중요한 역할을 갖는다.

이러한 쟁점들을 결정하기 위한 간단하고 견고하며 빠른 규칙들은 없으며, 보통 연구책임자와 진행자가 계획하기 논의를 통해 합리적인 합의에 도달하고, 관점들과 요구들을 탐색하는 것을 가능하게 한다. 이러한 논의들에서, 진행자는 앞에서 논의된 일부 비용 편익을 언급하고 고려를 위한 다양한 선택을 제안하는 것이 중요하다.

목적과 목표를 개발하기

특정한 연구에서 연구책임자와 진행자는 개념도를 세부적으로 계획하는 것으로 나아가기 전에 개념도의 일반적인 목적이나 목표에 동의를 해야 한다. 개념도는 어떤 더 큰 목적을 돕기 위해 적용되는 방법과 기술이다. 그것은 목적을 위한 수단이다. 그러므로 연구를 착수하는 데 동기를 부여하는 요인들이 바로 과정의 목표와 설계를 지시한다. 전략적인 계획하기 맥락들에서, 개념도 연구 설계를 사용하는 것은 대체로 장기간 중요하다고 인식되는 주요 쟁점들을 표면으로 가져오는 데 도움이 될 수 있다. 운영 계획에서, 개념도는 어떤 특정한 프로그램이나 활동(예: 훈련 교육과정)의 구성을 위한 개념구조를 제공할 수 있다. 과정 평가를 위해서, 개념도는 측정도구의 개발이나 과정의 관찰을 위한 구조를 제공할 수 있다. 성과 평가를 위해서, 개념도는 측정할 주요 구성개념이나 기대되는 성과의 윤곽을 보여 줄 수 있다(우리는 이러한 모든 것을 다음 장에서 더 자세히 설명할 것이다). 프로젝트의 목표와 초점에 대해 논의하고 합의에 도달할 때, 진행자는 종종 연구책임자가 이러한 노력에 그들의 기여에 대한 가치뿐만 아니라 이러한 노력의 잠재적 가치와 필요성을 전달하는 가장 좋은 방법을 결정하는 것을 돕는다. 이러한 특정한 목적과 목표는 개념도 과정에 이어서 나타나야만 하는, 적절한 이해관계자 집단뿐만 아니라 브레인스토밍과 평정을 위한 특정한 초점 진술문을 선택하기 위한 기초가 된다.

초점을 정의하기

일단 목표나 목표들이 명확해졌을 때, 그다음 단계는 개념화의 초점이나 영역의 공식화이다. 전형적인 프로젝트에서 두 개의 분리되고 구체적인 산출물들이 개발될 필요가 있는데, 그것은 **브레인스토밍**(brainstorming) 회기를 위한 초점 진술문과 진술문 **평정**(rating)을 위한 초점 진술문들이다.

브레인스토밍과 평정 모두를 위한 초점은 구체적인 지침문들로 작성되어야, 모든 참여자가 그 과제에 대해 사전에 합의할 수 있다. 브레인스토밍이나 평정 모두를 위한 초점 진술문들을 개발할 때, 진행자는 보통 참여자들이나 일부 대표 하위 집단을 만나고, 각 초점 작성을 위한 다양한 대안을 논의하며, 최종적인 선택들에 대한 집단의 합의에 도달하려고 시도한다. 예를 들면, 다음과 같다.

- 전략적인 계획하기 과정에서 브레인스토밍 초점은 "당신의 기관에서 제공할 수 있는 구체적인 서비스들을 기술하는 짧은

구문들이나 문장들을 작성하세요."로 작성될 수 있다.

- **요구 사정**(needs assessment)에서 초점 프롬프트는 "당신의 상담원들이 고객들과의 일에서 보여 줄 수 있는 구체적인 능력은……"이라고 진술할 수도 있다.
- 유사하게, 프로그램 평가를 위한 평정 초점은 "당신이 프로그램에 의해서 성과가 얼마나 강하게 영향을 받게 될지를 생각하는 측면에서 각각의 잠재적인 성과를 7점 척도로 평정하라. '1'은 '전혀 영향을 받지 않음'을 의미하며, '4'는 '중간 정도의 영향을 받음', '7'은 '매우 영향을 받음'을 의미한다."로 작성될 수도 있다.

그 집단은 각각의 이러한 초점 진술문들을 위해 구체적인 표현법에 동의해야 한다. 이는 이어서 좀 더 자세하게 기술된다.

첫 번째 초점 진술문인 **브레인스토밍을 위한 초점**(brainstorming focus)은 연구를 위해 분석될 참여자 아이디어들의 풀(pool)을 이끌어 내는 데 도움이 된다. 어느 브레인스토밍 회기를 위해서, 초점은 다양한 방식으로 진술될 수 있다. 전략적인 계획에서 참여자들은 기관의 목표들, 기관의 미션이나 기관이 제공할 수 있는 활동들 또는 서비스들에 초점을 맞출 수도 있다. 유사하게, 프로그램 평가들에서 참여자들은 프로그램의 성격, 그들이 측정하고 싶은 성과들, 또는 평가에 포함할 사람들의 유형에 초점을 맞출 수도 있다.

브레인스토밍을 위한 초점을 정의할 때, 산출될 것 같은 진술문들의 종류들을 예상해 보는 것이 도움이 된다. 이중의 목적을 지닌 초점 진술문들은 참여자들에게 매우 혼란스러운 메시지들을 보낼 수도 있다. 예를 들어, 만약 진술문이 "우리 기관의 목표와 고객의 요구를 설명하는 짧은 진술문이나 문장을 작성하세요."라고 적혀 있다면, 참여자들은 이러한 두 가지 범주를 특히 구별되는 것으로 인식하고, 최종적인 개념 지도에서 두 개의 주요 군집으로 분류할 수 있다. 결과적으로, 관심이 있을 수 있는 보다 섬세한 관계들 중 일부가 아마도 불분명해질 것이다(Keith, 1989). 만약에 두 개의 강조 모두 중요하다면, 기관은 두 개의 분리된 개념화를 수행하거나, 아마도 더 중요하게 이 연구를 위해 가장 적합한 초점을 정의하는 데 도움이 되는 예비 요구 분석을 수행해야 한다.

이것은 연구의 목표에 적절한 초점 진술문에서 여러 가지 용어의 사용을 배제하는 것이 아니다. 예를 들어, 어느 시골의 노인층의 요구들을 다루는 한 연구(Trochim, 1989c)에서 브레인스토밍을 위한 초점은 광범위한 것이었다. "우리 마을에서 노인들이 갖는 쟁점, 문제, 근심거리, 또는 요구들을 기술하는 진술문들을 작성하세요." 비록 이것이 이중적인 목적을 갖는 진술문들을 피하라는 충고를 위반하는 것처럼 보일지라도, 참여자들은 '쟁점, 문제, 근심거리, 또는 요구들'이 비슷하다고 느꼈고 상대적으로 동질한 집단의 브레인스토밍된 진술문들을 이끌어 냈다.

일단 단일의 초점 개념이 확립되면, 초점 진술문은 어떻게 기술되어야 하는가? 그 대답은 '상황에 따라 다르다'이다. 여기에 두 가지 공통적인 형식이 있다.

- **진술문 형식**(statement form)은 "(특정 쟁점)에 대한 진술문들을 작성하세요." 또는 "(특정 쟁점)에 대한 아이디어들을 작성하세요."와 같은 지시문의 형태를 취한다.
- **프롬프트 형식**(prompt form)은 사람들이 그것에 답하도록 유도

하기 위해 설계된 불완전한 문장을 사용한다. 예를 들어, "이 쟁점을 위한 구체적인 아이디어는 ________일 것이다." 또는 "이 문제를 위한 가장 좋은 접근법은 ________일 것이다."와 같다. 프롬프트 형식은 진행자와 함께 작업하는 팀에게 보다 쉬운 응답들을 산출하는 경향이 있기 때문에, 이러한 형식이 일반적으로 선호된다. 사람들이 문장을 완성하는 자연스러운 경향의 이점을 취함으로써, 이러한 형식은 보다 구문론적으로 유사한, 즉 아이디어의 내용에 대한 강조를 유지한 채 아이디어들을 산출할 가능성이 많다.

초점 진술문이 궁극적으로 어떤 형식을 취하든지 간에, 추후 분석을 위한 아이디어들을 생성하는 데 얼마나 효과적일 것인지를 보기 위해서, 연구를 위한 위원회 구성원들이나 검증 집단과 같은 예비 집단으로 그 초점을 '예비 점검'하는 것이 중요하다. 이러한 예비 점검은 초점 진술문이 적합한 양과 질의 응답을 도출하는지의 여부를 나타낼 것이다. 보다 중요하게, 참여자들이 이러한 초점의 의도를 정확하게 이해하고 연구에 밀접한 관련이 있는 응답들을 생성하는 것을 확실하게 해 주는 '질적 보장' 점검이 요구된다. 예를 들어, 작업 현장 수행연구는 처음에 "우리 기관을 향상시키는 가장 좋은 방법은 ________"이라는 프롬프트를 가질 수 있다. 그러나 수행을 향상시키는 아이디어들을 생성하기보다, 대신에 예비 연구가 근무 조건들에만 초점을 맞춘 반응들을 이끌어 내는 것으로 드러날 수도 있다. 이러한 예비 점검은 궁극적으로 더 큰 이해관계자들 집단이 프롬프트에 어떻게 반응할 것인지의 예비 표본 역할로서 도움이 된다.

일단 브레인스토밍을 위한 초점이 개발되면, 참여자들이 산출된 아이디어에 대해 비교 평정을 제공하기 위해서 하나 이상의 **평정 초점**(rating focus) 진술문들이 정의되어야 한다. 여기서 브레인스토밍을 위한 초점 진술문처럼, 형식은 다음의 기능을 따라야 한다. 즉, 우리는 결과로 나타나는 정보가 어떻게 사용될지를 고려해야 한다는 것이다. 계획을 위한 개념화는 참여자들에게 브레인스토밍된 각 문항이 얼마나 중요한지, 또는 계획하기 과정에서 해당 문항에 얼마나 많은 강조를 두어야 할지에 대해 평정하도록 요청할 수도 있다. 우리는 평가에서 참여자들에게 얼마나 많이 다양한 프로그램 요소에 노력을 기울여야 하는지, 또는 참여자들이 얼마나 많이 각 성과가 프로그램에 의해 영향을 받을 가능성이 있다고 믿고 있는지를 평정하도록 요청할 수도 있다.

앞에서 언급한 노인층 연구를 위한 서비스들(Trochim, 1989c)에서, 평정 초점 진술문은 "계획 과정에서 얼마나 우선순위가 주어져야만 하는지 각 진술문을 1~5점 척도로 평정하라. '1'은 가장 낮은 우선순위이며, '5'는 가장 높은 우선순위이다."였다.

독자는 브레인스토밍하기와 평정하기 초점들과 관련된 표현법 쟁점들에 관한 더 나은 통찰력을 얻기 위해서 측정과 조사를 위한 질문을 초점화하고 개발하는 방법(Fowler, 2001)에 대한 문헌을 자문받기를 바랄 수도 있다.

참여자를 선정하기

개념도 계획을 설계할 때, 참여자와 초점은 나란히 함께 간다. 초점 진술문은 물론 이러한 노력의 목표와 바라는 성과에 의해 도출된다. 이것은 목표와 바라는 성과가 변화, 혁신 또는 지식의 획득을 위한 논리적인 관찰로 이끌도록 해 준다. 그러고 나서 참여자들은 변화하고, 창조하며, 혁신을 채택하거나, 지식을 축적하는 것이 가능하도록 확인되고 선정된다.

이러한 초점 진술문들이 정의되면, 그다음으로 이러한 진술문들은 차례로 연구책임자들과 진행자와의 관계에서 어떤 이해관계자들이 개념도 프로젝트에 참여해야 하는지에 관한 논의를 제공할 수 있다. 이러한 논의는 과제의 성격과 진행자와 연구책임자 각자의 역할에 대한 인식에 의해 안내되어야 한다. 특정 부서 내의 특정 기능에 대해 이야기하자면, 운영 계획 모델의 경우 기관 내부에 목표에 부합하고 지식이 풍부한 참여자들을 포함하는 것이 납득이 될 수 있다. 전략적인 계획이나 성과 평가의 경우, 조직 내부의 폭넓은 참여자, 그리고 외부의 헌신적 또는 잠재적으로 영향을 주는 사람들(예: 이사회 구성원, 고객 집단, 또는 정치 단체)의 참여를 포함한 광범위한 경험과 인적자원이 완벽하게 적합하다.

일반적으로 개념화는 폭넓고 다양한 관련자들을 포함할 때 가장 좋다. 예를 들어, 어떤 사람이 미래의 요구 또는 프로그램을 포괄하는 브레인스토밍 초점으로 휴먼 서비스 조직을 위한 전략적인 계획을 수행한다면, 참여자들은 관리 직원, 서비스 직원, 위원회 구성원, 고객 그리고 지역사회 집단의 관련자 등을 포함할 수도 있다.

프로그램 평가 맥락에서 어떤 사람은 유사하게도 관리자들, 프로그램 직원, 고객들, 사회과학 이론가들, 지역사회 구성원들 및 관련된 자금 관리 대표들을 포함할 수 있다. 광범위하고 이질적인 참여자는 다양한 종류의 관점을 고려하는 것을 보장하는 데 도움을 준다. 그리고 통계적 분석을 위해 더 많은 정보를 제공하고, 따라서 지도의 명료성과 완성도를 향상시키고, 다양한 사람이 결과로 나타난 개념적 구조를 '사실로 받아들일 수 있도록' 장려한다. 구체적인 프로젝트에 따라, 비록 사람들이 그 기회를 활용하지 않더라도 광범위한 참여가 가능했다고 말할 수 있는 정치적 이점들 또한 있을 수 있다.

그러나 몇몇 상황에서 저자들은 개념화 과정을 위해 비교적 작은 동질 집단을 사용해 왔다. 예를 들어, 운영 계획 활동을 시작하고, 주요 개념들 일부를 신속하게 배치하고자 하는 기관은 상대적으로 작은 관리자들과 기관 직원 구성원들의 집단을 활용하는 것을 선호할 수 있다. 이것의 명백한 이점은 사람들이 모두 기관의 직원이라면 회의를 위해 사람들을 함께 모으는 것이 논리적으로 더 간단하다는 점이다. 이와 같은 집단은 빠른 개념화 구조가 기대될 때 잘 작동하지만, 일반적으로 우리는 의견에 대한 더 폭넓은 표본을 추천할 수 있다.

참여자 수

개념도에 참여할 수 있는 사람들의 수에는 엄격한 제한이 없다. 비록 초기에는 40명 이하의 대면 집단과 함께 활용하도록 설계되었지만, 지금은 인터넷 같은 도구들을 사용하면서 매우 크고 지리적으로 분산된 집단들과 함께 자주 활용되고 있다. 일반적으로 더 많은 참여자를 갖는 것은 분석에서 사용되는 더 많은 양의 정보를 산출하게 하고, 비록 표본의 크기가 어떤 지점 이상으로 증가함에 따라 수익이 감소되는 것 같을지라도(Trochim, 1993) 결과적으로 더 큰 완성도와 결과들의 명료성을 산출한다. 일정을 잡는 것은 단일한 장소에서 이루어지는 현장 개념도 활동의 경우에 쟁점이 된다. 더 많은 사람을 포함하는 것은 보통 모든 사람이 참석할 수 있는 회기 일정을 잡기 어렵게 만들고, 집단 토론에 모든 사람을 포함할 수 있는 정도에 제한을 준다. 비록 예외가 가능하다 할지라도, 그러한 연구에서는 전형적으로 최소 10명에서 40명 이하의 참여자가 참여한다. 이러한 범위는 좋은 집단 토의와 해석을 여전히 가능하게 하면서 다양한 의견을 확실하게 하는 좋은 구조를 제공하는 것처럼 보인다.

참여자 선정을 위한 표집 계획

어떤 경우에 연구책임자들과 진행자는 간단하게 개념도에 참여할 사람을 직접 확인할 수 있다. 다른 경우에는 연구책임자들과 진행자는 그들이 지목하고 싶은 유형(kind)의 사람들을 구체화할 수 있으며, 진행자는 참여자들을 선택하기 위한 표집 계획을 고안할 것이다.

모든 표집 상황에서처럼, 핵심적인 결정은 표집 절차(Trochim, 2001)가 무작위(예: 확률적)인지 비무작위인지의 여부일 것이다. 어떤 맥락에서 보다 크게 정의된 모집단으로부터 참여자들을 선정하기 위하여 어떤 무작위 표집 방식을 사용하는 것은 합리적일 수 있다. 이것은 결과로 나타난 개념 지도가 관심 모집단에 일반화될 수 있다면 가장 유용하다. 물론 단순한 무작위 표본 추출 방식은 소수 집단으로 모집단을 대표하지 못할 위험을 가진다. 그래서 만약 표본 추출이 사용된다면, 일반적으로 관심 모집단에서 비율이 낮은 하위 집단을 의도적으로 초과 표집하는 층화 무선 표집의 일부 형식을 시도하는 것이 최선일 것이다.

무작위 표집이 항상 실용적이거나 바람직한 것은 아닐 것이다. 목표는 사람을 대표하는 표집이라기보다는 폭넓은 아이디어(idea)들의 표집을 성취하는 것이다. 그래서 보통 이질성을 위한 목적 표집을 하는 것이 선호된다. 즉, 이는 개념도 과정에 관련된 아이디어들의 전체 스펙트럼을 반영할 것 같은 광범위한 사람들을 비무선적으로 선정하는 것이다.

당신이 '초점 집단' 또는 '설문조사'의 사고틀로 개념도 프로젝트를 접근하고 있는지에 따라서, 또한 개념도 프로젝트의 다른 단계를 위한 표본 크기에 따라서 시사점들이 있다. 만약 전자의 경우라면, 더 작은 표본 크기도 충분하다. 만약 후자의 경우라면, 이해관계자 집단들에 대한 보다 구조화된 표집이 보장된다. 우리는 많은 프로젝트에서, 예를 들어 초점 집단 유형의 경우에 분류 또는 군집 해석 단계인 지도 그 자체의 개발을 취하며 작은 이질적인 표집 접근을 사용하는 반면에, 평정을 위해서는 조사 모델에 좀 더 가까운 것을 이용하고 공식적으로 더 많이 표집하거나 전체 모집단을 초대한다.

궁극적으로, 명료하게 작성된 표집 계획은 연구책임자들과 진행자 모두에 의해 개발되고 합의되어야 한다. 이러한 작성된 표집 계획이나 선정된 개인들에 대한 작성 목록은 개념도 계획 및 일정의 일부를 구성하고 있다.

참여 방법들을 결정하기

개념도는 광범위한 집단 형식들에 적용된다. 개념도는 소규모 회의나 대규모의 전문적인 워크숍 또는 인터넷을 통해 전 세계 수천 명의 사람들을 포함하는 확장된 규모로, 이들 사이의 다양한 변형으로 활용될 수 있다. 사용되는 참여의 방법들은 목표, 초점 진술문, 연구의 참여자 모집단의 순서를 따르며, 다음의 선택사항들을 포함한다.

브레인스토밍 활동

브레인스토밍 과정(Adams, 1979; Osborn, 1948)은 대면 집단 형식으로, 인터넷을 통한 원격으로, 우편, 팩스, 또는 직접적인 참여자 연락과 같은 다른 매체를 통해 수행될 수 있다. 일반적이지는 않지만, 개념도 연구들은 데이터베이스에서 단어들이나 문장들을 분석함으로써 어떤 것이든지 간에 활동적인 참여자 투입 없이 수행되어 왔다. 브레인스토밍 방법론에 대한 당신의 선택은 연구의 목적에 의해 결정될 것이며, 참여자들의 참여 가능성, 그들의 지리적 위치와 이동 여건, 요구되는 시간과 브레인스토밍 과정의 일부로서 참여자들을 다른 사람들과 서로 상호작용하게 만드는 기대와 같은 요인들에 의해 영향을 받을 것이다. 상당한 문헌들(Collaros & Lynn, 1969; Diehl & Wolfgang, 1987, 1991; Jablin, 1981; Valacich &

Nunamaker, 1992)이 브레인스토밍의 생산성을 향상시키는 조건들과 생산성과 질을 저해할 수도 있는 요인들을 개발해 왔다. 일반적으로 이러한 문헌은 브레인스토밍을 위한 수단으로서 소규모의 대면 집단일 때와 인터넷 기술을 사용할 때 상당히 가치가 있다는 것을 제안하고 있다.

분류 및 평정 활동

개념도는 대부분 공통적으로 앞서 브레인스토밍 활동에 참여한 모든 참여자가 구조화 단계, 즉 분류 및 평정 활동에도 참여하면서 수행된다. 최근에 개념도 프로젝트는 참여자 모집단에 수백 명을 포함하는 것으로 성장해 왔다. 그래서 모든 단계에서 모든 참여자를 포함하는 것이 항상 실제적이고 바람직한 것은 아니다. 개념도 과정의 분류 및 평정 단계를 위한 참여에 관한 결정은 두 가지 쟁점을 포함한다.

- 첫 번째는 소규모 집단일 경우, 그 과정에 모든 참여자가 참여할 것인지의 여부이거나, 참여자 모집단의 하위 집단이 이러한 운영을 수행할 것인지의 여부이다. 공통적으로, 대규모의 참여자 모집단이 포함될 때, 중요한 이해관계자들의 핵심 집단이 분류 및 평정 활동을 위해 확인되고 있다.
- 두 번째 쟁점은 브레인스토밍 과정과 유사한 선택으로, 어떻게 분류 및 평정 활동들을 물리적으로 수행하는지이다. 즉, 현장 모임, 그리고 인터넷, 우편이나 팩스를 통한 원격 분류 및 평정, 또는 이 두 가지의 조합이다.

진행자는 포함되는 자원 및 사람들과 가장 친숙하게 될 연구책임자들에게 참여 수준이나 방법을 위한 선택사항들을 제시해야 하고 연구를 위해 가장 잘 이해할 전략을 협상해야 한다.

일정, 의사소통 계획 및 형식을 개발하기

연구책임자들과 진행자 사이에 초기 회의의 일부로서, 당사자들은 다음을 포함한 개념도 활동의 기반 구조에 대한 계획을 개발해야 한다.

- 개념도 과정을 위해 작성된 일정
- 이러한 일정 내에서 영향을 받는 당사자들에게 책임 및 시간 구조를 소통하기 위한 계획
- 완성된 프로젝트의 전달을 위한 형식

일정은 참여자들의 참여 가능성과 진행자가 필요한 개념도 만들기 작업을 달성해야만 하는 시간에 따라 크게 좌우될 것이다. 어떤 일정도 모든 상황에서 잘 작동되는 것은 아닐 것이다. 각 활동은 프로젝트의 특정한 요구들에 맞게 조정되어야 한다. 여기에는 일정을 잡는 결정들과 관련된 비용 편익을 설명하기 위해서, 참여자들과 초점이 이미 협의된 것을 가정하는 두 개의 가상 시나리오가 제시된다. 두 시나리오 모두 단일 집단의 사람들을 포함하는 현장 개념도 과정을 가정하며, 대략 20명 이하의 참여자들과 가장 잘 작업하는 것으로 설계된다. 이에 비해 인터넷을 사용하는 원격 개념도

과정은 사람들이 비동시적으로 참여하도록 하기 위해서, 수 주에서 수개월의 범위에 이르는 기간 동안 이루어질 수 있다.

일정 1: 세 번의 주간 모임

이 일정이 가장 여유롭다. 이 일정은 3단계의 각 단계에서 집단 과정에 충분한 시간을 할당하고 진행자에게 여유로운 분석 시간을 제공한다. 다음으로 제시된 일정 예시는 직원이나 집단 모임과 같은 환경에서 월요일마다 연속적으로 세 번의 회기가 개최된다고 가정한다. 이러한 일정은 이 자체 그대로 혹은 약간 수정하면 휴먼 서비스 계획을 담당하는 지역사회 집단에 적합할 수 있다. 왜냐하면 그러한 집단은 보통 저녁에 모이고 비교적 짧게 모임을 유지하는 것이 바람직하기 때문이다.

- **1주차 월요일:** 진술문 생성(진행자는 두 번째 모임 전에 카드와 평정표를 생성할 것이다)—1시간
- **2주차 월요일:** 진술문의 분류 및 평정을 위하여 진술문을 구조화하기(진행자는 세 번째 모임 전에 분석을 수행하고 해석 자료를 준비할 것이다)—90분
- **3주차 월요일:** 지도를 해석하고 그것들을 어떻게 사용할지를 결정하기 위한 지도의 해석—2시간

지금까지의 일정은 두 가지 일정 중 더 여유로운 것이다. 일정 1은 양질의 개념도 과정을 완수하기 위한 충분한 시간을 제공해야 한다. 이러한 '느린 단계(slow track)'는 세 가지 주요 단계 각각에 자

체의 시간이 배정되기 때문에, 순서대로 초점화되는 과정의 이점이 있다.

일정 1에는 몇 가지 단점이 있다. 명백하게 여유로운 이러한 일정조차도 아마도 빠듯한 부분들이 있을 것이다. 해석과 활용의 회기를 2시간으로 제한하는 데에는 진행자가 작업을 완료하기 위해 토론을 짧게 단축하는 것이 필요할 수도 있다. 또한 회기 간격이 길어지는 것은 그 과정이 끊어지거나 진전되지 않는 느낌들을 불러일으킬 수도 있다. 참여자들은 또한 이전 회기에서 진행되었던 것을 더 많이 잊거나 전체 과정에서 그들이 어느 단계에 있는지를 잊어버릴 수도 있다. 이를 보상하기 위해, 진행자는 각 회기의 시작과 끝에서 참여자의 초점을 다시 맞추는 데 약간의 시간이 필요할 수 있다. 이러한 접근이 지닌 실제적인 문제는 이미 바쁜 참여자의 일정에 확실한 부담이 되는, 분리된 세 번의 회기를 요구한다는 것이다(비록 참여자들이 조직의 직원일지라도, 이것은 몇몇 구성원이 이동해야만 하는 이질적인 집단이 갖는 문제보다는 덜한 문제일 것이다). 마지막으로, 일부 고정 비용들이 이러한 일정 선택에서 보다 높을 수 있다. 예를 들어, 다과가 제공되거나 회의실 비용이 하루 단위로 지불된다면, 이러한 3회기 일정은 명백하게 더 많은 비용이 들 것이다.

동시에, 느린 단계는 몇 가지 주요 이점을 지닌다. 그러한 일정은 이미 주별 또는 월별로 정기적인 모임을 갖는 집단에게 잘 맞을 수 있다. 이 일정은 참여자들이 개념도 과정과 그들이 성취하고자 하는 것에 대해 생각할 수 있는 많은 시간을 허락한다. 마찬가지로 중요한 것은, 분석가에게 분석을 수행하고 해석 회기를 위한 양질의 자료를 준비할 수 있는 충분한 시간을 허용하는 것이다.

일정 2: 두 번의 집중된 회기

이전 일정의 몇 가지 이점은 2회기 개념도 과정을 마련함으로써 더 빠른 속도로 결합될 수 있다. 그러한 집중된 일정은 더 빠를 뿐만 아니라 특정 요구나 쟁점을 둘러싼 '쟁점에 대한 정상 회의'나 연수회의 구조 내에서 매우 적합할 수 있다. 여기서 산출 및 구조화 단계들은 2회기에 완수되는 해석과 함께, 같은 날에 수행된다. 다음으로 주어진 일정의 예시는 일주일 간격으로 개최되는 3~5시간 동안 지속된 각 회기로, 2회기의 예를 보여 준다.

〈1회기〉
진술문 산출: 75분
휴식: 진술문 축약 및 준비를 할 수 있도록 최소 2시간
진술문 구조화하기: 75분

〈2회기〉
지도의 해석: 90분
휴식: 30분
활용 및 마무리: 1시간

실제적으로 말하면, 이 일정은 세 번 만나는 계획보다 더 강력한 연속성을 제공한다. 참여자들은 과정 순서를 보다 잘 이해할 가능성이 있고, 일정 2는 3회기 일정보다 더 효율적이고 비용이 덜 든다.

이 일정의 주요 단점은 첫 회기가 빡빡하다는 것이다. 만약 한 집단이 예를 들어 20명 이상이라면, 2시간 안에 진술문 축약을 수행

하고 카드를 분류하는 것과 평정지를 산출하는 것은 매우 어려울 것이다. 진행자는 이러한 '중대 상황'을 완화하기 위해 두 가지 일을 할 수 있다. 첫째, 보조가 매우 유용할 수 있다. 카드 묶음을 자르거나 떼어 내는 두 사람이 있으면 그 과정을 상당히 빠르게 한다. 둘째, 컴퓨터를 통해 자료들(예: 카드 묶음과 평정지)을 빠르게 생성하는 것을 계획할 수 있다. 추가적으로, 브레인스토밍된 항목들을 산출하는 다른 방법들이 이러한 어려움들의 일부를 경감시켜 줄 수 있다. 즉, 브레인스토밍된 항목들을 컴퓨터 프로그램에 직접 입력하는 대신에, 각 참여자는 브레인스토밍이 진행되는 동안 별도의 색인 카드에 각 문항을 작성할 수 있다. 그들은 그런 다음 이렇게 손으로 작성한 카드들을 분류하고, 심지어 각각의 카드에 직접 그들의 평정을 쓸 수 있다.

모든 개념도 상황에 유효한 단일한 일정은 없다는 것을 분명히 해야 한다. 효율성과 효과성, 비용 및 적시성 사이에 비용 편익이 있다. 최종적으로 합의된 일정은 사전에 진행되는 협의 회기에서 나와야 하고, 궁극적으로 참여할 사람들의 합의가 있어야 한다. 이러한 회기들을 계획할 때, 우리는 전체 프로젝트 시간과 참여자에게 필요한 '주어진 과업' 시간을 구분해야 한다. 대부분의 상황에서 전체 프로젝트 시간은 지속성과, 특히 사람들이 너무 긴 시간 동안 쟁점들과 아이디어들을 잊어버릴 수도 있다는 염려와 관련되어 있다. 반대로, 일정은 응답자의 부담과 참여자에게 적절한 참여 수준을 유지하는 것에 대한 중요한 쟁점들을 고려해야 한다. 개념도가 많이 수행되는 상황에서 프로젝트 기간 내에 개별 참여자로부터 너무 많은 노력이 기대될 때 발생하는 응답자 '소진'을 다루는 위험을 고려해야 한다. 잘 계획된 일정은 합리적인 프로젝트 시간 구조의 요구사항과 참여자의 노력 사이의 균형을 유지해야 한다.

일단 개념도 과정이 설정되면, 연구책임자들과 진행자는 최종 보고서 그리고/또는 발표를 위한 가장 좋은 형식을 결정할 뿐만 아니라, 프로젝트 완료를 위한 전반적인 시간 구조를 설정하는 토대를 갖는다. 진행자는 다음과 같은 요인들을 논의하기 위해 연구책임자들을 면담해야 한다.

- 참여자 접근성: 연구 기간 동안 누가 활동할 수 있으며, 어떤 역할을 할 수 있는지
- 보고서, 기사 또는 출판된 논문과 같은 원하는 의사소통 방법
- 전문적 컨퍼런스 또는 회계연도 종료와 같은 마감 기한 맞추기

연구 결과물에 대한 선택은 다음을 포함한다.

- **인쇄 보고서**: 연구 배후의 핵심 집단에 대한 해석 또는 보다 공통적으로 이러한 개념도 결과를 해석하기 위한 현장 모임의 결과에 의해 안내되는 개념도 분석 결과의 요약이다. 일반적으로 해석 회기 이후에 개념도의 최종적인 양질의 버전(모든 군집 및 포함된 영역 이름을 포함하여)을 산출하고 요구되는 해설을 작성하기 위해 약간의 시간이 필요할 것이다.
- **현장 발표**: 가장 전형적으로 개념도 과정은 개념도 분석 결과들을 논의하고 해석하기 위해 참여자들 일부 또는 전체의 회의로 마무리된다.
- **내부 또는 외부 출판물**: 빈번하게도 개념도 분석의 결과들(그리고 현장 모임에서의 해석 및 인쇄 보고서)은 출판물이나 웹사이트

와 같은 다른 매체에서 종합된다. 이러한 출판물들은 연구의 결론에서 도출된 내용을 포함하고 원래의 개념 지도와 원자료를 포함하거나 포함하지 않을 수 있다.

흔히 연구의 최종 결과는 분석 결과들에 대한 집단(원래의 참여자를 포함하거나 포함하지 않을 수 있는, 또는 그들의 하위 집단이 될 수 있는 집단) 해석에 의해 정보를 제공받는 최종 보고서이다. 예를 들어, 이 책의 다른 곳에서 논의된 '건강한 노화(Healthy Aging)' 연구(Chronic Disease Directors, 2003)는 해당 분야에서 지리적으로 분산되어 있는 전문가 집단의 의견을 브레인스토밍한 다음, 더 작은 핵심 집단 사람들이 분류하고 평정한다. 이어서 연수회에 초대된 참여자들에게 결과를 보고한 후 서면 보고서를 제출한다. 또 다른 매우 일반적인 결과는 개념도 연구의 결과에 기반하여 종종 연구책임자가 진행자와의 협력으로 개발한 전문적 출판이나 추천 저널의 논문이다(Batterham et al., 2002; Brown & Calder, 1999; Carpenter, Van Haitsma, Ruckdeschel, & Lawton, 2000; Cousins & MacDonald, 1998; Daughtry & Kunkel, 1993; DeRidder, Depla, Severens, & Malsch, 1997; Donnelly, Donnelly, & Grohman, 2000; Gurowitz, Trochim, & Kramer, 1988; Mercier, Piat, Peladeau, & Dagenais, 2000; Michalski & Cousins, 2000; Nabitz, Severens, van den Brink, & Jansen, 2001; Pammer et al., 2001; Paulson, Truscott, & Stuart, 1999; Shern, Trochim, & Lacomb, 1995; Southern, Young, Dent, Appleby, & Batterham, 2002; Stokols et al., 2003; Trochim, Cook, & Setze, 1994; Trochim, Milstein, Wood, Jackson, & Pressler, 2004; Trochim, Stillman, Clark, & Schmitt, 2003; van Nieuwenhuizen, Schene, Koeter, & Huxley, 2001;

VanderWaal, Casparie, & Lako, 1996; White & Farrell, 2001; Witkin & Trochim, 1997).

자원을 결정하기

개념도 프로젝트의 목표, 참여자 모집단 및 세부 준비사항을 설정하는 것은 시간, 관련된 인력 수, 물리적 시설, 필요한 자금의 측면에서 프로젝트를 완료하는 데 필요한 자원들을 추정하는 데 필요한 자료를 제공한다. 프로젝트 연구책임자들은 일반적으로 프로젝트 진행자, 특히 만약 진행자들이 과거에 유사한 개념도 프로젝트에 대한 정확한 자원 요구를 추정한 경험을 가지고 있다면 그들의 피드백과 도움을 받아 이러한 자원을 준비하거나 협상하는 일차적인 책임을 진다.

대부분의 프로젝트와 마찬가지로, 우리는 필요한 시간과 비용 추정에서 여유가 있어야 한다. 그리고 특히 관련된 사람들은 개념도 연구를 실제로 실행하는 것보다 계획하는 데 더 많은 시간을 할애할 것을 예상해야 한다. 그다음 자원 사용은 초기의 자원 예측에 대비하여 점검하기 위해 그리고 프로젝트의 범위를 조정하거나 필요에 따라 추가적인 자원들을 협의하기 위해, 프로젝트 전반에 걸쳐 사정되어야만 한다.

개념도 계획을 작성하기

개념도 계획은 개념도 프로젝트를 위해서 결정되는 모든 준비에 대한 기술(description)이다. 계획은 참여자들, 초점 진술문들, 일정에 대해 작성된 설명이다. 〈표 2-1〉은 서면 계획을 개발하는 것을 돕는 데 사용될 수 있거나, 완료되었을 때 서술이 필요하지 않다면 서면 계획 자체를 구성할 수도 있는 짧은 설문지로 이루어져 있다.

표 2-1 개념도 계획의 개발을 안내하기 위한 설문지

이 설문지는 응답자에게 개념도 계획을 구성하는 데 필요한 핵심 정보를 제공하도록 요청한다(사실, 더 많은 서술적인 계획이 필요하지 않다면 이 도구는 서면 계획으로 사용될 수도 있다).

조직적 맥락

개념도 과정을 시작하거나 후원하는 데 관련된 조직(들):

____

____

개념도 과정의 연구책임자(들):

____

____

개념도 과정의 지정된 진행자(들):

____

____

개념도의 목표와 목적

이러한 맥락에서 개념도의 주요 목표는 다음과 같다.

____

____

____

____

이러한 개념도의 폭넓은 과업은 다음의 한 부분이다(해당되면 어떤 것이든 체크하시오).

__________ 전략적인 계획
__________ 운영 계획
__________ 과정 평가
__________ 성과 평가
__________ 기타(구체적으로 적어 주세요: __________)

참여자들을 선정하라

'이상적인' 참여자 모집단은:

____

____

원하는 참여자 수: __________

참여자를 어떻게 선정할 것인가? 목표에 부합되는 신원 확인 및 초대, 표집 계획은?

____

____

____

초점을 개발하라

개념도의 초점을 개발하기 위해 사용된 과정을 기술하라.

____

____

산출 단계를 위한 초점 진술문을 정확하게 진술하라.

각각의 평정하기를 위한 초점을 정확하게 진술하라.

개념도 일정

개념도 과정을 위해 다음 일정을 기입하라.

	산출	구조화	해석
날짜			
시간			
장소			
참여자들			

관리

최종적인 개념도 결과 완료를 위한 목표 날짜

개념도의 최종 결과는 어떻게 제시될 것인가(예: 지도, 서면 보고서)?

개념도 과정에 얼마의 비용이 할당되었는가?

어떤 추가적인 자원들(예: 노동력, 비품, 시설, 장비)이 누구에 의해 공급될 것인가?

____

____

____

____

개념도 결과는 어떻게 활용될 예정인가?

____

____

____

____

요약

개념도 과정의 질은 이루어진 준비의 질에 달려 있다. 개념도는 집단 활동이기 때문에, 핵심적인 역할을 맡은 사람들을 확인하고 잠재적인 대인관계에서의 역할 갈등에 민감하기 위해 세심한 주의가 필요하다. 연구책임자들(연구의 동기를 부여하는 데 책임이 있는 사람들)은 보통 한 명이나 그 이상의 조직 관리자들이다. 진행자(과정을 관리하는 데 책임이 있는 사람)는 조직의 구성원이거나 외부 자문가일 수도 있다. 광범위한 의견들이 지도에 반영되는 것을 보증하기 위해서, 과정에 참여하는 연구참여자들은 가능할 때마다 광범위하게 정의된 이해관계자 집단에서 선정되어야 한다. 참여자들 또는 일부 대표적인 하위 집단은 목표 및 초점 진술문, 적합한 일정 개발을 포함하여, 과정 계획을 둘러싼 협상에 포함되어야 한다. 이 과정의 결과물은 서면으로 된 개념도 계획이어야 하고, 실현 가능하고 적합하다는 참여자들 사이의 합의가 있어야 한다.

연습문제

당신에게 익숙한 맥락에 대해, 개념도 프로젝트에 대한 가상 계획을 개발하라. 만약 필요하다면, 가상의 개념도 맥락을 구성하라. 〈표 2-1〉의 설문지를 사용하여, 필요한 모든 정보를 완성하라. 다음의 질문을 각각 검토하라.

1. 당신이 계획을 개발하는 동안 어떤 문제들이 발생했는가? 문제가 특정 영역들(예: 참여자를 선정하기, 일정을 개발하기)에 집중되었는가?
2. 당신의 경험을 토대로 〈표 2-1〉의 설문지를 어떻게 수정할 것인가?
3. 당신은 동의서, 서술적 제안서, 또는 공식적인 계약서와 같은 다른 유형들의 서면 계획서를 사용할 때의 비용 편익이나 이점들이 무엇이라고 생각하는가?

제3장

아이디어 산출하기

브레인스토밍 회기를 준비하기

개념도와 브레인스토밍 과정을 소개하기

브레인스토밍 과정을 관리하기

아이디어 종합: 진술문 세트를 축약하고 편집하기

개념 영역을 산출하기 위한 몇 가지 대안

요약

Concept Mapping for Planning and Evaluation

제3장

아이디어 산출하기

거의 모든 새로운 아이디어는 처음 산출될 때 어리석음의 특정한 측면을 지닌다.

—Alfred North Whitehead

일단 준비가 되면, 우리는 개념도 과정의 보다 창의적인 부분, 즉 아이디어들의 산출 단계로 이동할 수 있다. 여기서 '산출'은 관심 영역의 개념을 설명하는 일련의 아이디어들을 생산하는 어떤 절차를 가리킨다. 브레인스토밍은 이러한 맥락에서 활용되는 가장 공통적인 방법이므로, 이 장에서는 브레인스토밍을 다소 상세하게 설명할 것이다. 또한 우리는 이 장의 마지막에서 진술문들을 산출하기 위한 몇 가지 대안적인 방법을 제시한다.

성공적인 아이디어 산출은 준비에서부터 실제적인 집단 과정의 실행까지, 결과로 도출된 아이디어들의 후속 처리까지의 범위에 이르는 단계들을 포함한다. [그림 3-1]은 흐름도 형식의 기본 단계들을 보여 주고 있다.

이러한 단계들은 다음을 포함하고 있다.

- **브레인스토밍 회기를 준비하기:** 브레인스토밍 과정을 위한 시설, 세부 준비사항과 참여자를 주선하기
- **개념도와 브레인스토밍 과정을 소개하기:** 관련 이해관계자들에게 명료한 개요와 참여 지침 제공하기
- **브레인스토밍 회기를 관리하기:** 원활한 흐름을 확실하게 하고 아이디어들을 기록하기
- **아이디어 종합-진술문 세트를 축약하고 편집하기:** 이후의 분류와 평정을 위해 간결하고 편집된 진술문 세트 만들기

브레인스토밍(Osborn, 1948)은 대면의 현장 모임, 또는 지리적으로 분산되어 있는 이해관계자들이 우편, 팩스, 또는 인터넷을 통해 수행하는 원격 과정과 같은 다양한 과정을 사용할 수 있다. 브레인스토밍은 초점 집단 방식으로 집단 과정으로 촉진되거나(Stewart & Shamdasani, 1990), 명목 집단 기법에서처럼 일정 기간에 개별적인 입력을 제출하는 사람들을 포함할 수 있다(Delbecq, 1975). 여기에 개념도 과정에서 아이디어 산출을 위해 사용되는 다양한 전략에 대한 몇 가지 예시가 있다.

- 심리사회 재활상담사의 노동 역량을 개발하기 위한 개념도 프로젝트에서, 2일 동안의 현장 개념도 프로젝트의 한 부분으로서 참여자들은 45분의 구조화된 브레인스토밍 회기 동안 아이디어들을 산출했다(Trochim & Cook, 1993).
- 주의 공중보건기관은 개인의 담배 사용, 영양, 신체 활동과 관련한 요인들을 정의하는 데 사용되는 아이디어들을 산출하기 위하여 현장 브레인스토밍 모임과 인터넷을 통한 원격 입

력 방법의 조합을 사용했다. 이는 1988년 주 정부와 담배산업 사이의 주합의협정(the 1998 master settlement agreement)의 주 지분에서 자금을 조달하기 위한 공중보건의 우선순위를 정의하는 야심 찬 긴급 프로젝트의 일부분이었다(Trochim et al., 2004).

- 코넬 대학교의 한 연구는 76명의 호텔학과 학부생 집단 중 학과 프로젝트 팀 내의 규범들에 대한 설문 문항을 사용하여, 개념도 과정을 위한 투입 자료로서 개방형 설문에 대한 서면 응답을 사용하는 것을 검토하였다(Jackson & Trochim, 2002).

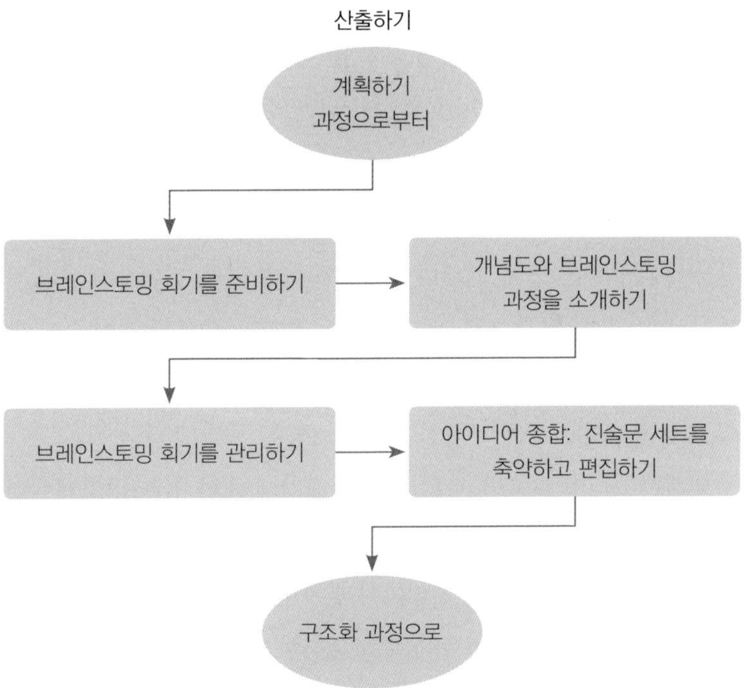

[그림 3-1] 브레인스토밍 회기를 수행하기 위한 흐름도

브레인스토밍 회기를 준비하기

먼저, 우리는 참여자들이 상호작용할 수 있는 현장 브레인스토밍 회기를 관리하는 절차와 실행 계획상의 쟁점을 살펴볼 것이다. 다음으로, 우리는 매우 대규모이고 지리적으로 분산되어 있는 이해관계자들의 집단이 개념도 과정에 점점 더 참여하도록 하는 원격 브레인스토밍을 포함한 쟁점들을 고려할 것이다.

현장 브레인스토밍을 위한 준비

시간이 정해진 개념도 과정을 위해 이해관계자들이 단일 장소에 모일 수 있는 상황에서, 현장 브레인스토밍 회기는 종종 아이디어를 산출하는 가장 효율적인 방법이 된다. 이러한 접근법은 집단 상호작용, 당면한 과제에 대한 초점, 짧고 효율적인 기간 내 아이디어 산출에 대한 이점들을 지닌다. 두 번째 이점은 한 집단으로서 초점 과업을 통한 팀 구축으로, 이것은 프로젝트가 수용되고 나중에 활용되도록 도울 수 있다. 이러한 접근은 지정된 계획 또는 평가 모임의 형식에 자연스럽게 부합한다.

브레인스토밍 단계가 보통 개념도 배경에 대한 집단의 소개이기 때문에, 진행자는 자연스럽게 그 과정을 좋은 시작으로 이끄는 데 관심이 있다. 〈표 3-1〉은 진행자가 현장 브레인스토밍 회기를 구성할 때 예상해야 하는 쟁점들에 대한 간단한 점검표를 제공한다.

많은 점검표 문항이 명백해야 함에도 불구하고, 중요한 준비 단계들을 간과하기 쉽다. 개념도 과정의 질은 참여자들의 관여에 크

표 3-1 브레인스토밍 회기의 준비를 위한 점검표

과업	담당자	완료 일자
사전 알림		
• 모든 참여자에게 초대장이나 안내문 발송하기		
• 참여자들에게 프로젝트의 의도, 잠재적 활용, 그리고 가치에 대해 작성된 배경 정보 제공하기		
• 후속 알림 보내기(이메일, 전화 또는 우편)		
기록 방법		
• 기록하는 방법(예: 화이트보드, 인쇄물, 컴퓨터 디스플레이)을 선택하기		
• 대체 기록 방법이 가능한지 확실하게 하기		
자료		
• 회기를 위한 안건을 정의하기		
• 개념도 과정의 개요를 제공하기		
• 개념 지도의 예시를 제공하기		
• 프로젝트 배경에 대한 복사본을 제공하기		
• 모든 기록 자료가 준비되었는지 확실하게 하기		
환경 구성		
• 모든 참여자에게 편안한 좌석을 제공하기		
• 적절한 조명과 음향을 제공하기		
• 모두가 보고 참여할 수 있도록 좌석을 배치하기		
• 브레인스토밍 초점 진술문이 제시되고 명료하게 보이는지를 확실하게 하기		
• 참여자들의 특별한 요구들에 대하여 확인하고, 만약 있다면 사전에 그 요구들을 어떻게 수용할 수 있는지를 점검하기		
예행 연습		
• 진행자가 무엇이 이야기되고 행해질지에 대한 개요를 갖고 있는지를 확실하게 하기		
• 브레인스토밍 회기를 '예비 점검'하기		

게 좌우되므로, 참여자들은 사전에 그들의 일정에 맞추기 위해 브레인스토밍 회기에 대한 초대나 안내를 충분히 잘 받아야 한다. 첫 모임 바로 전의 이메일, 전화, 또는 우편 후속 알림 또한 적절하다.

진행자는 집단의 진술문을 기록하는 방법을 결정할 것이다. 가장 간단한 방법은 칠판이나 게시된 전지에 진술문들을 쓰는 것이다. 이러한 방법은 쉽게 수행되고, 진술문들을 한번에 다 볼 수 있도록 제시된다. 단점은 범주화를 위한 자료를 산출하기 위해 진술문들이 컴퓨터에 복사되어야 하고, 여러 참여자가 동시에 진술문들을 산출할 수 없을 것이라는 점이다. 고려될 수 있는 다른 접근들로는 브레인라이팅(brainwriting; Hiltz & Turoff, 1978; Rothwell & Kazanas, 1989), 델파이 방법(Linstone & Turoff, 1975), 명목 집단 기법(Delbecq, 1975)이 있다.

기술 사용이 가능하다면, 진술문들은 직접적으로 컴퓨터 프로그램에 입력되고 모든 참여자가 진술문들을 볼 수 있도록 큰 화면에 제시될 수 있다. 이에 따라 브레인스토밍 회기는 종종 보다 빨리 진행되고 그 집단은 더 쉽게 브레인스토밍 회기를 완료할 수 있다. 물론 그 진술문들은 범주화된 자료들을 산출하기 위해 단지 한 번만 입력해야 하는 부가적인 이점도 있다.

다른 기록 접근법은 단독으로 또는 결합하여 시도될 수 있다. 브레인스토밍된 문항들을 기록하는 가장 슬기롭고 효율적인 방법은 각 참여자로 하여금 각 진술문이 산출될 때, 각각의 진술문을 하나의 별개의 색인 카드에 작성하도록 하는 것이다. 즉, 참여자들은 진술문들을 산출하고 하나의 단계에서 모든 진술문을 수작업으로 분류하기 위하여 카드 묶음을 구성한다. 특히 브레인스토밍과 구조화가 한 회의에서 수행된다면, 이 활동은 시간을 단축시킬 수도 있다. 그러나 만약 당신이 그 집단에 느리게 작성하는 사람들을 포함한다면 브레인스토밍 회기는 시간이 훨씬 더 오래 걸릴 수도 있다. 각자 문항들을 작성할 때 만약 그 문항들이 정확하지 않거나 읽기 쉽게 작성되지 않는다면, 이 또한 문제가 될 수도 있다. 이러한 방법들 각각의 특징들을 결합하는 것은 이점들이 있다. 만약 참여자들이 직접 색인 카드에 진술문들을 기록한다면, 진행자 혹은 보조자는 동시에 그 진술문들을 화이트보드, 인쇄물이나 컴퓨터에 기록할 수도 있다. 참여자들은 그들 자신의 기입의 정확성을 점검하기 위하여 '중요 목록'을 사용할 수 있다.

'무엇이 잘못될 수 있는지, 잘못될 것인지'의 범주에서, 진행자는 또한 요구되는 설비 장비의 이용 가능성은 물론, 가능한 설비 장비의 문제들을 예상해야 한다. 프로젝터 조명이 나가는 것 혹은 연장 코드의 부재는 불필요한 지연의 원인이 되고, 심지어 회기를 망칠 수 있다. 특히 보다 기술적으로 토대를 둔 기록 방법들이 사용될 때, 기계적 또는 전기적 고장의 경우의 대체 절차를 준비하는 것이 중요하다.

그 모임을 위해 편안한 회의실을 마련하는 것은 브레인스토밍 회기의 성공을 확실하게 하는 데 도움이 될 것이다. 가능한 만큼, 진행자는 모두를 위한 편안한 좌석이 충분히 있고, 조명과 음향이 적절하며, 모든 참여자가 무슨 일이 일어나는지 보고 들을 수 있는지를 확실하게 해야 한다. 마지막 장에서 설명한 초점 진술문이 브레인스토밍 회기를 안내하기 때문에, 이러한 진술문은 회기를 통하여 게시되고 명료하게 보여야 한다.

만약 진행자가 브레인스토밍 회기 운영이 처음이라면, 회기에 대한 '예행 연습'이나 예비 점검을 하는 것이 가장 적절할 것이다.

이것은 진행자에게 준비한 설명들을 연습하고, 환경에 익숙해지며, 설명의 유형들과 발생할 수 있는 대인관계적 역동들을 예상하는 것을 배우게 할 것이다.

아이디어의 원격 산출

더 나은 통신 기술과 인터넷의 출현으로, 이해관계자들이 개념도 과정의 일부로서 아이디어들을 원격으로 산출하는 것이 가능해지고 종종 바람직한 것이 되었다. 이러한 접근의 장점 중 일부는 다음과 같다.

- 종종 현장 모임 형식으로 통제되고 관리하기 어려운 수백 명에 달하는 대규모의 이해관계자 집단들 속에서 아이디어들을 산출하는 능력
- 참여자들은 멀리 이동할 필요가 없음
- 이해관계자들이 그들 자신의 소유 자원들과 동료들로 둘러싸인 환경에서 아이디어들을 생성하는 능력, 즉 현장 모임에 비해 이러한 기여도의 깊이를 향상시킴
- 참여자들이 그들의 아이디어들을 구상하고 제출하는 데 더 많은 시간이 걸림
- 특히 이러한 아이디어들을 컴퓨터로 제출할 때, 아이디어를 기록하는 노력을 감소시킴

아이디어 진술문을 산출하기 위한 원격 모델에 대한 몇 가지 단점이 있다.

- 현장 과정에서보다 이해관계자들 사이에 상호작용이나 아이디어의 교환이 더 적음
- 개념도 과정의 이 부분에 대한 더 긴 시간 구조가 필요하며, 이것은 일반적으로 참여자들에게 수일 또는 수주 대 몇 시간 동안 가용한 브레인스토밍 메커니즘을 지속시킬 수 있음
- 브레인스토밍 단계 동안 아이디어들의 중복 가능성이 보다 크며, 이는 이러한 진술문들을 처리하는 데 더 많은 노력을 하게 함
- 높은 수준의 참여를 촉진하는 현장 브레인스토밍과 달리, 원격 브레인스토밍은 일반적으로 더 낮은 응답률을 보임. 일반적으로, 우리는 초청된 참여자들 중 일부가 원격 브레인스토밍 요청에 응답하지 않을 것을 가정함. 진행자는 기술에 쉽게 접근하고 쉽게 활용하도록 보장하고 프로젝트 기간 내내 참여자들을 몰두하게 하는 종합적인 의사소통 계획을 수립함으로써 기술의 부정적인 영향들의 많은 부분을 완화시킬 수 있음

이러한 접근의 장단점을 고려해 볼 때, 원격 아이디어 산출은 대규모 집단, 지리적으로 분산된 이해관계자들, 또는 둘 다 포함하는 환경에서 가장 효과적이다. 그것은 더 많은 응답 수나 더 긴 응답 기간을 갖는 것이 유리한 상황, 예를 들어 아이디어 산출 과정의 일부로서 이해관계자들이 쟁점들을 연구하거나 동료들을 자문하는 경우들에서 또한 유용하다.

원격 아이디어 산출 활동은 일반적으로 네 개의 형식 중 하나를 선택한다.

- **웹 기반 입력**(web-based input): 원격 입력의 가장 공통적인 방식 중 하나는 참여자들을 웹페이지에 방문하도록 초대하는 것이다. 이 웹페이지에서 참여자들은 보통 전자우편/이메일 초청장을 통해 초점 프롬프트에 응답하여 그들 자신의 아이디어 진술문들을 입력할 수 있다. [그림 3-2]는 Concept Systems사에서 개발된 Concept Global 프로그램에서 가져온 원격의 웹 기반 브레인스토밍을 위한 예시 입력 화면의 예를 보여 준다.
- **전자우편/이메일**(electronic mail): 참여자들은 또한 전자우편/이메일을 통해 이 과정을 위한 특정한 주소로 진술문들을 직접 제출할 수 있다.
- **팩스**(fax): 팩스를 통해 진술문들을 제출할 수 있도록 팩스 번

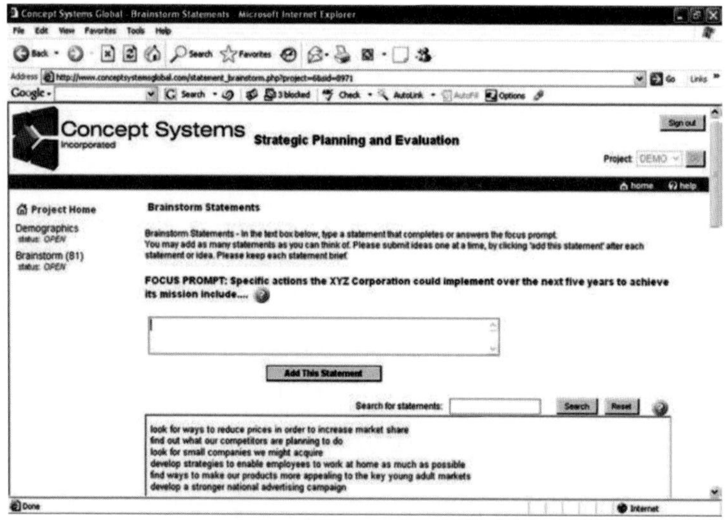

[그림 3-2] 원격 참여자들에 의한 아이디어 진술문의 브레인스토밍을 위해 활용되는 웹페이지

출처: Concept Global software, courtesy of Concept Systems, Inc.(www.conceptsystems.com)

호가 제공된다. 이 기술은 하드카피 형식으로 저장된 아이디어 진술문들을 전송하는 데 유용하다.

- 우편(mail): 종이에 적은 아이디어 진술문들을 제출할 수 있도록 우편 주소가 제공된다.

성공적인 원격 아이디어 산출 회기를 만드는 단계는 다음을 포함한다.

- 책임을 정의하기: 다음에 요약된 과업들을 포함하여, 원격 브레인스토밍 과정을 조정할 사람들을 지정하라.
- 원격 브레인스토밍을 위한 연락처 정보를 설정하기: 원격 참여자 입력을 위한 웹페이지를 만들고 '예비 점검'하며 이러한 입력 결과들에 접속할 각 사람에 대한 계정 정보를 설정하라. 필요하다면, 종이에 적은 아이디어 진술문들을 제출하기 위한 우편 및 팩스 주소들 또한 설정하라.
- 원격 참여자들을 확인하기: 참여자들의 이메일 주소와 기타 연락처 정보를 포함하는 원격 참여자 목록을 만들라.
- 프로젝트에 대한 초청장과 배경 정보를 발송하기: 참여자들에 대한 전체 정보가 담긴 초청장을 작성하라. 일반적으로 이러한 초청장은 우편, 팩스, 또는 전화 연락과 함께, 전자우편을 통해 발송될 수도 있다. 사용하기 쉽도록 이메일 초청장에 클릭 가능한 하이퍼링크를 포함하는 것을 고려하라.
- 응답률을 모니터링하고 후속 조치하기: 초대에 응하고 원격 브레인스토밍에 참여하는 사람들을 계속 모니터링하고, 아직 참여하지 않은 사람들에게 후속 알림을 보내는 것을 계획하라.

• 응답들을 처리하기: 참여자들의 원격 입력 결과를 모으고, 추가적인 처리를 위해 쉽게 접근되는 형태로 응답들을 종합하라.

이 단계들의 대부분은 전체적인 개념도 활동을 위해 제2장에 요약된 계획 과정에 포함될 수 있다. 즉, 이 단계들은 진술문 분류와 평정과 같은 다른 원격 참여자 활동들과 종합되어야 한다.

개념도와 브레인스토밍 과정을 소개하기

이 중요한 단계는 참여자들이 참여할 구체적인 브레인스토밍 과정뿐만 아니라, 개념도 과정의 속성에 대해 참여자들에게 정보를 제공하는 것을 포함한다. 이러한 초기 오리엔테이션 및 과정에 대한 설명은 일반적으로 현장 모임을 위한 짧은 안건이나 원격 참여자들에게 자세한 설명서의 형식을 취한다. 제1장에 제시된 과정 개요와 유사한 흐름도는 개념도 과정에서의 단계들을 설명하는 데 사용될 수 있다. 일부 다른 연구로부터 나온 전형적인 최종 개념 지도를 보여 주는 것은 집단에게 그들의 산출물이 달성 가능하다는 것을 실증하는 것일 수 있다.

준비 단계 동안 협의된 초점 진술문은 브레인스토밍 회기를 위한 프롬프트가 된다. 개념도 방법은 일반적으로 브레인스토밍을 위한 규칙을 적용하고 있다(Adams, 1979; Osborn, 1948). 즉, 사람들은 많은 진술문을 산출하도록 장려받고, 회기 동안 산출된 진술문의 타당성과 관련하여 비판이나 토론이 없어야 한다는 점을 듣게 된다. 참여자들은 낯선 용어들이나 전문용어에 대한 명료한 설명을 요청하도록 격려받아서 모두가 주어진 진술문이 의도한 바를 이해할 수 있도록 한다. 개념도에서 브레인스토밍은 전통적인 브레인스토밍과 조금 다른데, 그 이유는 문제 해결에 대한 '무엇이든 상관없는(anything goes)' 접근이 아니라, 초점 프롬프트나 진술문에 응답하여 가능한 모든 쟁점, 아이디어, 또는 지식을 이끌어 내기 위해 매우 목표에 부합하는 활동이기 때문이다. 입력이나 참여를 좌절시키는 것 없이 참여자들이 그들의 반응에 초점 프롬프트 필터를 적용하도록 돕는 것이 진행자의 과제이다.

때때로 일부 참여자들은 부정적인 결과들이 나타날 수도 있다는 것(타당한가 아닌가)을 두려워하기 때문에 자신의 아이디어들을 진술하는 것을 주저할 수도 있다. 준비에 관해 협의하는 동안, 연구책임자들은 개념화 초점이 상당한 논쟁의 주제이거나 참여자들이 갈등 상태에 있을 수 있는 하위 집단으로 구성되어 있다는 것을 직접적으로 혹은 미묘하게 진행자에게 알릴 수 있다. 진행자는 그런 다음 일반적인 집단 브레인스토밍 회기 밖에서 익명으로 그리고 비밀리에 아이디어를 제출하도록 하는 일부 과정을 실행할 수도 있다. 그러한 한 연구에서, 조직의 직원과 이사진 모두 참여자로 참여했다. 이러한 집단들은 과거에 함께 일한 적이 없고, 연구책임자는 우리에게 각 집단의 구성원들 사이에 약간의 적대감이 있었다는 것을 경고하였다. 분명하게도, 일부 직원은 이사회가 이사회 자체의 역할에 대하여 적절한 사정을 하지 않았고 맡은 바 직원의 수행을 방해한다고 느꼈다. 대조적으로, 일부 이사진은 직원이 그들의 적절한 역할을 초과하여 조직을 부적절한 방향으로 이끌고 있다고 느꼈다. 진행자로서, 우리는 참여자들이 다른 집단에 비판적일 수도 있는 아이디어들을 제출할 수 있도록 허용할 필요가 있음을 결정하였다. 브레인스토밍 회기에서, 우리는 공적인 포럼에서 사람들이 매우 자주 자신을 표현할 때 어려움과 주저함이 있으며 그들의 아이디어 일부를 종이에 적어 집단 회기 밖에서 제출할 수 있다는 점을 설명하였다. 이러한 방법으로, 일부 매우 비판적인 아이디어들은 그 아이디어에 대한 어떤 참여자를 대상으로 하지 않고 입력될 수 있었다.

브레인스토밍 과정을 관리하기

브레인스토밍 회기는 참여자들이 아이디어를 공유하는 것을 수동적으로 기다리는 것보다 훨씬 더 많은 것을 포함한다. 토론의 흐름을 맥락에 따라 유지하고 아이디어들의 원활한 흐름을 보장하기 위해서는 진행자의 적극적인 참여와 기술이 필요하다. 촉진 역할은 브레인스토밍 회기에서 매우 중요하다. 그것은 집단 규범을 따라야 한다는 사회 및 집단의 압력과 집단이 주제와 관련된 아이디어가 더 이상 나오지 않을 때 침묵의 순간 사이에서 섬세한 균형을 나타낸다. 효과적인 회기를 관리하기 위하여 진행자는 다음을 수행해야 한다.

- 집단을 순조롭게 유지하되, 동시에 집단의 생각에 영향을 미치거나 왜곡시키지 말라.
- 개념적인 문지기의 역할을 피하면서, 브레인스토밍된 아이디어가 브레인스토밍의 범위를 벗어날 수 있는 경우에 지적하라.
- 언제 회기가 종료되어야 하는지를 결정하되, 조기종료와 배제

에 대한 지각의 위험을 피하라.

- 누가 이야기할 순서인지를 편견 없이 인식하고, 개인이 회기를 지배하는 것을 방지하면서, 토론 자체를 관리하라.

진행자는 발생할 수 있는 갈등을 관리할 책임이 있다. 예를 들어, 참여자들은 특정한 진술문 표현 내용에 대해 동의하지 않을 수도 있다. 진행자는 그러한 경우에 어떻게 개입할지를 알고 있어야 한다. 때로는 진행자가 하나의 진술문 내에서 제안들을 결합하여 타협적인 표현 내용을 제안할 수도 있다. 다른 경우에는 두 가지 표현 내용이 분리된 진술문들로 유지될 수 있다. 진행자는 토론을 지시해야 하지만, 내용을 결정하는 것에 가능한 한 자유로워야 한다. 이러한 책임을 염두에 두고, 각 진행자는 브레인스토밍 회기를 관리하기 위해 고유한 접근을 개발할 수 있고, 개발해야 한다.

브레인스토밍 회기의 목표는 개념적 초점과 관련된 생각의 다양성을 나타내는 일련의 항목들을 개발하는 것이다. 따라서 진행자는 개별 진술문이나 아이디어의 미묘한 차이 또는 두 진술문 사이에 중복성이 있는지에 대해 참여자들이 지나치게 염려하게 해서는 안 된다. 이것은 두 가지 이유에서이다. 첫째, 특정 진술문의 언어에 초점을 맞추는 것은 때때로 자신의 지위나 전문성 때문에 특정 진술문에 관심을 갖기 원하는 집단 내의 누군가를 위한 통제 장치이다. 둘째, 구절의 미묘한 구분에 대한 논쟁들도 중요하지만, 그것들은 개념도 과정의 이번 단계에서 해결되어야만 하는 것은 아니다. 사실, 진술문들 중 어느 정도 중복을 허용하는 것도 바람직하다. 만약 두 진술문이 표현과 의미만 조금 다르다면, 이 진술문들은 최종 개념 지도에서 서로 근접해 있어야 한다. 참여자들이 이를 관찰할 때, 참여자들은 전체 과정의 신뢰성에 대해 더 확신할 가능성이 있다.

진행자는 브레인스토밍 회기 동안 발생할 가능성이 있는 몇 가지 상황에 대비해야 한다. 그러한 쟁점들을 위해 '보유(stock)' 답안들을 염두에 두는 것이 도움이 된다. 예를 들어, 많은 브레인스토밍 회기에서, 참여자는 다른 사람이 의문점을 가질 아이디어를 제안할 수 있다. 의문점들은 "그것이 무슨 의미인가요?" 또는 "이런 방식으로 그것을 표현하면 어떨까요?" 또는 훨씬 더 공격적으로 "그 생각이 이 문제와 무슨 관련이 있나요?" 등이다. 진행자는 이런 공통적인 상황에 어떻게 대응할지를 결정하는 데에 몇 가지 요인을 고려해야 한다. 첫째, 진행자는 브레인스토밍 회기의 흐름을 방해하기를 원하지 않을 것이다. 가능하다면, 쟁점을 최대한 신속하게 해결하고 진행하는 것이 가장 좋다. 둘째, 진행자는 참여자들을 소외시키거나 갈등을 조장하기를 원하지 않는다. 매우 빈번히, 참여자들은 서로 상반되는 관심사를 가진 하위 그룹(예: 이사회 및 직원)에 자연스럽게 속한다. 셋째, 진행자는 무슨 일이 일어나고 있는지를 신속하게 진단해야 한다. 준비 단계에서 진행자는 존재하는 집단 간 및 개인 간 갈등에 대해 경계하도록 한다.

때때로 진술문을 처음으로 산출한 참여자에게 표현 내용을 바꾸거나 재진술하는 것에 대해 제안하는 것은 분명히 쉽게 받아들여질 수 있다. 브레인스토밍의 전통적인 규칙이 브레인스토밍된 문항에 대한 비판이 없어야 한다는 점을 유지할지라도, 참여자들에게 그 규칙을 상기시키는 것보다 쉽게 수용될 수 있는 재표현에 대한 제안을 차단하는 경우가 더 지장이 될 수도 있다. 만약 진행자가 회기에서 무슨 일이 발생하는지에 대해 민감하다면, 신속하고 수용 가능한 해결이 가능한지의 여부가 종종 분명해질 것이다. 마지막으로, 진행자는 전체 개념도 과정의 광범위한 맥락에서 브레인스토밍 단계의 역할을 자각하고 있어야만 한다. 갈등이 발생했을 때 진행자는 회기의 목적이 분쟁을 해결하는 것이 아니라 많은 아이디어를 산출하는 것이고, 상충되는 아이디어들조차 입력될 수 있음을 참여자들에게 상기시킬 수 있다.

아이디어 종합: 진술문 세트를 축약하고 편집하기

과정에 포함된 진술문들의 수와 참여자들에 대한 진술문의 명료성이 후속 개념도 과정의 성공에 있어서 핵심적인 요인이다. 대부분의 브레인스토밍 회기에서는 아닐지라도, 많은 경우에 이것은 결과로 도출된 아이디어 세트를 줄이고 편집하기 위한 단계를 취해야 한다는 것을 의미한다. 브레인스토밍된 아이디어 세트의 전반적인 완전성을 지키는 방식으로 이를 달성하는 것은 우리가 **아이디어 종합**(idea synthesis)이라고 하는 과정이다.

아이디어 종합 과정의 목적은 네 가지가 있다.

- 각 진술문에서 하나의 아이디어만을 나타내는, 고유한 아이디어들의 목록을 얻기 위해서
- 각 진술문이 프로젝트의 초점과 관련이 있는지를 확실하게 하기 위해서
- 이해관계자들이 분류하고 평정할 수 있는 관리 가능한 개수로

진술문들을 축약하기 위해서

- 전체 이해관계자 집단에서의 명료성과 이해를 위해 진술문들을 편집하기 위해서

아이디어 종합 과정은 구체적인 아이디어의 우선순위를 부여하거나 제거하기 위해 의도된 것이 아니다. 이 정보는 프로젝트의 평정 단계 동안 드러날 것이다. 오히려 지금은 이해관계자들이 중복되지 않은 명료하고 이해 가능하며 관련성 있는 아이디어 목록을 갖도록 해야 할 때이다.

진술문 종합

산출될 수 있는 진술문의 수에 제한이 있는 것은 아님에도 불구하고, 많은 수의 진술문은 데이터 입력을 위한 과도한 시간, 내용의 불필요한 중복, 집단 에너지의 손실과 같은 심각한 실질적인 제약들을 부과할 수 있다. 우리의 경험은 100개 이하로 진술문의 수를 제한하도록 이끌었다. 만약 브레인스토밍 회기에서 100개 이상의 진술문이 산출된다면(요즘 특히 대규모의 원격 브레인스토밍 활동에서 흔히 발생하는데), 우리는 그다음에 공통적인 진술문들을 종합함으로써 진술문 세트를 축약한다.

진술문 종합 과정 자체에 대해 여러 가지 접근을 취할 수 있다. 전체 또는 일부 하위 집단과 같은 집단이 중복된 진술문 세트 또는 다른 세트를 나타내기 위해 선택될 수 있는 진술문 세트를 검증할 수 있다. 일부 사례에서 우리는 참여자들에게 핵심적인 아이디어들이 누락되지 않았는지를 확인하기 위해 선택된 문항 세트를

검증하도록 요청해 왔다. 예를 들어, 한 연구(Linton, 1989a)에서 진행자는 산출된 710개의 큰 진술문 세트 중에서 무작위로 150개의 진술문을 선정하였다. 많은 맥락에서, 내용분석의 다양한 접근 방법과 같이, 보다 공식적인 분석이 보장될 수도 있다(Krippendorf, 2004). 여러 경우에 우리는 브레인스토밍된 문항들에 대해 내용분석의 '문맥상 주요어(keyword)' 형태를 사용하였다. 그러나 대부분의 경우에 진술문 세트를 줄이기 위해 몇 가지 간단한 지침이 사용될 수 있다.

- **주요어를 선택하기:** 기록된 아이디어들에서 주요어를 강조 표시함으로써, 잠재적으로 중복되는 아이디어들을 분류하고 평가하는 것이 더 쉬워진다. 특히 스프레드시트와 같은 도구의 도움으로 이러한 주요어들은 서로 독립된 세로줄에 기록할 수 있다.
- **아이디어들을 조직화하기:** 주요어, 주제, 또는 다른 개념 영역들에 기초하여 축약하기 위한 목적으로 아이디어들을 묶으라.
- **아이디어들을 선택하기:** 유사한 아이디어 집단 내에서, 참여자들은 어떤 아이디어들을 진술문 집단 내에 유지할지에 대한 합의를 형성할 수 있다. 또한 실제 진술문 축소 과정을 용이하게 하기 위해 이원(예 또는 아니오) '투표' 또는 순위값이 스프레드시트에 기록될 수 있다. 이 과정은 이러한 순위 매긴 자료를 사용하여 진술문들의 특정한 묶음들에 투표할 수 있는, 핵심적인 이해관계자 집단과 같은 소집단과 수행될 수 있다.
- **명료성을 위해 편집하기:** 참여자의 아이디어는 구문적으로 유사하고 참여자의 원래 아이디어를 더 많은 사람이 이해할 수 있는 방식으로 표현하도록 변별력 있게 편집될 수 있다.

- 복합적인 아이디어들을 나누기: 두 개 이상의 별개의 아이디어가 있는 진술문['금연상담전화(quitline)와 청소년 개입 프로그램을 고안하라.'와 같은]을 그 구성요소로 나누는 것은 전적으로 수용 가능하다.

이와 같은 과정은 관리 가능한 수의 진술문들을 산출하는 데 도움이 되고, 이상적인 최종 진술문 산출 기준으로 100개 이하가 권고된다. 그러나 아이디어 종합 과정은 이상적으로 단순히 진술문을 축소하는 것 이상의 과정이어야 한다. 그것은 또한 후속 분류 및 평정 과정을 위한 명확하고 적절한 아이디어 진술문 세트를 보장해야 한다.

편집을 위한 고려사항

일단 최종적인 진술문 세트가 산출되면, 그 집단이 편집을 위한 고려사항들을 위해 이들을 검토하는 것이 유용하다. 때때로 브레인스토밍 회기에서 산출된 진술문의 어구가 어색하거나 전문용어가 명확하지 않기도 하다. 일반적으로 각 진술문은 브레인스토밍 프롬프트에서 요청했던 것과 일치되어야 하고, 충분히 상세해서 집단의 모든 구성원이 진술문의 본질적인 의미를 이해할 수 있어야 한다. 한 가지 간단한 접근 방법은 브레인스토밍 프롬프트를 읽고 각 진술문 바로 뒤에 오는 진술문이 문법적으로 프롬프트를 적절하게 완성하는지 확인하는 것이다. 우리는 편집하면서 최대한 그 문항의 본래 의미를 보존하려고 애써야 한다. 일반적으로, 최소한으로 편집하는 것이 유용하다. 편집은 주로 맞춤법이나 문법 오류를 교정하는 것을 포함해야 한다. 만약 광범위한 편집이 필요하다면, 참여자 집단 전체와 함께 이를 다루는 것보다 이 작업을 수행하거나 승인할 참여자의 하위 집단을 선택하는 것이 바람직할 수도 있다.

개념 영역을 산출하기 위한 몇 가지 대안

대부분의 개념도 과정에서 브레인스토밍은 개념 영역을 산출하는 데 활용되는 방법이다. 브레인스토밍은 많은 장점이 있다.

- 사람들은 이전에 브레인스토밍 방법을 사용해 보았을 가능성이 있기 때문에, 브레인스토밍에 익숙하다.
- 브레인스토밍은 집단이 단시간 내에 많은 아이디어를 산출할 수 있게 한다.
- 현장 브레인스토밍은 모임 또는 다른 공적인 환경에서 아이디어를 산출한다. 즉, 모든 참여자가 회기가 진행됨에 따라 서로의 아이디어들을 들을 수 있다. 따라서 브레인스토밍은 시너지 효과를 지닌다. 한 사람의 아이디어는 종종 다른 참여자들에게 어떤 아이디어를 제안해 준다.
- 원격 브레인스토밍은 일정 기간 잠재적으로 대규모 사람들의 노력을 들이게 하고, 이것은 사려 깊고 잘 연구된 응답을 고취시킨다.

브레인스토밍의 확실한 장점에도 불구하고, 그것이 항상 선정

방법이 되는 것은 아닐 것이다. 이 회기에서 몇몇 다른 기법이 제시되어, 사용된 방법이 특정한 환경에 잘 맞춰질 수 있도록 하는, 개념적 영역을 산출하기 위한 대안적 방법들을 보여 준다.

미리 결정된 진술문 세트

일부 개념도 상황에서 진술문 세트는 과정의 목표에 따라 좌우될 것이다. 한 연구에서, 11개의 다른 부서로 구성된 기관이 그 행정구조가 간소화되거나 수정될 수 있는지의 여부를 결정하기를 원했다. 우리는 참여자들이 부서 간 유사성을 어떻게 인식했는지를 확인하기 위하여 부서 자체에 대한 개념도를 실시하기로 결정했다. 이러한 경우 진술문 세트는 11개 부서 명칭으로 구성되었고, 공식적인 산출과정이 요구되지 않았다. 유사하게도, 만약 개념도가 평가의 기초로 사용된다면, 진술문 세트로서 사전에 정의된 일부 이론적 범주들이나 척도 문항들을 사용하는 것이 바람직할 수도 있다. 이에 대한 사례로서, Marquart(1989)는 참여자들이 조직적으로 후원된 보육 관련 쟁점들을 이해하는 지도를 만들기 위해 연구 문헌에서 정의된 고정된 범주 수를 사용하였다. 이뿐만 아니라 Caracelli와 Greene(1993)에 의해 수행된 연구도 100개의 California Q-Sort 성격 문항을 사용하였다.

텍스트 추출 및 문맥상 주요어

대부분의 조직들과 집단들은 보편적인 작업 과정에서 엄청난 양의 문서들을 산출한다. 보고서, 메모, 현장 요약, 사례 기록, 회의록, 서신의 지속적인 흐름은 현재 고려 중인 아이디어들을 설명해 준다. 몇 가지 맥락에서, 이렇게 자연스럽게 생긴 '문서 데이터베이스'는 개념도에 사용되는 아이디어 세트의 산출을 위한 기초로서 활용될 수 있다. 예를 들어, 만약 목표가 조직을 위한 장기적인 전략적 계획을 수행하는 것이라면, 우리는 아이디어 세트의 전부 또는 일부를 산출하기 위하여 사내 메모들과 연간 보고서들의 예시를 활용할 수도 있다. 유사하게도, 질적 연구를 수행할 때, 자료들에서 주요 주제들에 대한 개념 지도를 개발하기 위해서, 현장 관찰자들의 노트에서 아이디어를 추출하는 것이 질적 자료 분석에서 첫 번째 단계가 될 수도 있다.

텍스트 추출은 몇몇 문서 자료에서 아이디어 세트를 선택하기 위해 활용되는 어떤 절차이다. 한 가지 공통적인 접근으로 문맥상 주요어(keywords in context: KWIC)로 불리는 접근 방법이 좋은 예이다. KWIC 접근 방법(Krippendorf, 2004; Stone et al., 1966)은 대규모 문서 자료들의 분석을 가능하게 하기 위해 내용분석을 활용하

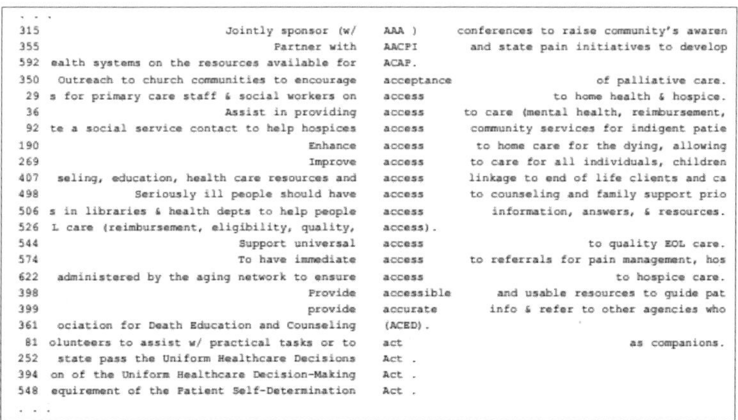

```
. . .
315                        Jointly sponsor (w/   AAA )       conferences to raise community's awaren
355                               Partner with   AACPI         and state pain initiatives to develop
592 ealth systems on the resources available for   ACAP.
350  Outreach to church communities to encourage   acceptance                     of palliative care.
 29 s for primary care staff & social workers on   access              to home health & hospice.
 36                        Assist in providing   access       to care (mental health, reimbursement,
 92 te a social service contact to help hospices   access        community services for indigent patie
190                                    Enhance   access        to home care for the dying, allowing
269                                    Improve   access        to care for all individuals, children
407  seling, education, health care resources and   access       linkage to end of life clients and ca
498             Seriously ill people should have   access        to counseling and family support prio
506 s in libraries & health depts to help people   access           information, answers, & resources.
526 L care (reimbursement, eligibility, quality,   access).
544                          Support universal   access                        to quality EOL care.
574                         To have immediate   access       to referrals for pain management, hos
622  administered by the aging network to ensure   access                           to hospice care.
398                                    Provide   accessible      and usable resources to guide pat
399                                    provide   accurate       info & refer to other agencies who
361  ociation for Death Education and Counseling   (ACED).
 81 olunteers to assist w/ practical tasks or to   act                                as companions.
252  state pass the Uniform Healthcare Decisions   Act .
394 on of the Uniform Healthcare Decision-Making   Act .
548 equirement of the Patient Self-Determination   Act .
. . .
```

[그림 3-3] 문맥상 주요어(KWIC) 출력 예시

는 많은 접근 중 하나이다. 입력은 문서나 문서 세트에 대한 텍스트로 구성되고, 출력은 그 주변 문장들의 문맥 내 모든 주요어에 대한 알파벳순 목록으로 구성된다. [그림 3-3]은 KWIC 응용 프로그램에서 생긴 출력 결과를 보여 준다. 각 주요어는 페이지 가운데에 알파벳순으로 아래로 나열되고 한 줄에 가능한 한 많이 선행 및 후속 텍스트가 표시된다. 이러한 과정은 진행자가 내용을 재검토하고 불필요한 중복과 고유한 진술문을 확인하도록 해 준다.

작성된 문서들에서 텍스트를 추출하는 다른 방법들이 있다. 예를 들어, Dumont(1989)는 면담 기록들에서 진술문을 추출하기 위하여 Wrightson(1976)이 설명한 '문서 부호화 방법'을 활용하였다. 어떤 절차를 활용하든지, 추출 규칙과 문서의 출처를 상세히 설명하여 다른 사람들이 절차의 적절성을 판단할 수 있게 하는 것이 중요하다.

요약

산출 단계는 일반적으로 전체 참여자 집단이 개념도 과정을 함께 하는 첫 번째 접촉이다. 산출 단계에서는 이후 단계에 대한 분위기를 설정하고 진행자와 과정 자체에 대한 신뢰성을 확립하게 된다. 비록 어떤 상황에서는 진술문 세트가 미리 정해질 수 있거나 텍스트 자료 또는 면담을 통해서 추출될 수 있다 하더라도, 현장 또는 원격 브레인스토밍은 진술문을 산출하는 데 사용되는 유용한 방법이다. 일단 정의가 되면, 진술문 세트는 과정을 위한 개념 영역으로 간주된다. 그것은 다음 장에서 설명하는 구조화 단계의 기초가 된다.

연습문제

이 연습문제 세트의 경우, 당신은 두 가지 선택사항 중 하나를 따를 수 있다. 만약 당신이 이전 장에서 연습문제를 수행했다면, 당신은 이 연습문제를 위한 기초로서 이전 활동들에서의 목표와 초점 진술문을 사용할 수도 있다. 그렇지 않거나 당신이 다른 개념도 과업을 시도하기를 바란다면, 이러한 연습을 위해 초점을 구성할 수 있는 몇 가지 새로운 주제를 선정하라. 이렇게 하는 좋은 방법은 관심 있는 몇 가지 주제(예: 공립학교 교육, 마약 관련 범죄 활동, 국방부 지출)를 다루는 신문이나 잡지 기사를 찾는 것이 될 수도 있다.

1. 개념도 문제를 위한 단기의 브레인스토밍 회기를 계획하라. 계획하는 것을 안내하는 데 도움이 되도록 〈표 3-1〉에 제공된 점검표를 사용하라. 몇몇 친구 혹은 반 친구들과 브레인스토밍을 '예행 연습'하라. 진술문 수를 50개 이하로 제한하라. 그런 다음, 다른 사람들과 논의하라.
   a. 회기가 얼마나 순조롭게 진행되었는가? 회기를 지배하고 내용을 통제하는 것처럼 보이는 특정한 사람들이 있었는가? 진술문의 문구에 대한 어려움이나 논란이 있었는가?
   b. 진술문 세트의 질을 어떻게 평가하고자 하는가? 진술문 세트가 이해되는가, 아니면 누락되었다고 느끼는 주요 쟁점들이 있는가?
   c. 만약 있다면, 당신은 〈표 3-1〉의 점검표에 무슨 변화를 만들어 낼 것인가?

2. 배우고 있는 쟁점에 대한 짧은 글을 얻으라. 만약 당신이 이전 장의 연습문제에서의 초점을 사용하고 있다면, 당신은 그 쟁점에 대한 짧은 가상의 해명서를 작성하거나 주제에 대한 가상의 메모를 만들기 원할 수도 있다. 만약 당신이 초점을 위해 신문이나 잡지 기사를 사용하고 있다면, 당신은 준비가 다 되었다.

3. 작성된 글의 짧은 구절(단지 1~2개 단락)을 위해, 이 단계에 따라 수동적으로 KWIC 분석을 수행하라.
   a. 지문을 다 읽고 모든 사소하거나 핵심적이지 않은 용어(예: the, it)들을 적으라. 이 목록은 당신의 예외 사전을 구성하게 할 것이다.
   b. 지문을 줄 간격 2배로 만든 사본에, 남아 있는 주요어들 모두에 번호를 매기라. 이 단어들을 각각의 번호와 함께 별도의 색인 카드에 적으라.
   c. 색인 카드 세트를 알파벳순으로 놓으라.
   d. 넓은 종이에, 알파벳순으로 된 주요어들을 페이지 가운데 아래로 쭉 적으라. 지문에서 단어를 찾기 위해 주요어 색인 번호를 사용하라. 각 주요어에 대해 한 줄에 들어갈 수 있는 만큼 진행하고, 다음 텍스트를 적으라.
   e. 당신이 구성해 온 KWIC 목록을 검증하라. 한 번 이상 나타난 주요어가 있는가? 당신은 이러한 주요어 군집이 암시하는 어떤 일반적인 주제를 볼 수 있는가? 지문을 잘 설명하는 작은 진술문 세트를 구성하기 위하여 당신은 이 목록을 어떻게 활용할 것인가?
   f. 이것을 수기로 하는 대신에, KWIC 컴퓨터 프로그램에 더 큰 텍스트 구절을 제출할 수 있었다고 상상해 보라. 당신이 개념도에 적합한 진술문 세트를 고안하는 데 그 목록이 어떻게 도움이 되었는가?

4. 텍스트의 더 큰 구절을 사용하여(아마도 전체 기사 또는 메모), 개념도를 위한 의미 있는 진술문 세트를 추출하기 위한 당신 자신만의 절차를 구성하라. 텍스트에서 진술문을 추출하기 위해 당신이 활용하는 규칙들을 적으라. 그 구절과 쓰인 규칙을 친구나 반 친구에게 주고, 그 친구들이 그 텍스트에서 진술문을 추출하도록 하라.

   다음을 논의하라.
   a. 당신이 도출한 진술문들을 검토할 때, 그 진술문들이 지문의 내용을 적절하게 표현하고 있는가?
   b. 당신의 세트는 다른 사람들에 의해 도출된 세트와 어떻게 비교되는가?

c. 당신의 세트는 앞의 연습 1에서 얻은 브레인스토밍된 진술문들과 어떻게 비교되는가?

d. 당신은 최종 개념도 산출물이 될 진술문들을 산출하기 위한 이러한 대안적인 방법들에 대한 함의가 무엇이라고 생각하는가?

제4장

진술문 구조화하기

제4장

진술문 구조화하기

> 생각을 많이 하는 사람에게는 듣거나 읽는 모든 새로운 생각이 즉시 기존의 생각과 연결되어 사슬처럼 나타난다.
>
> —Friedrich Nietzsche

구조화를 시작하기 전, 현재 단계에서는 다음의 내용이 산출되었다.

- 원하는 연구 결과를 달성하기 위한 구체적인 초점
- 특정 관련 집단을 대표할 수 있는 연구참여자 집단 또는 연구에 필요한 지식을 알려 줄 수 있는 개인
- 연구 목적과 직접적으로 관련된 약 100가지의 의견, 관찰 내용 또는 아이디어 목록

구조화는 이러한 요소들을 기반으로 하며, 두 가지로 구별되지만 똑같은 중요성을 지닌 개념적 작업을 포함한다. 첫째, 연구참여자들은 진술문의 유사성에 대한 인식 내용을 보고한다. 둘째, 대부분의 개념도 프로젝트에서 참여자들이 각각의 아이디어에 대한 평정 초점 질문에 답함으로써 특정 차원에서 각 진술문을 평가한다.

이러한 두 가지 작업은 개념적 영역을 구조화하는 것으로 구성된다. 또한 이러한 구조화 정보의 하위 집단 분석을 가능하게 하기 위해서 참여자들은 기본적인 인구통계 정보와 조직 정보를 제공한다.

이 장에서는 개념도 연구 프로젝트에서 구조화 작업을 관리하는 방법에 대해 설명한다. 이 장의 끝부분에서 우리는 또한 자료를 구조화하기 위한 몇 가지 대안적인 방법을 제시할 것이다. [그림 4-1]은 구조화 과정과 관련된 단계의 흐름을 보여 준다.

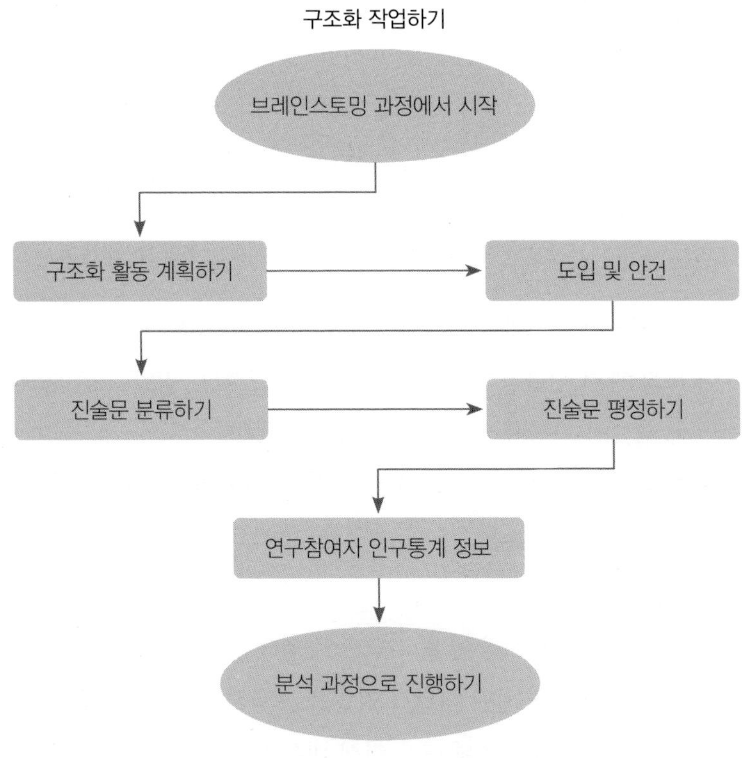

[그림 4-1] 구조화 회기 진행을 위한 흐름도

이 과정은 다음과 같은 핵심적인 단계들을 포함한다.

- **구조화 활동 계획하기**: 분류 및 평정 활동을 위한 시설, 준비물, 자료를 준비하고 배치하기
- **도입 및 안건**: 연구에 참여하는 이해관계자에게 프로젝트 업데이트 및 회기 활동에 대한 개요를 제공하기
- **진술문 분류하기**: 개별 참여자에게 진술문을 분류하도록 하고, 이후에 코딩 및 분석할 수 있도록 이러한 결과를 관리하기
- **진술문 평정하기**: 참여자들에게 각 진술문의 중요도를 평정하도록 촉진하기
- **연구참여자의 인구통계학적 또는 조직적 특성에 대한 정보 파악하기**: 이후에 패턴 일치시키기 분석 또는 개념도 결과를 비교하기 위해 소속된 조직, 이해관계자의 유형, 지역적 정보와 같은 참여자의 정보 파악하기

이 과정에서 도출된 결과는 개념도 분석 실행과 개념도, 패턴 일치시키기, 결과의 방향-위치 도표 생성에 필요한 원자료이다. 결과적으로, 그 과정의 이 단계에서 세심한 주의를 기울이는 것이 이해관계자를 위해 높은 가치를 지닌 결과를 창출하는 가장 중요한 측면일 것이다.

프로젝트의 필요에 따라, 진행자는 연구책임자가 진술문을 구조화하기 위해 가능한 두 가지 접근 방식 중 선택하도록 도울 것이다.

- 이해관계자[1)]가 진술문에 대해 분류 그리고/또는 평정하는 현장 회의를 개최하기: 이 접근 방식은 단일 지역에 있는 특정 조

직 또는 이해관계자 집단뿐만 아니라 컨퍼런스 또는 위원회 회의 같은 이벤트 기반 회의에 가장 적합하다.

- 초기 브레인스토밍 단계와 거의 동일한 방식으로, 웹 기반 인터페이스 또는 기타 기술 지원 방법을 사용하여 진술문에 대한 분류 및 평정 작업을 하도록 사람들을 초대하기: 이러한 접근 방식은 대규모 또는 지리적으로 분산된 이해관계자 집단에 가장 적합하다.

먼저 현장에서 진행하는 구조화 회기 관리의 문제를 살펴본 다음, 원격 구조화 작업 관리의 세부 사항을 검토할 것이다.

구조화 활동 계획하기

성공적인 구조화 회기를 계획하기 위한 기본 요소는 의사소통, 방법 선택, 자료 개발, 장소 준비, 회의 계획이다. 〈표 4-1〉은 구조화 회기를 준비하는 데 도움이 되는 간단한 점검표이다.

늘 그렇듯이, 진행자는 참여자가 회기의 일정(위치, 시간 등)과 안건을 알고 있는지 확인할 책임이 있다. 회기 전에 이루어지는 의사소통은 일반적으로 청중에게 어조, 내용, 지침이 명확하고 적절한지 확실하게 하기 위해서 의뢰인 또는 연구책임자와 함께 초안이 작성되고 조정된다.

1) 역자 주: 연구 과정에서라면, 연구참여자로 이해할 수 있다.

표 4-1 현장 구조화 회기 준비를 위한 점검표

과업	담당자	완료 일자
사전 알림		
• 모든 참여자에게 초대장이나 안내문 발송하기		
• 후속 알림 보내기(이메일, 전화 또는 우편)		
• 참여자에게 짧은 프로젝트 업데이트 내용 보내기(1쪽 내외)		
자료		
• 참여자 지침이 포함된 회기 안건 묶음 자료		
• 무작위로 정렬된 진술문 카드 묶음(해당되는 경우 진술문 축약)		
• 분류 기록 양식		
• 평정 질문지		
• 인구통계 질문지		
환경 구성		
• 모든 사람이 바라보고 참여할 수 있는 편안한 좌석		
• 적절한 조명 및 음향		
• 카드 분류 지침이 게시되고 명확하게 표시됨		
• 카드 분류를 위한 충분한 책상 공간		
• 평정 초점 진술문이 게시되고 명확하게 표시됨		
예행 연습		
• 배정된 화자와 내용으로 회기를 위한 시간 작업 계획		
• 평정 프롬프트를 '예비 점검'하기		

개념도 연구 과정에 대한 초기의 협의에서 진행자와 연구책임자는 정보를 분류하고 평정 결과를 얻기 위해 사용할 방법에 대해 합의해야 한다. 일반적으로 이러한 카드 분류 및 평정 작업은 앞서 설명한 바와 같이 수행되지만, 이 장의 끝에서 논의될 몇 가지 대안도

사용할 수 있다.

안건, 진술문 카드 묶음, 평정 질문지, 배경정보 질문지, 전체적인 안내 문구를 포함한 모든 관련 자료는 회의 전에 잘 준비되어야 한다. 분류 작업을 더욱 유용하게 만들기 위해서, 진행자는 진술문 세트를 만들기 전에 진술문을 무작위로 섞을 것이다. 그러면 브레인스토밍 회기 동안 산출된 '유사한' 아이디어가 더 이상 같은 묶음으로 서로 가깝게 있을 필요가 없게 된다. 진행자가 자료 제작을 담당하는 경우, 진행자는 이 자료를 회의에서 제공할 수 있다. 만약 연구책임자 또는 의뢰인 집단이 이를 제공해야 하는 경우, 진행자는 회의 이전에 사용 가능성을 확인하고 최소한으로 필요한 모든 자료의 백업 권한을 가진다.

환경이 연구참여자에게 적절하고 편안한지 확인해야 한다. 만약 연구참여자가 카드 분류를 하려는 경우, 이 활동에 1인당 1피트[2)]가 필요하므로 편안하게 작업할 수 있는 충분한 책상 공간이 있는지 확인하는 것이 특히 중요하다. 또한 필기도구, 고무줄[3)] 등의 물품을 준비하고, 갑작스러운 상황에 대비하여 근처에 복사기를 두어야 한다.

진행자는 회의 계획, 즉 회기의 단계 순서와 각 단계에서 말할 내용의 개요를 마련할 것이다. 안건은 회의 계획의 개요로 사용되며, 연구책임자(또는 연구책임자와 다른 경우에는 회의 주최자) 및 진행자는 회의의 성공을 위해 일련의 활동과 각각의 책임 영역을 개발할 것이다.

2) 역자 주: 1피트 = 30.48cm

3) 역자 주: 카드 분류 결과를 묶을 수 있는 도구

도입 및 안건

진행자 또는 연구책임자는 회기를 시작하는 가장 좋은 방법에 대해 미리 동의했을 것이다. 경우에 따라, 연구책임자는 연구참여자를 맞이하고 진행자를 다시 소개하며 회의의 분위기와 예상 결과를 설정한다. 연구책임자는 간단하게 이러한 회의의 기초를 다지기 위해 진행자에게 회의 진행을 넘겨주기로 결정할 수도 있다. 사실상, 개념도 과정에서의 거의 모든 요소와 마찬가지로, 이 단계의 과정은 해당 활동의 요구, 대상 및 원하는 결과에 따라 달라진다. 진행자는 일반적으로 안건을 제시하고 연구참여자 집단이 가질 수 있는 질문에 응대할 책임이 있다. 참여자의 시간 관리는 모든 회기에서 매우 중요하다. 그들의 시간 가치에 대한 존중은 질문할 시간뿐만 아니라 이전에 진행했던 것과 무엇을 할 것인지를 확인하게 하기 위한 요구와 균형을 이룬다. 필요한 경우, 이 회기에서 개념도 과정 및 현재 작업에 대해 참여자를 위한 간단한 오리엔테이션을 포함할 수 있다.

진술문 분류하기

과정의 이 단계에서 참여자들은 진술문을 집단으로 분류할 준비가 되었다. 진행자는 이 분류 과정에 대한 지침을 제공하고 실행을 감독하며, 정렬 결과가 기록된 것을 확인한다.

사물을 유사한 항목의 범주로 분류하는 것은 가장 일반적인 인간 활동이다. 이러한 작업은 어떤 맥락에서 복잡성을 조직하는 것을 돕는다. 또는 서로 다른 진술문이나 아이디어를 분류 범주로 묶는 것 또는 분류하는 것은 이해관계자가 가진 아이디어의 상호관련성 관점을 확인하는 데 도움이 된다. 이 방법론에서 우리는 이것을 '분류하기' 과업이라고 일컫는다. 왜냐하면 우리가 연구참여자들에게 진술문 카드를 분류 범주나 묶음으로 분류하도록 요청하기 때문이며, 그리고 해당 용어가 연구 문헌과 일치하기 때문이다[Q-분류 방법에 대한 Block(1961)의 연구, 비구조화된 카드 분류에 대한 Rosenberg와 Kim(1975)의 연구, 범주 분류에 대한 Weller와 Romney(1988)의 연구, 일반적 분류에 대한 Cataldo(1970) 또는 Coxon(1999)의 연구 참조]. 지난 18년 동안 이 용어는 상대적 가치에 대한 진술의 순서나 진술문의 순위라기보다는 유사한 아이디어의 집합으로 항목을 배열하는 것을 의미하는 것으로 널리 받아들여지고 이해되었다.

진술문 카드 분류와 결과 기록에 대한 안내

진행자는 이 활동에 대한 안내를 활용하여 참여자가 현재에 집중하고 참여자의 주의를 다음의 논리적인 작업인 분류 및 기록으로 옮겨 가도록 할 수 있다. 진술문의 묶음을 나누어 주기 전에 진행자는 자신이 제공한 서면 지침을 도구로 사용하여, 참여자가 지침을 이해하고 질문 및 답변을 하는 시간을 할당한다. 그다음에 카드 묶음이 배부되고, 연구참여자에게 분류를 위한 시간이 주어진다. 전체 분류에 소요되는 시간은 사람마다 상당히 다르다. 약 100개의 진술문을 가지고 작업하는 경우, 20~50분(때로는 그 이상) 정도 소요될 수 있다. 분류 작업을 먼저 끝낸 사람들은 다른 사람의 주의를 분산시키지 않도록 회의실 밖에서 잠시 쉬게 해야 한다.

분류 작업을 위해서, 생성된 각 진술문과 진술문의 분류에 필요한 고유한 식별 번호가 각각의 카드에 인쇄되고 각 참여자는 완전한 카드 세트를 받는다. 그런 다음, 진행자는 각 사람에게 카드를 '당신이 이해하는 방식대로' 분류하거나 집단으로 묶어서 분류 범주에 넣으라고 안내한다. 여기에 세 가지의 주요 제한사항이 적용된다.

- 모든 진술문을 단일한 분류 범주에 넣을 수 없다.
- 모든 진술문은 각각 별도의 분류 범주에 넣을 수 없다(비록 일부 진술문은 자체적으로 묶일 수 있다 하더라도).
- 각각의 진술문은 단지 하나의 분류 범주에만 배치될 수 있다(즉, 하나의 진술문이 동시에 두 가지 분류 범주에 배치될 수 없다).

먼저 제시된 두 가지의 제한점은 만약 참여자가 모든 항목을 하나의 분류 범주에 넣거나 모든 항목을 자신의 분류 범주에 넣는다면 이를 통해 진술문 간의 **상호관련성**(interrelationships)에 대해 아무런 정보를 제공하지 못하기 때문에 포함되었다. 마지막 제한사항은 질문지에 대한 강제 선택 응답 형식과 같다. 비록 하나의 진술문이 두 개 이상의 분류 범주에 속할 수 있을지라도, 참여자는 무엇이 '가장 좋은가'를 결정해야 한다. 이러한 조건들을 제외하고 참여자들은 진술문을 그들이 이해되는 어떤 방법으로건 묶어도 된다. 종종 참여자들은 카드들을 묶는 여러 가지 다른 방식이 있을 수 있고 모두가 의미 있다고 인식한다. 이 문제를 해결하기 위해, 우리는 참여자들이 '가장 적절하다고 느끼는' 배열을 선택하도록 지시하거나, 일부 연구에서는 각 참여자들에게 카드를 여러 차례 분류하도록 지시하였다.

진술문 분류 결과 기록하기

각 참여자는 자신의 분류 활동의 결과로 고유한 자료 세트를 갖는다. 몇몇 참여자는 독특한 개념을 나타내는 많은 묶음을 가질 수 있고, 다른 사람들은 단지 4~5개의 묶음으로 분류했을 수 있다. 그 단계를 완료한 후에 각 참여자는 진술문 카드와 함께 제공된 분류 기록 양식에 자신의 분류 결과를 기록한다([그림 4-2] 참조). 이 양식은 매우 간단할 수 있다. 그리고 참여자는 분류 범주(pile)별로 각각을 묶은 내용을 검토하고, 분류 범주별로 '분류명'을 생각하도록 안내받는다. 참여자는 자신이 고려 중인 첫 번째 묶음의 이름을 작성한 다음, 각 고유 식별 번호(identifying number) 사이에 쉼표 또는 빗금(/) 구분 기호를 사용하여 식별 번호로 해당 묶음의 진술문을 나열한다. 그런 다음, 참여자는 다음 분류 범주로 이동하여 모든 묶음이 제목과 관련된 진술문을 나타내는 숫자 목록으로 표시될 때까지 동일한 과정을 수행한다. 이 기법은 가독성과 완벽성의 문제가 종종 있지만, 결과 자료 입력에 있어서 진행자의 작업이 덜 요구된다는 장점이 있다.

만약 어떤 이유로 참여자들이 분류한 결과를 기록하도록 할 수 없는 경우, 진행자는 원자료, 즉 참여자가 만든 묶음으로 분리된 진술문 카드를 수집할 수 있다. 아마도 각 분류 범주를 서로 분리된 상태로 유지하는 가장 간단한 방법은 카드 묶음 범주별로 교차하게 놓은 다음, 카드 묶음들을 고무줄로 묶는 것이다. 이것이 어려울

분류 기록 양식

참고: 제공된 봉투에 이 양식을 넣어서 제출해 주세요.

이름: ____________________

이 양식지는 두 번째 단계의 첫 번째 과업인 결과 기록에 사용됩니다. 당신의 분류 기록에 대한 구체적인 지침은 첫 번째 과업인 분류하기와 기록하기 지침에 포함되어 있습니다. 당신은 이 양식지에서 제공되는 칸만큼 많은 분류 범주를 만들 필요는 없다는 것을 기억하십시오. 여백은 참여자들이 진술문 문항을 분류하는 방식에서 가변성을 허용하기 위해 제공됩니다. 첫 번째 칸(예시 분류 범주)은 당신에게 안내하기 위해 작성한 것입니다.

[예시] 분류 범주 자료의 제목 또는 주요 주제: 프로그램 관리

이 묶음에 속한 각 진술문 문항의 식별 번호(ID)를 이곳에 기록하고, 식별 번호를 쉼표로 구분합니다.

1, 4, 29, 43, 12

분류 범주 자료의 제목 또는 주요 주제: ____________________

이 묶음에 속한 각 진술문 문항의 식별 번호(ID)를 이곳에 기록하고, 식별 번호를 쉼표로 구분합니다.

분류 범주 자료의 제목 또는 주요 주제: ____________________

이 묶음에 속한 각 진술문 문항의 식별 번호(ID)를 이곳에 기록하고, 식별 번호를 쉼표로 구분합니다.

[그림 4-2] 참여자들의 진술문 분류를 위한 분류 기록 양식지 발췌 부분

수 있으므로 주의를 기울여야 한다. 몇몇 프로젝트에서는 나중에 하위 군집 지도를 계산할 수도 있기 때문에, 자료의 묶음에 참여자 이름이나 식별 번호(ID)를 명명하였다. 만약 하위 군집 분석이 예상되지 않는다면 식별이 필요하지 않다.

진술문 평정하기

연구 과정의 다음 단계에서 참여자는 일반적으로 구체화된 평정 초점 프롬프트에 근거하여 진술문을 평가한다. 이 단계는 기본적인 점과 군집 개념 지도를 생성하는 데 반드시 필요한 것은 아니지만, 이러한 평정값은 당연히 필요하고, 패턴 일치와 방향-위치 지도와 같은 평정 기반 도표에 필수적인 부분이다. 진행자는 이 과정에 대한 지침을 다시 한번 제공하고, 실행을 감독하며 결과가 기록되는지 확인한다.

평정 지침 및 진술문 평정

일단 카드들이 분류되고 수집 및 기록되면, 평정 지침문을 제공할 수 있다. 각 참여자는 제2장에 설명된 평정 초점에서 제공된 지침에 따라 각 진술문을 평정할 평정 양식지를 받는다. 평정 초점 진술문과 평정 척도는 항상 명확하게 볼 수 있어야 한다. 가능하다면 평정 질문지 상단의 서면 지침에 이러한 내용을 포함할 수 있다. [그림 4-3]은 평정 양식지의 예시를 보여 준다.

평정 양식지
정신건강 계획 프로젝트

초점 프롬프트[4)]
우리 기관이 제공하거나 제공할 수 있는 서비스를 설명하는 진술문을 만드시오.

각각의 진술문을 1~5점 척도로 평정하시오.
1=상대적으로 중요하지 않음, 2=다소 중요함, 3=보통의 정도로 중요함, 4=상당히(very) 중요함, 5=매우(extremely) 중요함

	번호 진술문
1 2 3 4 5	(1) 결혼 상담
1 2 3 4 5	(2) 평가 서비스—법정 증언, 휴먼 서비스 학과, 학교 시스템
1 2 3 4 5	(3) 최면/이완
1 2 3 4 5	(4) 성적 학대에 대한 서비스
1 2 3 4 5	(5) 지역사회를 위한 예방/교육 워크숍
1 2 3 4 5	(6) 위기 치료(지원)
1 2 3 4 5	(7) 행동 의학—통증 치료, 식이 장애, 공포증 치료
1 2 3 4 5	(8) 직원/피고용인 지원 프로그램
1 2 3 4 5	(9) 노인을 위한 외래 진료
1 2 3 4 5	(10) 이혼한 사람들을 위한 외래 진료
1 2 3 4 5	(11) 범죄자를 위한 외래 진료

[그림 4-3] 참여자 진술문 평정을 위한 평정 양식지 발췌 부분

평정을 하기 전에 진술문 분류를 수행하는 데에는 타당한 이론적 이유가 있다. 분류 작업은 각 참여자가 각 진술문의 중요도 또는 우선순위에 대해 어떻게 느끼는지와 관계없이 참여자가 진술문 간

4) 역자 주: 평정 지침문을 의미한다.

의 의미론적 유사성에 주의를 기울이도록 권장한다. 평정 작업에서는 각 항목의 중요도 또는 기타 관련 있는 가치 우선순위에 대한 각 참여자의 인식을 명시적으로 다룬다. 이러한 결과들은 일반적으로 보다 넓은 범위의 관점에 따르는, 보다 정서적으로 부과된 판단의 단위이다. 만약 중요도 평정을 먼저 완료하면, 참여자가 카드 분류를 어떻게 할 것인지에 영향을 줄 가능성이 있다. 왜냐하면 참여자들은 이미 평정 초점에 따라 정신적 관념을 형성할 수 있기 때문이다. 이러한 경우에 참여자들은 최우선순위 항목을 함께 분류하고 우선순위가 낮은 항목을 함께 분류하여 항목 간에 의미론적으로 중요한 유사성을 무효화할 수 있다.

평정은 보통 리커트 유형 응답 척도(예: 1에서 5 사이, 1에서 7 사이의 평정)로, 각 진술문과 관련될 양(정도)을 나타낸다. 이러한 평정은 중요도, 실행 가능성, 우선순위, 노력 또는 기타 예상 결과와 같은 주관적인 평정값의 형태를 취할 수 있다. 또한 그들은 예상비용과 같이 각 진술문에 관련된 다른 종류의 가치 형태를 취할 수도 있다. 단일한 개념도 연구 프로젝트에서 한 가지 이상의 평가가 수행될 수 있고, 이는 종종 바람직하다. 개념도를 만드는 것의 목표가 운영 계획의 기초를 제공하는 것이라면, 참여자는 각 진술문(즉, 조치 또는 활동)에 부여해야 하는 우선순위와 필요한 자원의 수준을 평정하도록 요청받을 수 있다.

참여자가 평정 작업을 할 때, '반응 틀'에 빠지는 경향이 있다. 예를 들어, 우선순위를 요청하면 많은 사람이 진술문에 대해 낮은 우선순위를 지정하는 것을 거부할 것이다. 결국 진술문이 브레인스토밍되었다면, 어느 정도의 우선순위가 있어야 한다. 비록 이것이 절대적인 의미에서는 사실일 수 있지만, 일반적으로 참여자가 상대적인(relative) 판단을 하도록 권장하는 것이 좋다. 다음과 같은 지침으로 이를 수행하도록 권장할 수 있다.

> 평정을 하기 전에 전체 진술문을 빠르게 살펴보고 문항들 내에서 가장 높은 우선순위와 가장 낮은 우선순위 항목을 파악하세요. 그런 다음, 진술문을 평정할 때 평정값의 전 범위(예: 1~5)를 사용하려고 노력하세요.

이러한 종류의 지침은 참여자가 진술문의 상대적인 가치를 판단하는 데 보다 나은 작업을 수행하도록 권한다.

연구참여자 인구통계 정보

대부분의 개념도 연구에서는 분류 및 평정 정보 수집 이외에도 참여자의 구체적인 인구통계 정보와 소속 조직에 대한 정보를 수집하여 이러한 인구통계 기준에 따라 결과를 후속 분석할 수 있다. 예를 들어, 이 인구통계 정보는 관리자와 직원을 비교하거나 서비스 제공 업체와 소비자를 비교하여 이들이 아이디어 군집을 어떻게 평정하는지를 분석하는 데 사용할 수 있다. 인구통계 자료의 예는 다음과 같다.

- 조직의 유형
- 현재 조직 내에서 신분보장
- 책임 수준(관리자, 직원, 이사 등)

• 지리적 위치
• 전문성 정도

[그림 4-4]는 인구통계 정보를 수집하는 양식의 예시이다. 이러한 자료는 본질적으로 분석 목적을 위해 평정 결과와 연결되기 때문에, 일반적으로 평정 자료와 동시에 대부분 평정 질문지에 첨부된 양식으로 수집된다.[5)]

중요도 평정 양식지의 인구통계 정보

참고: 평정을 완료하기 전에 다음의 질문에 답하십시오.

이름: ____________

1. 당신의 현재 직위를 가장 잘 설명하는 참여자 범주는 무엇입니까?
   ______ 공중보건기관
   ______ 사설 정신건강기관
   ______ 지역사회/변호(옹호) 단체
   ______ 기타

2. 현재 직위에 얼마나 오랫동안 있었습니까?
   _______ 년 _____ 월

[그림 4-4] 연구참여자 인구통계 정보 양식의 예시

5) 경험에 따르면, 인구통계 정보는 일반적으로 평정 자료와 관련해서만 사용되며 개념 지도 자체에서는 사용하지 않는다. 왜냐하면 항목 간의 유사성을 인지하는 집단 차이가 평정 차이보다 덜 관심이 있는 경우가 많기 때문이다. 실제로 이것이 의미하는 바는 지도를 계산할 때 모든 분류를 결합하려는 경우, 설명의 목적을 제외하

개인 정보 보호 문제를 피하기 위해, 참여자는 이러한 인구통계학적 질문에 대한 응답이 개인을 식별하는 데 사용되지 않을 것임을 구두로 그리고 인구통계 정보 양식 자체를 통해 재확신되어야 한다. 분석 단계에서 이 정보는 질문지에서 식별된 특정 인구통계 하위 그룹 간에 평정을 비교할 수 있는 군집 평정 지도 및 패턴 일치시키기와 같은 결과를 계산하는 데 사용된다.

원격 구조화

이전 장에서 논의된 바와 같이, 참여자가 브레인스토밍 단계에서 원격으로 기여할 수 있는 것처럼 참여자는 의사소통 또는 기술 도구를 사용하여 원격으로 진술문을 분류하고 평정할 수도 있다. 구성원이 지역적으로 흩어져 있는 대규모 집단이나, 예산, 지역 이동의 문제, 또는 상충되는 일정의 어려움과 같은 많은 상황이 현장 진행 과정을 실행하지 못하게 만들 수 있다. 기술(예: 인터넷 프로그램 또는 이메일) 또는 개별적인 연구참여자 의사소통 방법(예: 팩스 또는 전화)을 사용하면 이 문제를 줄일 수 있다.

분류 및 평정 활동은 본질적으로 혼자 하는 활동이기 때문에 원격 활동에 특히 적합하다. 연구참여자들은 아이디어 세트에 대한 자신만의 관점과 의견에 따라 분류 및 평정하므로, 엄밀히 말하면

고는 단지 분류만 수행하는 참여자에 대한 인구통계 정보를 수집할 필요가 없다는 것이다. 유사하게, 이는 서로 다른 집단이 분류하고 평가하는 연구 설계에서 평가자에게만 인구통계가 제공됨을 의미할 수 있다.

다른 사람과의 상호작용이 필요하지 않다. 그러나 원격 브레인스토밍에서와 마찬가지로 응답률에 대한 동일한 우려가 여기에 존재한다. 대부분의 경우, 원격 구조화 활동에는 현장 활동보다 더 신중한 계획과 참여자 후속 조치가 필요하다. 분류 및 평정 활동에 할당되는 시간은 원격 참여자가 가능한 때에 작업을 완료할 수 있도록 하기 위해 몇 시간 또는 며칠이 아닌 몇 주가 되는 경우가 빈번하다. 연구책임자와 진행자는 또한 모든 연구참여자가 현장에서 직접 만나는 정도로 응답하지 않을 것이라는 현실적인 기대를 가져야 한다.

원격 구조화 활동을 위한 전략에는 다음이 포함될 수 있다.

• 웹 기반 입력: 연구참여자들은 진술문의 분류와 평정을 용이하

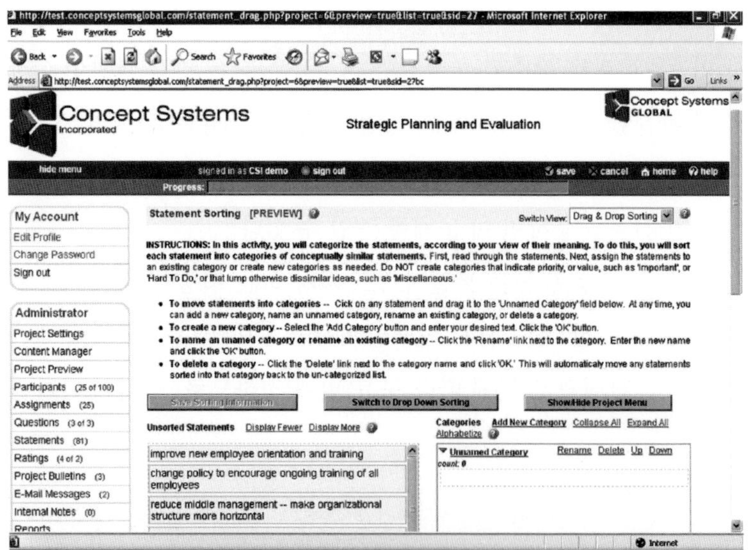

[그림 4-5] 웹 기반 진술문 분류 양식

게 하기 위해 특별히 설계된 웹 페이지에 방문하고 그들의 인구통계 정보와 함께 결과를 전자적으로 제출한다. [그림 4-5]와 [그림 4-6]은 Concept Global 프로그램에서 발췌한 원격 웹 기반 분류 및 평정을 위한 입력 화면의 예를 보여 준다.

- **전자우편**: 연구참여자는 이전에 종이 문서로 제시된 것과 유사한 전자 문서 형식을 사용하여 지정된 주소로 이메일을 통해 직접 분류 및 평정, 그리고 인구통계 결과를 제출할 수 있다.
- **팩스**: 연구참여자는 팩스를 통해 지정된 팩스 번호로 구조화된 양식의 하드카피를 제출할 수 있다.
- **우편**: 연구참여자는 지정된 우편주소로 종이 형식의 구조화된 양식을 제출할 수 있다.

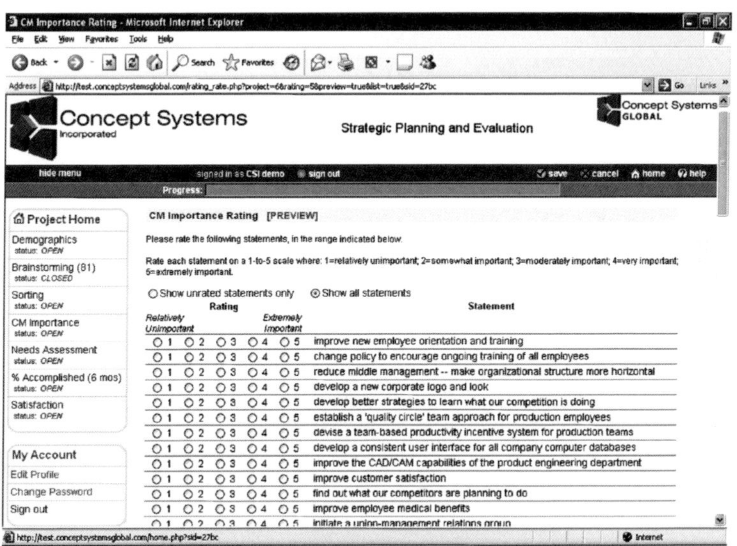

[그림 4-6] 웹 기반 진술문 평정 양식

팩스, 전자우편, 우편 참여는 기본적으로 현장 구조화와 동일한 과정(예: 진행자에게 전달되는 종이 기반 양식)을 적용하기 때문에, 여기서는 구조화에 대한 인터넷 기반 접근 방식에 중점을 둔다.

원격 구조화 회기의 준비사항은 프로젝트 책임 결정, 시간 구조 및 의사소통 기반 시설 정의, 참여자 초대 및 추적 관리, 응답하지 않는 참여자에 대한 후속 조치, 결과 수집 등을 포함하는, 제3장에서 설명한 원격 브레인스토밍 과정과 매우 유사하다. 이 과정이 끝나면, 실시간 구조화 회기와 거의 동일한 방식으로 결과를 다시 한 번 수집하고 처리할 수 있다. 웹 기반 입력 방식만이 진행자가 자료 수집 지점에서 분석을 위해 소프트웨어 프로그램으로 자료를 직접 가져올 수 있게 한다. 나머지는 현장 자료와 동일한 수준의 자료 입력이 필요하다.

구조화를 위한 대안적 방법

앞서 언급한 바와 같이 진술문을 구조화하는 전형적인 방법은 비구조화된 카드 분류 절차를 활용하는 것이다. 연구참여자들은 그 과정을 쉽게 이해하며, 많은 수의 진술문을 묶는 데 시간이 거의 걸리지 않는다. 물론 개념적 영역을 구조화하는 다른 방법이 있다 (Coxon, 1999; Trochim & Linton, 1986; Weller & Romney, 1988).

카드 분류하기의 종류

앞서 설명한 비구조화된 분류 방법은 개념도에서 전형적으로 사용하는 규범적이고 기본적인 접근 방법이지만, 문헌에 문서화된 다른 변형 방식이 있으며, 그중 몇 가지를 간단히 설명한다.

제한된 분류하기

한 가지 선택 방식은 참여자에게 카드를 고정된 숫자의 분류 범주로 분류하도록 지시하는 것이다. 제한된 분류하기(constrained sorting)는 일반적으로 일부 참여자가 '덩어리(lump)'(상대적으로 적은 분류 범주 사용)로 분류하고, 일부 참여자는 '쪼개기(split)'(상대적으로 많은 분류 범주 사용)하는 경향을 방지하기 위해 수행된다. 그러나 제한된 분류와 제한되지 않은 분류 절차를 비교하면, 큰 차이가 발생한다는 증거는 나타나지 않는다(Burton, 1975).

개방형 선택 분류하기

두 번째 변형 방식은 참여자가 단일 진술문을 동시에 두 개 이상의 분류 범주로 묶을 수 있도록 하는 것이다. 이 경우에 자료는 앞서 설명한 대로 코드화되며, 여러 분류 범주의 진술문이 마치 각 분류 범주에 있는 것처럼 처리된다(Stefflre, Reich, & McClaran-Stefflre, 1971).

나무 분류하기

나무 분류하기(tree sorting)의 일부 변형 방식은 개념도에서 유용하다(Weller & Romney, 1988). 하향식 분류에서, 연구참여자들은 진술문 카드를 두 가지 분류 범주로 나누는 것으로 시작한다. 그들은 그다음에 이 두 개의 분류 범주를 다시 두 개로 더 나누어 네 개의 분류 범주로 나눈다. 이러한 방법은 각 분류 범주에 하나 또는 두 개의 진술문만 포함될 때까지 계속된다. 상향식 분류에서는 참여자들이 가장 유사하다고 생각하는 두 가지 진술문을 하나의 분류 범주로 결합하여 시작한다. 각 연속 단계에서 그들은 모든 진술문이 함께 묶일 때까지 서로 다른 두 개의 진술문, 하나의 진술문과 현재의 분류 범주, 또는 두 개의 분류 범주를 결합한다(Fillenbaum & Rappaport, 1971). 이러한 방법은 위계적 구조가 당면한 개념에 적합하다고 가정하는 것이 합당한 경우에만 적절하다. 또한 하향식 접근 방식은 단일 집단 유사성 행렬로 쉽게 집계할 수 있는 자료를 생성하지 않는다. 이 경우에, 각 참여자를 위한 유사성 행렬을 구성하고 개인에 대한 다차원 척도 분석을 위해 개인차 척도법(individual difference scaling: INDSCAL) 모델(Davison, 1983; Kruskal & Wish, 1978)을 사용해야 한다.

삼자 분류 방법

삼자 분류 방법(the method of triads; Weller & Romney, 1988)에서는 전체 진술문이 가능한 모든 세 가지의 조합으로 묶인다. 참여자는 세 가지 진술문 중에서 어떤 것이 다른 것들과 가장 다르다고 생각하는지를 표시하도록 요청받는다. 자료는 앞서 설명한 분류 방법에서와 거의 같은 방식으로 코딩된다. 각 진술문 세 개의 쌍(즉, 세 가지 진술문의 세트)에서 다르다고 판단되지 않은 쌍은 유사한 것으로 간주되고, 유사성 행렬에서 해당 쌍에 대해 1이 코딩된다. 그러나 여기서는 각 쌍이 둘 이상의 '진술문 세 개의 쌍'에서 나타나기 때문에 각 (쌍별) 셀의 값을 합산하여 해당 쌍에 대한 유사성을 산출한다. 삼자 분류 방법은 진술문의 숫자가 많을 때 구현 불가능하여 개념도에서의 활용이 제한적이다.

순위 매기기와 유사성 평정하기

이 두 가지 접근 방식은 참여자가 일부 주요 개념 또는 개념과의 유사성과 관련하여 진술문의 우선순위를 매기거나 평정하도록 요구함으로써 개념도에 사용할 수 있다. 앞서 설명한 우선순위 또는 중요도와 같이, 진행자는 여기에서 설명하는 평정을 다른 평정과는 완전히 다른 것으로 명확하게 정의해야 한다. 여기서 평정은 어떤 판단 차원과 관련된 가치가 아니라 진술문 간의 유사성 정도를 추정하기 위한 것이다. 일반적으로 이러한 방법 중 하나를 사용하는 경우, 각기 다른 개념과 관련하여 여러 순위 또는 평정이 필요하다. 그런 다음, 결과는 참여자 내에서 집계되고, 그러고 나서 참여자 간에 집계된다.

예를 들어, 각 진술문이 어떤 목표 개념과 얼마나 유사한지에 대해 1~5점 척도로 평정된다면, 결과는 가장 유사한 항목과 동일한 평정값을 갖는 항목을 코딩하고, 한 단계 낮은 평정값을 갖는 항목은 다음으로 가장 유사한 것으로 코딩되는 등의 방식에 의해 N×N 유사성 행렬로 코딩된다. 1~5점 평정 척도의 경우, 유사성 행렬은 각 참여자의 각 평정에 대해 0~4의 값을 가질 것이다. 순위가 지정된 자료는 유사한 방식으로 코딩되는데, 순위가 가까운 항목은 더 유사한 것으로 간주되며, 모든 쌍의 유사성 값은 순위 간의 차이의 절댓값이 된다. 이러한 두 가지 접근 방식 모두에서 주요한 문제는 얼마나 많은 우선순위 또는 평정을 수행해야 하고 어떤 개념을 초점으로 사용해야 하는지 결정하는 것이다. 그러나 이러한 대안의 잠재적 가치는 개인 또는 집단 개념도를 모두 생성할 수 있는 자료를 생성하는 능력에 있으므로, 이러한 것들을 원하는 경우에 순위 및 평정 방법을 고려해야 한다.

개요 작성하기

개요는 입력값 사이의 유사성을 암시하는 구조이며, 잠재적으로 구조화 단계에서 활용될 수 있다. 참여자는 진술문 세트를 받고 이 자료를 제목과 부제목이 있는 개요 형식으로 구성하도록 요청받을 수 있다. 개요를 유사성 행렬로 코딩하기 위해 진행자는 몇 가지 규칙을 제시한다. 일반적으로, 규칙은 한 부제목 하의 모든 문항이 다른 부제목 하의 문항들보다 더 유사하게 코딩한다는 것을 유지하는 것이다. 이 접근법에 대한 예비 조사에서(Cooksy, 1989) 몇 가지 다른 규칙 또는 알고리즘의 세트가 조사되었고, 일부가 다른 것들보다 더 나은 것으로 밝혀졌다. 주요 어려움은 제목과 부제목의 순서가 유사성에 대해 암시하는지 여부를 고려하는 것이다. 예를 들어, 들여쓰기 수준이 같은 모든 제목에 대해, 서로 더 가까운 두 개의 제목을 멀리 떨어져 있는 제목보다 더 유사한 것으로 판단해야 하는가?

개요 작성하기의 잠재적으로 흥미로운 측면은 개요 코딩을 유사성 행렬로 자동화할 수 있고, 결과적으로 개요에서 직접 개인의 개념 지도를 계산할 수 있다는 것이다. 사용 가능한 컴퓨터 개요 프로그램이 많다고 가정한다면, 이것은 위계적 개요에서 관계적 지도로의 자동적인 전환을 가능하게 할지도 모른다. 이렇게 하면, 여러 참여자의 개념적 구조를 만들기 위해 통합될 필요가 있는 개별 개념 지도가 생성된다. 개요 작성하기를 위한 알고리즘의 민감성을 확신하기 전에, 이러한 계통(Cooksy, 1989)에 따라 더 많은 작업을 수행해야 한다.

분류 방식 중 어떤 것도 단일 참여자를 위한 개념도를 계산할 수 있는 충분한 정보를 제공하지 않는다. 만약 이 방식을 원하고 분류 과정을 사용하는 경우, 각 참여자는 카드를 수차례 묶어 보아야 한다. Dumont(1989)는 카드를 최소한 다섯 번 이상 묶어 본 참여자에 대해 지도를 계산할 수 있다는 것을 발견하였다. 분류의 수가 적을 때, 다차원 척도 분석의 알고리즘이 때때로 계산되지 않았다. 만약 개별적인 지도가 필요하고 여러 차례의 묶음을 만드는 작업이 가능하지 않은 경우에는 (앞서 설명한) 나무 분류하기와 같은 다른 접근 방식을 사용할 수 있다.

요약

구조화 과정에는 참여자의 인구통계 정보와 함께 진술문 세트에 대한 유사성 및 평정 자료 수집이 포함되며, 일반적으로 현장 회의 또는 일반적으로 온라인으로 수행되는 원격 과정을 사용한다. 일반적으로 우리는 유사성의 정보와 중요도 평정, 우선순위, 또는 기타 관련 차원에 대한 정보를 얻기 위하여 비구조화된 진술문 카드 분류 방식을 사용한다. 또한 개인 또는 집단의 개념도를 제공할 수 있는 몇 가지 다른 대안적 방법이 유사성 분류 과정에 사용될 수 있다. 이러한 대안적 방법들에는 제한된 분류하기, 나무 분류하기, 순위 매기기, 평정하기, 개요 작성하기 등이 포함된다.

연습문제

이 연습에서 당신은 이전 장의 연습문제에서 만들었던 진술문 세트 중 하나를 사용하거나, 다음으로 진행하기 전에 새로운 진술문 세트를 생성해야 한다. 이 연습의 목적은 진술문 세트를 구조화하는 몇 가지 방법과 적절한 코딩 절차를 익히는 것이다.

1. 먼저, 진술문 세트에 대한 전통적인 비구조화 분류를 하는 것으로 시작하자. 각각의 진술문을 한 장씩 개별 카드 또는 종이에 기록하고 그들이 생성된 순서대로 번호를 부여하라. 이제 진술문 세트를 가지고 자신이 이해되는 방식으로 진술문의 범주를 묶으라. 유사하다고 생각하는 항목을 동일한 분류 범주에 분류하는 것을 기억하라.
2. 이제 당신의 동료 몇 명이 진술문들을 분류하게 하라. 그들이 각각 분류 범주로 묶은 결과를 기록하라. 다음 사항에 대해 논의하라.
   a. 진술문들을 범주로 묶을 때 기분이 어땠는가? 어느 진술문이 어떤 범주로 들어가야 하는지 결정할 때 때때로 어려움을 겪었는가? 당신은 그 어려움을 어떻게 해결하고 결정했는가?
   b. 당신이 묶은 묶음들은 다른 사람이 묶은 것과 얼마나 유사한가? 많은 사람에게서 함께 배치된 쌍은 무엇인가? 이러한 항목들을 진술문 세트에서 가장 유사한 쌍이라고 간주할 수 있는가?
   c. 다른 사람들도 진술문들을 배치할 때 유사한 어려움을 경험했는가? 다른 사람들도 이와 같은 방식으로 어려움을 해결했는가? 이러한 결정은 진술문의 개념적 의미와 어떻게 관련되어 있는가?
   d. 분류 작업을 다룰 때 다른 어려움이 있었는가? 연구참여자들은 지시문을 쉽게 이해했는가? 다른 참여자들에게 이 과정은 얼마나 많은 시간이 소요되었는가? 당신은 추후에 이 과정을 어떻게 개선하겠는가?
3. 기본적인 분류 절차에 대해 다음의 변형 방식 중 하나 이상의 방식을 시도하여 느낌에 익숙해지라.

a. 고정된 수의 분류 범주를 가진 비구조화된 분류 절차. 당신은 아마도 두 번의 분류, 즉 한 번은 비교적 적은 수의 범주로, 또 한 번은 많은 범주로 나누어 보는 것이 좋을 것이다.

b. 어떤 진술문을 하나 이상의 범주에 동시에 배치하는 것을 허용하는 비구조화된 분류 절차

c. 먼저, 모든 진술문을 두 가지의 범주로 나누어 보는 하향식 분류. 이제 각각의 범주를 두 개로 더 나눈다. 각각의 범주에 두세 개의 진술문이 남을 때까지 이 과정을 반복하라.

d. 이와 반대로 이루어지는 상향식 분류. 먼저, 가장 유사하다고 생각하는 두 개의 진술문을 골라서 그들을 하나의 범주에 두라. 이어서, 다음 순서로 가장 유사한 것을 결정하라. 이는 두 개의 전혀 새로운 진술문 사이 또는 진술문과 현재 존재하는 군집 사이에서도 가능하다. 두 개의 진술문 또는 하나의 진술문과 이미 존재하는 범주, 또는 두 개의 범주를 묶는 각각의 단계, 이 과정을 모든 진술문이 두세 개의 범주로 배치될 때까지 계속하라.

e. 전통적인 비구조화 분류 방법을 사용하는 것에 비해서 앞서 기술한 다양한 방법의 장점 또는 단점은 무엇인가? 어떤 방식이 다른 방식보다 더 많은 시간을 필요로 하는가? 분류 작업에 더 많은 시간이 소요되는가? 이러한 방법 중에서 한 가지 방법에 대해 효율성을 높이기 위한 간소화 방안을 생각해 볼 수 있는가?

제5장

개념도 분석

자료 입력

분석

해석을 위한 준비

다른 분석 방법

요약

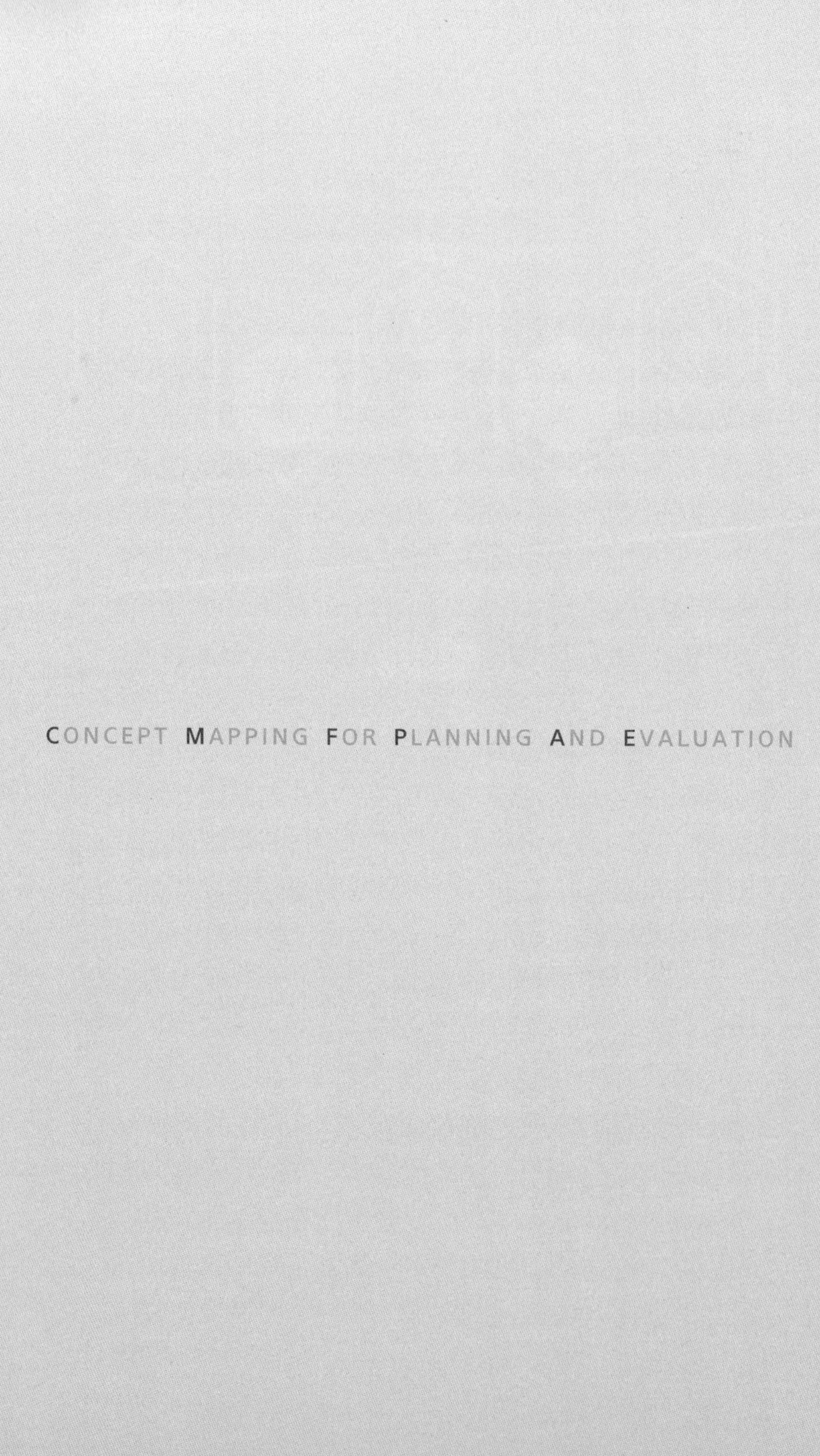
CONCEPT MAPPING FOR PLANNING AND EVALUATION

제5장

개념도 분석

한 장의 그림은 천 마디의 가치가 있다.

– Fred R. Barnard

개념도 과정의 핵심은 분석의 과정, 그리고 구조화 단계에서 생성된 정보를 지도로 만드는 것이다. 이 단계에서 사용되는 연구 자료는 브레인스토밍에 의해 도출된 진술문에 대해 각 연구참여자가 분류하고 평정한 것이다. 분석은 구조화 단계에서 형성된 자료에서 시작하여 해석 회기의 기초 자료로 활용되는 자료의 세트[개념도와 진술문 목록, 패턴 일치, 방향-위치 지도, 다른 보고서 등]로 마무리된다. [그림 5-1]은 개념도를 구성하고 해석 회기를 위해 결과를 준비하는 것을 포함하는 단계의 개관을 설명하고 있다.

자료가 입력된 후에 분석가들은 개념적 영역에 대한 지도를 산출하기 위해 핵심적 분석의 3단계를 수행한다.

1. 분류 자료로부터 유사성 행렬을 만든다. 유사성 행렬은 정방 대칭 행렬로 각 진술문의 쌍에 대해 얼마나 많은 참여자가 분류

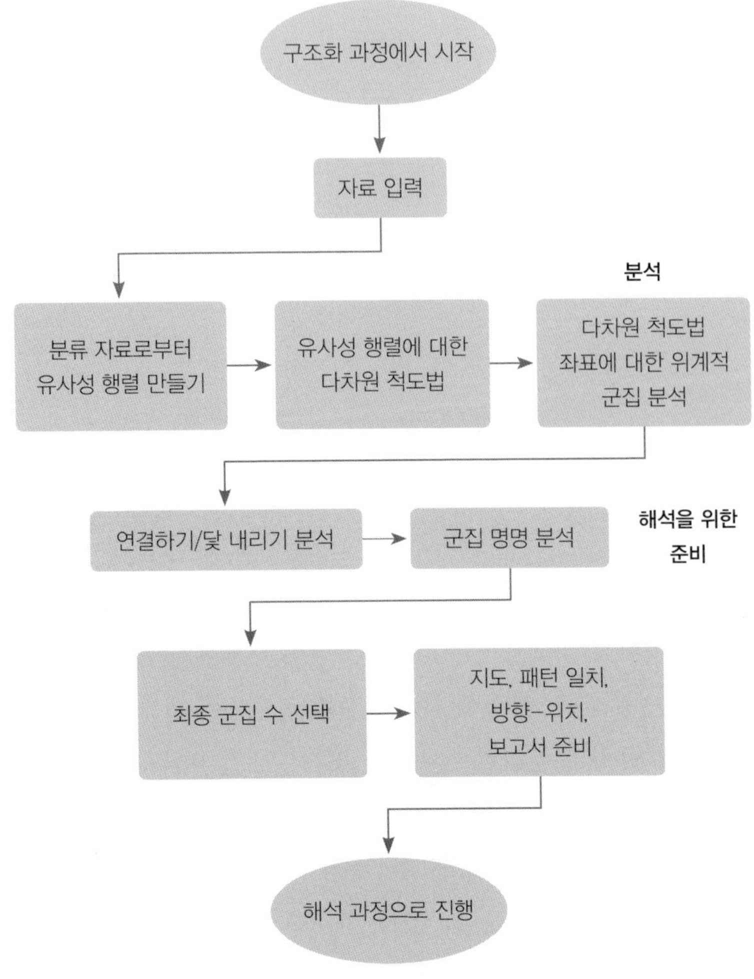

[그림 5-1] 분석 과정의 흐름도

를 수행했는지를 보여 준다.

2. 각 진술문을 2차원(X, Y) 지도(즉, 포인트 지도)에서 각각의 지점으로 위치시키기 위해 유사성 행렬을 입력하여 **다차원 척도법**(Multi-Dimensional Scaling: MDS)을 실시한다.

3. 지도상에서 점(진술문)을 묶음으로 구분하기 위해 다차원 척도법(X, Y) 좌표에 대한 **위계적 군집 분석**(hierarchical cluster analysis)을 실시한다.

이러한 핵심 개념도 분석은 일반적으로 각 개념도 프로젝트에 대해 한번 완료되지만, 기술-지원 과정에서는 분석가가 필요한 만큼 자주 결과를 생성해 낼 수 있다. 분석은 구조화 단계에서 도출된 분류 자료만을 사용하여 모든 분석(다차원 척도법과 위계적 군집 분석)이 수행된 지도(즉, 진술문이나 점들의 배열)와 제안된 군집 결과들을 산출한다는 점에 유의하는 것이 중요하다. 평정 지도, 패턴 일치, 방향-위치 지도에서 활용된 평정 자료는 이러한 결과들이 요구되는 시점에 분석된다. 이러한 평정 분석은 평정 자료의 단순 평균 또는 합계를 사용한다. 프로젝트의 필요에 따라, 핵심 지도 분석 결과를 만들어 낸 이후에 평정 결과를 언제든지 생성할 수 있다.

핵심 분석 결과는 [그림 5-1]의 아랫부분에 제시되는 바와 같이 이어지는 해석 회기에 앞서 추가적인 준비 과정을 필요로 한다. 해석 회기를 준비하기 위한 추가적인 단계는 다음과 같다.

- **연결하기/닻 내리기 분석**: 어떤 진술문들 그리고 어떤 군집들이 지도의 특정한 영역에서 '닻(anchors)'이며, 어떤 것이 지도의 전체 범위에서 '연결점(bridging)' 역할을 하는지 확인하기 위한 것
- **군집 명명 분석**: 지도에서 군집 명칭에 가장 좋은 유망한 후보들인 개인 분류로부터 명칭을 확인하기 위한 것
- **최종 군집의 수 선택**: 위계적 군집 분석의 결과로부터 이루어짐

- 해석 회기를 위한 자료 준비: 지도, 패턴 일치, 방향-위치 지도, 보고서를 포함한 자료 준비

이러한 모든 단계는 두 가지 목적으로 활용된다. 첫 번째는 분석가들이 지도 및 그 안에 있는 정보와 당면한 문제의 관계를 완전히 이해하게 하기 위해서이고, 두 번째는 해석 청중 및 프로젝트의 목적에 맞게 특별히 적합한 자료를 준비할 수 있도록 하기 위해서이다. 연결하기/닻 내리기, 군집 명명 분석은 연구의 배경으로서 분석가에게 특별히 유용하며, 최종 군집 수의 선택은 이후의 모든 군집-수준 결과에 영향을 미치는 중요한 결정이다.

실제적으로 말하면, 이러한 분석들을 수동으로 수행하는 것은 불가능하다. 아주 작은 집단의 자료 또는 프로젝트의 경우에도, 다차원 척도법 및 군집 분석(상당히 정교한 다변량 분석)은 자료의 처리를 위해 컴퓨터 프로그램을 사용해야 한다. 분석가는 개념도 분석을 수행하기 위한 컴퓨터 소프트웨어와 관련하여 몇 가지 선택지를 가진다. Concept System 프로그램(Concept Systems Incorporated, 2005)은 개념도에서 사용되는 일련의 분석을 수행하기 위해 명시적으로 개발되었고, 이를 활용하여 여기에 설명된 모든 분석을 할 수 있다. 일반적인 목적의 통계 프로그램들 또한 사용될 수 있다. SPSS(SPSS Inc., 2005)와 SAS(SAS Institute, 2005)는 모두 다차원 척도 분석과 위계적 군집 분석을 수행할 수 있는 정형화된 순서와 방법을 가지고 있다. 이 외에 웹상에서 사용 가능한 수많은 다차원 척도법의 순서와 방법이 있으며, 이를 구현하려면 어느 정도의 프로그래밍 기술이나 고급 통계 지식이 필요하다.

이 책은 다변량 분석의 내용을 다루는 것이 아니기 때문에, 해당 내용에 관심이 있는 독자는 유사성 행렬 생성(Coxon, 1999; Rosenberg & Kim, 1975; Weller & Romney, 1988), 다차원 척도법(Davison, 1983; Kruskal & Wish, 1978; Shepard, Romney, & Nerlove, 1972), 위계적 군집 분석(Anderberg, 1973; Everitt, 1980)에 대한 핵심적인 참고문헌 또는 다변량 방법에 대한 일반적인 교재(Hair, Tatham, Anderson, & Black, 1998)를 살펴볼 것을 권장한다.

이 장에서 우리는 이러한 분석을 기술적이지 않은 용어로 설명하면서 개념도 과정에서 어떻게 사용하는지에 초점을 두어 알아볼 것이다. 우리는 각 분석 단계를 설명하고 개념도와 관련된 도표들이 어떻게 구성되는지 보여 줄 것이다. 다음 부분에서는 이러한 각 단계를 자세히 살펴보도록 하겠다.

자료 입력

첫 번째 단계는 당연히 자료 분석을 위해 컴퓨터에 자료를 입력하는 것이다. 자료 분석에서 집계를 위해 분류 자료를 구조화하는 방법은 다양하다. 아마도 가장 간단한 방법은 행(row)이 분류자(sorter), 그리고 열(column)이 진술문의 숫자와 일치하는 행렬을 만드는 것일 것이다. 각 셀의 값은 해당 분류자에 대한 진술문이 있는 분류 범주 번호이다. 다음에서는 이러한 자료가 집계되는 방식을 설명한다.

평정 자료는 일반적으로 각 행 또는 줄(line)이 개별 참여자이고, 각 열이 진술문인 직사각형 자료 행렬로 코딩된다. 셀은 각 진술문

(열)에 대한 각 사람(행)의 평정값이다. 만약 프로젝트에서 여러 가지 평정을 시행했다면, 각 진술문에 대해 별도의 행렬이 필요하다. 그런 다음, 각 열에 대한 요약 통계를 구함으로써 각 진술문에 대한 참여자 전체의 평균값이 계산될 수 있다. 인구통계 자료는 각 참여자에 대한 행과 각 변수에 대한 열이 있는 표에 저장할 수 있다.

프로젝트의 일정에 따라 자료 입력이 즉시 이루어져야 하는 경우가 있다. 개념도 소프트웨어(Concept Systems Incorporated, 2005) 사용은 자료 입력 및 분석에 대한 빠른 처리를 가능하게 하지만, 수동으로 수집된 자료 입력에 필요한 시간을 과소평가해서는 안 된다. 자료 입력에서 고려해야 할 요인들에는 진술문의 수, 참여자의 수, 수집된 평정 자료의 수들이 포함된다. 만약 각 참여자에게 100개의 진술문을 분류하고 100개의 진술문에 한 번의 평정을 하도록 했다면, 진행자는 자료의 입력을 위해 참여자당 3~7분의 시간을 계획해야 한다.

분석

유사성 행렬 만들기

자료 수집을 마치면(제4장), 분석가는 주요 이해관계자인 참여자가 진술문 사이의 관계성을 어떻게 인식했는지를 설명하는 분류 정보를 얻는다. 분류 결과를 기록한 양식지가 수합되면, 결과는 참여자 전체에서 진술문 간의 유사성을 추정하기 위해 참여자들 간에 결합된다. 이는 [그림 5-2]에 제시된 바와 같이 두 가지 단계로

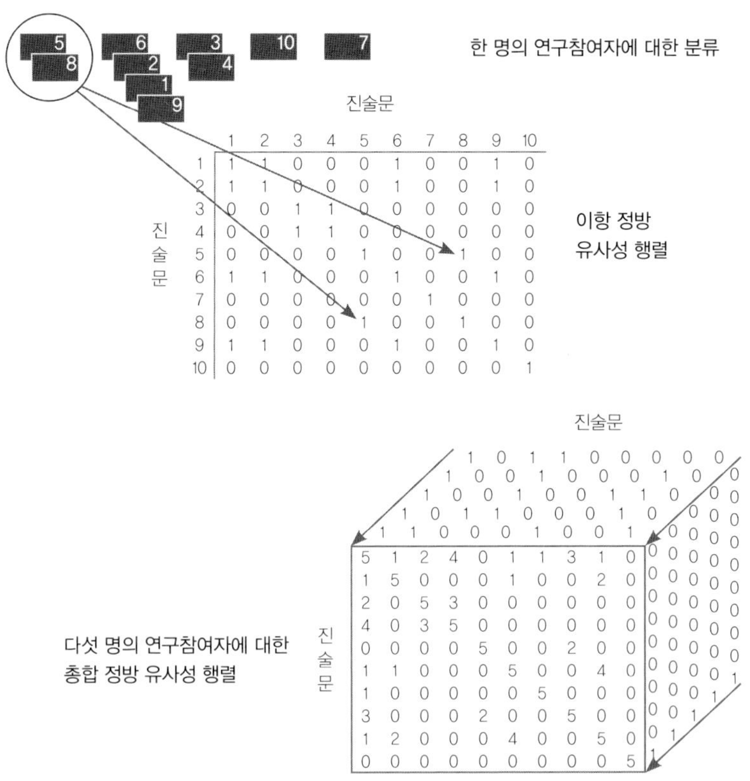

[그림 5-2] 다섯 명의 연구참여자에 따른 열 개 진술문의 가상적 분류하기에 대한 코딩

수행된다.

첫째, 각 참여자에게서 나온 유사성 분류 결과들을 진술문 수만큼의 행과 열을 가진 정사각형 모양의 표 또는 행렬에 배치한다. 이것은 [그림 5-2]의 왼쪽 상단 모서리에 설명되어 있으며, 열 개의 진술문을 다섯 개의 분류 범주로 나눈 가상의 참여자에 대한 것이다. 행과 열은 1에서 10까지의 숫자가 지정되어, 이는 세트 안에 열 개의 특정 진술문을 나타낸다. 행과 열의 번호는 단순히 원래 브레

인스토밍된 진술문 목록의 특정 진술문에 할당된 식별 번호이다. 셀은 분류 작업을 하는 사람(분류자)이 어떤 두 진술문에 대해서 다른 진술문 관계와 상관없이 두 가지 진술문을 같은 쪽으로 분류하는지의 여부를 나타낸다. '1'은 이러한 분류에 의해 진술문들이 함께 분류된 것을 의미하고, '0'은 그렇지 않다는 것을 나타낸다. 그림에서 분류를 실시한 사람은 5번과 8번의 진술문을 하나의 분류 범주로 묶었다. 따라서 표에서 5행 8열 그리고 8행 5열의 입력값은 '1'이다.

진술문 5번은 진술문 6번과 함께 묶이지 않았기 때문에 5행 6열 그리고 6행 5열에는 '0'을 입력한다. 그리고 하나의 진술문은 자기 자신과는 항상 같은 분류 범주에 위치하기 때문에, 행렬의 대각선(1행 1열, 2행 2열 등)은 항상 '1'의 값을 갖는다. 이러한 개별 행렬은 단지 0과 1(이항)만을 갖고 있고, 서로 거울 이미지(대칭)인 위와 아래에 삼각형(대각선의 위와 아래)이 있는 **행렬**(matrix)이기 때문에 **이항 대칭 유사성 행렬**(binary symmetric similarity matrix)이라고 한다. 그리고 이 행렬에서 높은 숫자값(즉, 1의 복수들)을 갖는 것은 **유사성**(similarity)이 크다는 것을 의미한다.

각 참여자의 분류 행렬이 구성된 후, 각 셀은 모든 참여자를 포함하기 위해 이러한 행렬표 전체에 걸쳐 합산되며, [그림 5-2]의 오른쪽 하단 모서리에 제시된 것처럼 통합된 집단 유사성 행렬이 형성된다(Coxon, 1999; Weller & Romney, 1988). 이 통합된 행렬 역시 진술문의 수만큼 많은 행과 열을 가지고 있다. 그러나 여기서 어떤 진술문 쌍에 해당하는 행렬의 값은 이 분류 범주가 각 참여자에게 의미하는 바가 무엇인지 또는 다른 진술문이 그 분류 범주에 함께 있었는지의 여부와 관련 없이 얼마나 많은 참여자가 해당 진술문의 쌍을 같은 범주에 분류했는가를 나타낸다. 대각선에 해당하는 값은 분류 작업을 실시했던 연구참여자의 전체 인원수와 같다. 즉, 이러한 정방 집단 유사성 행렬에서 값의 범위는 0에서 분류에 참여한 참여자 수까지이다. 최종 유사성 행렬은 모든 참여자가 진술문들을 어떻게 분류하였는지를 보여 준다. 이 행렬에서 높은 값은 보다 많은 참여자가 진술문의 쌍을 한 묶음으로 묶고 진술문이 개념적으로 어떤 측면에서 유사함을 의미한다. 더 낮은 값은 진술문의 쌍이 적은 수의 사람들에 의해 같은 분류 범주에 배치되었다는 것을 의미하고, 개념적으로 덜 유사하다는 것을 의미한다.

이러한 설명은 개별 이항 행렬의 구성과 단일한 통합 행렬로의 집계를 포함하는 유사성 행렬의 구성을 보여 주지만, 이는 통합된 행렬표를 완성하는 데 있어서 그렇게 효율적이지 않은 방식이다. 일반적인 직사각형 자료 행렬에서 유사성 행렬을 구성하려면, 분석가는 해당 목적을 위해 설계된 소프트웨어(Concept Systems Incorporated, 2004) 또는 일반적인 통계 소프트웨어를 사용하여 작업을 수행해야 한다. 만약 입력 분류 자료 행렬에서 분류자들은 행으로, 진술문들은 열로 되어 있고, 셀이 분류 범주 번호(각 사람에 대해 1에서 분류 범주의 숫자까지 임의로 할당됨)로 구성되어 있다면, 각 개인에 대해 0, 1행렬로 제약을 두는 간단한 프로그램을 개발할 필요가 있다. 예를 들어, [그림 5-2]의 왼쪽 상단에 있는 단일 10개의 항목을 분류하는 경우, 분류자는 각 진술문들이 다음과 같이 포함된 다섯 개의 분류 범주를 생성했다.

분류 범주 [1]: 5, 8

분류 범주 [2]: 6, 2, 1, 9

분류 범주 [3]: 3, 4

분류 범주 [4]: 10

분류 범주 [5]: 7

이 행렬의 첫 번째 행은 이 분류자의 열 개 진술문에 대한 분류 범주 번호를 제공할 것이다.

	1	2	3	4	5	6	7	8	9	10
분류자 1	2	2	3	3	1	2	5	1	2	4
분류자 2										
분류자 3										

여기서부터의 기법(trick)은 이러한 단일 분류 자료를 위에 표시된 이항 정방 유사성 행렬(binary square similarity matrix)로 변환하는 것이다. 이러한 작업은 각 행의 값을 읽고 다른 진술문 중에 같은 값을 가진 것을 판별하는 간단한 컴퓨터 프로그램을 통해 수행될 수 있다. 예를 들어, 제시한 예제에서 분류 범주 [1]의 진술문 5와 8은 모두 같은 값을 가진다. 프로그램은 결과 행렬 내에서 5행 8열의 셀 그리고 8행 5열의 셀의 값을 증가시켜야 할 것이다. 일단 이 행렬이 한 명의 분류자에 대해 생성되면, 여러 분류자에 대해 누적 추가하여 전체 유사성 행렬을 생성할 수 있다. 유사성 행렬의 상하 삼각형들은 반사된 값을 가지기 때문에 대부분의 컴퓨터 프로그램은 작업의 효율성을 위해서 둘 중 하나의 값만 저장한다.

다차원 척도법

핵심 분석의 다음 단계에서는 분류 자료를 집계하여 획득한 유사성 행렬의 2차원 비모수 다차원 척도법을 수행한다. 비모수 다차원 척도법(nonmetric multidimensional scaling)은 몇 개의 차원에서 원래 문항들 사이의 거리를 유사성 또는 비유사성 행렬로 나타내는 일반적인 기법이다. 다차원 척도법을 소개하는 좋은 자료는 Kruskal과 Wish(1978)에서 찾을 수 있으며, 사용된 알고리즘에 대한 보다 기술적인 설명은 Davison(1983)에 제시되어 있다.

다차원 척도법의 과정 및 기능을 설명하기 위해 지리적인 예시를 사용하는 것이 유용하다. 미국의 지도를 손에 들고 뉴욕, 시카고, 로스앤젤레스와 같은 세 개의 주요 도시 간의 거리표를 구성하

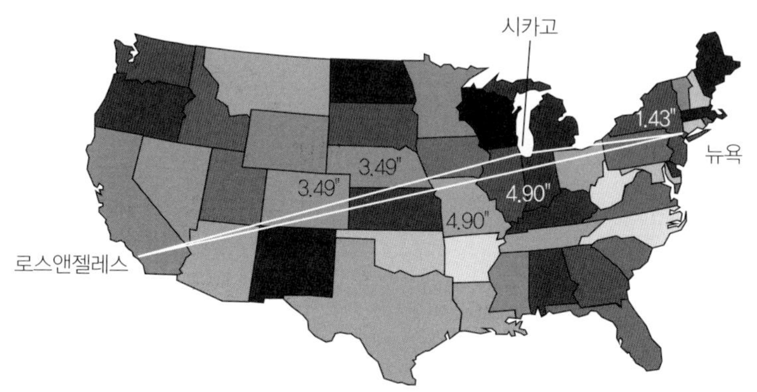

	뉴욕	시카고	로스앤젤레스
뉴욕	–	1.43"	4.90"
시카고	1.43"	–	3.49"
로스앤젤레스	4.90"	3.49"	–

[그림 5-3] 지도를 활용하여 거리를 나타내는 표 만들기

려고 한다고 상상해 보자. [그림 5-3]은 지도에 있는 각 도시 쌍 사이의 거리를 눈금자로 측정하고 3×3의 거리표에 기록함으로써 상대적으로 쉽게 완수할 수 있다는 것을 보여 준다.

그러나 만약 우리가 세 도시 사이의 거리를 나타내는 3×3의 표만 제공되고, 표에 나타난 상대적 거리를 공정하게 나타내는 방식으로 세 도시의 위치를 '지도'에 표기하도록 요청받았다면 어떻게 진행할 것인지 생각해 보자. 이는 [그림 5-4]에 제시되어 있다. [그림 5-4]의 상단에는 [그림 5-3]에서 눈금자로 측정한 세 도시 간의 거리 행렬이 있다. 이를 포인트 지도에 나타내기 위해서 우리는 먼저 두 개의 점(도시들)을 지면 위에 임의로 위치시킨다. 그림에서는 로스앤젤레스와 뉴욕이 4.90인치 떨어져 있는 것을 볼 수 있다. 그러고 나서 세 번째 위치인 시카고를 차례로 배치하기 위해 우리는 로스앤젤레스와 뉴욕에서 동시에 정확한 거리에 있는 지점을 찾아야 한다. 이러한 작업을 수행하기 위해 오래된 방식인 컴퍼스를 활용할 수 있는데, 두 점에서 각각 정확한 거리를 나타내는 원들을 그린 후에 두 개의 원이 겹치는 점을 찾을 수 있다. 이 점은 바로 각 도시에서 동시에 정확한 거리에 위치하는 점이다. 이렇게 표현한 그림은 시카고의 위치에 대해 두 개의 적절한 지점을 보여 준다. 이러한 과정은 세 도시로 구성된 표에서는 비교적 쉽게 완성될 수 있지만 더 많은 도시의 경우 작업이 매우 복잡해지고 정확한 지점을 찾을 수 없다는 것을 알게 된다.

다차원 척도법은 이 예시에서와 같이 거리를 위한 또는 개념도 분석에서 유사성 분류를 위한 작업을 수행하는 다변량 분석이다. 다차원 척도법은 유사성(또는 거리) 표(table)를 입력값으로 갖고 원래의 표 자료가 최대한 공정하게 표현되도록 지도에 점을 반복적

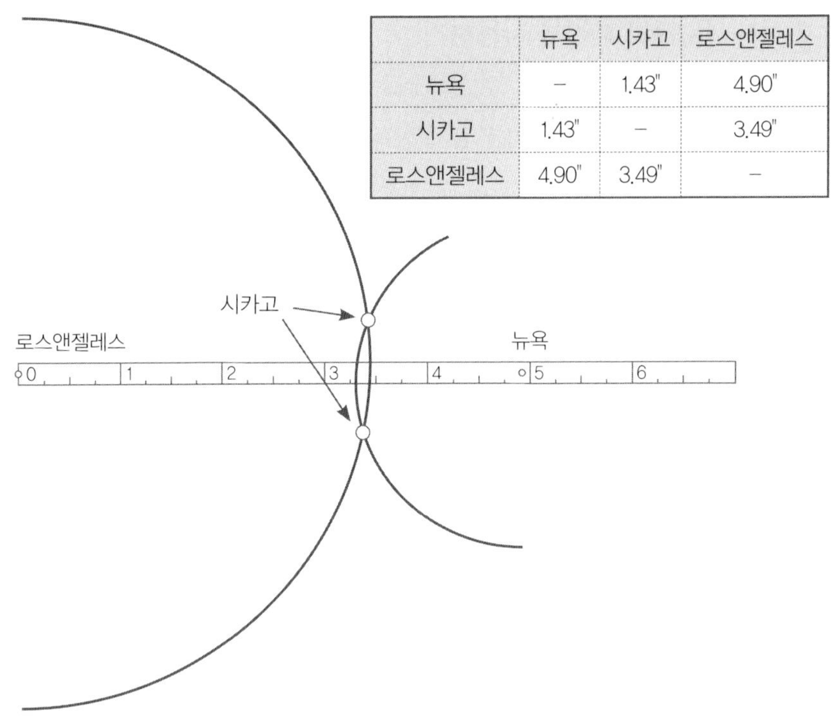

	뉴욕	시카고	로스앤젤레스
뉴욕	–	1.43"	4.90"
시카고	1.43"	–	3.49"
로스앤젤레스	4.90"	3.49"	–

[그림 5-4] 거리를 나타내는 표로부터 포인트 지도 그리기

으로 배치한다. 개념도에서 다차원 척도 분석은 앞서 설명한 총합 정방 유사성 행렬(square total similarity matrix)을 입력으로 사용하고 브레인스토밍을 통해 만들어진 진술문 세트를 표기하는 포인트 지도를 만든다. 이 분석은 원하는 각 차원에 대한 각 진술문의 좌표를 만들어 낸다.

두 개의 차원을 사용하기

개념도는 일반적으로 2차원 해법(solution)을 사용한다. 다차원 척도 분석은 각 진술문에 대해 두 개의 좌표를 생성하며, 이러한 좌표들은 포인트 지도를 그리는 데 사용된다. 기존의 다차원 척도 분석에서 분석가들은 점들의 세트가 적합할 차원의 수를 지정하고, 종종 다른 차원 해법을 조사하여 어떤 해법이 자료를 가장 잘 나타내는지 확인한다. 만약 1차원 해법이 요청되면 모든 점이 단일 선을 따라 배열된다. 2차원 해법은 점 세트를 X-Y 그래프상에 도표화하기에 적합한 이변량 분포에 배치한다.

다차원 척도법에 대한 문헌에서는 이러한 차원 문제를 광범위하게 논의한다(Davison, 1983; Hair et al., 1998; Kruskal, 1964; Kruskal & Wish, 1978). 이론적으로, 분석가는 1에서 N-1까지의 차원 수를 계산할 수 있다. 여기서 N은 진술문의 수이다. 하지만 3차원 이상을 그래프로 나타내고 해석하는 것은 어렵다. 한 가지 관점은 분석가가 해법의 숫자를 정하고(예: 1에서 5까지의 차원 해법), 특정한 차원의 해법이 매력적인지 확인하는 진단적 통계(예: 스트레스값)를 확인해야 한다는 것이다. 요인 분석에 익숙한 독자들은 이러한 방식이 요인의 수를 결정하기 위해 고유값의 J 도표 또는 스크리 도표를 조사하는 것과 유사하다는 것을 인식할 것이다. 염두에 두어야 할 중요한 차이점은 다차원 척도법의 전통이 개념도 접근 방법보다 차원의 개발 및 해석에 훨씬 더 중점을 두고 있다는 것이다. 개념도에서, 우리는 일반적으로 지도의 차원이 아니라 관계성(진술문 사이의 거리 또는 근접성의 측면에서 진술문 사이의 관계를 묘사하는 능력)에 더 관심이 있다. 더불어 다차원 척도법 연구에는 특정 맥락에서

2차원 해법의 선험적 사용이 타당하다는 것을 제안하는 일련의 사상이 있다. 예를 들어, Kruskal과 Wish(1978)는 다음과 같이 이야기하였다.

> 일반적으로 더 많은 차원을 포함하는 것보다 2차원을 활용하여 작업하는 것이 쉽기 때문에, 차원 수의 결정에 있어서 사용 편의성이라는 고려사항도 중요하다. 예를 들어, 다차원 척도법(MDS)의 구성이 군집화의 결과를 표시하는 기반으로서 주로 필요한 경우, 2차원 구성이 세 개 이상의 차원을 포함하는 구성보다 훨씬 더 유용하다(p. 58).

우리가 2차원 해법 이외의 해법을 사용한 경우를 조사한 연구에서, 특히 Kruskal과 Wish가 제안한 것과 같이 군집 분석과 함께 수행되었을 때, 연구 프로젝트 참여자에게 2차원 해법이 수용 가능하고 매우 유용하다는 것을 발견했다. 마지막으로, 특별히 주성분 분석 또는 요인 분석과 같은 다른 차원 지향적인 다변량 분석에 비해, 차원이 낮은 해법이 다차원 척도법에서 더 적절하다고 생각하는 몇 가지 이유가 있다. 비모수 다차원 척도법의 한 형태를 독자적으로 발명한 위대한 측정 이론가 Louis Guttman은 "일반적으로 비모수 기법은 기존의 요인 분석보다 더 작은 공간을 생성하기 때문에" (p. 139) 이를 "가장 작은 공간 분석"(Levy, 1994)이라고 명명하였다.

따라서 개념도 방법에서 일반적으로 브레인스토밍으로 형성된 진술문을 2차원 도표에 지도로 만들기 위해 2차원 다차원 척도 분석을 권장한다. 표준 통계 패키지를 사용하면 자신이 원하는 차원의 수를 지정할 수 있다. 2차원 다차원 척도법의 출력은 도표화할 수 있는 X-Y 값 세트와 몇 가지 진단 통계 정보로 구성된다. 그 도

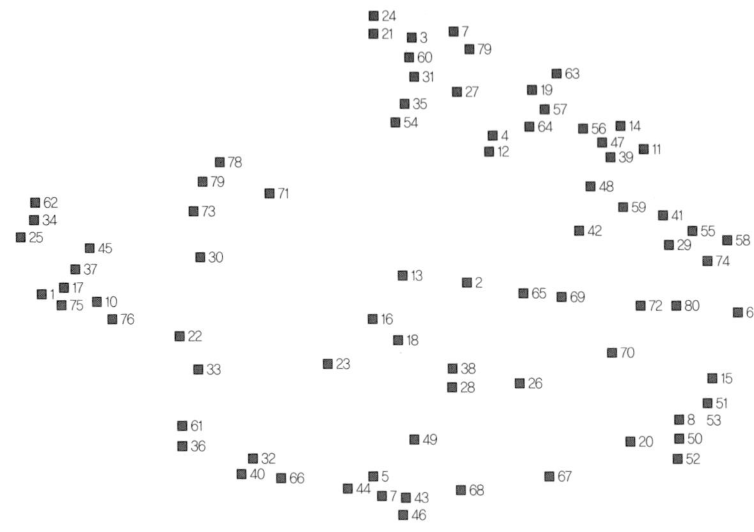

[그림 5-5] 2차원 포인트 지도의 예

표는 '포인트 지도'라고 불리며, 단순히 진술문을 나타내는 점으로 구성되고, 각각의 점은 해당 번호로 식별된다. 포인트 지도의 예는 [그림 5-5]에 제시되어 있다.

스트레스

다차원 척도법에서 핵심적인 진단 통계값은 '스트레스(stress)' 지수라고 한다(Kruskal & Wish, 1978). 분석에 대한 입력값은 범주 분류 작업을 기반으로 하는 유사성의 정방 행렬로 구성되어 있음을 기억하라. 이상적으로, 우리는 이 원래의 입력 행렬에 대해 가장 가까운 근삿값을 산출하는 진술문의 2차원 그림을 갖기를 원한다. 입력한 행렬과 지도상의 거리 간에 강한 관계가 있다면, X-Y 포인트 도표가 자료를 잘 표현한 것으로 간주할 것이다. 스트레스는 지도상의 거리가 입력 유사성 행렬에서의 값과 일치하지 않는 정도를 측정한다.

스트레스값은 얼마나 높거나 낮아야 하는가? 높은 스트레스값은 입력 행렬 자료와 2차원 배열의 해당 자료 표현 사이에서 더 큰 불일치가 있고 이 지도가 입력 자료를 나타내지 못한다는 것을 의미한다. 낮은 스트레스값은 전체적으로 더 좋은 적합도를 나타낸다. 다차원 척도법에 대한 원 문헌(Kruskal & Wish, 1978)에 따르면, 스트레스값이 0.10 이하인 경우가 바람직하다고 주장하였다. 그러나 이러한 기준은 현상들이 일반적으로 더 안정적이고 더 잘 작동하는 통제된 심리측정 검사 환경에서 도출된 것이다. 따라서 이러한 추천된 스트레스값은 대부분의 개념도 맥락에서는 적절하지 않은 기준이다. 또한 개념도에서 스트레스값의 계산은 지도에서 어떤 의미 있는 해석적 가치를 가질 것 같지 않은 진술문에서의 미세한 움직임에도 민감하다는 것을 인식하는 것이 중요하다. 이러한 관점에서, 스트레스 지표에 의미를 부여하기는 어렵다. 더 낮거나 더 높은 스트레스는 '보다 나은' 또는 보다 해석 가능한 지도임을 제안하지 않을 수 있다. 대규모의 개념도 프로젝트에 대한 메타분석 연구는 스트레스값의 평균을 0.285, 표준편차를 0.04로 보고하였다(Trochim, 1993). 즉, 개념도 프로젝트의 약 95%는 약 0.205에서 0.365 범위의 스트레스값을 생성할 가능성이 있다.

분석가는 스트레스 지표를 지도가 그룹화 자료를 나타내는 정도에 대한 대략적인 지침으로 활용할 수 있다. 높은 스트레스값은 2차원으로 잘 표현될 수 있는 것보다 유사성 행렬이 더 복잡하거나, 사람들이 그 진술문을 그룹화하는 방식에 상당한 변동성이 있음을 의미한다. 스트레스의 개념은 여러 가지 측면에서 측정의 신뢰도에 대한 아이디어와 유사하다. 모든 조건이 동일하다면, 더 많은 진술문이 있고 더 많은 사람이 진술문을 분류할 때, 그리고 근본적인 개념적 현상이 더 간단하게 구조화되고 일반적으로 합의를 이룰 때, 스트레스값이 더 낮아질 것이다(즉, 그 지도가 통계적으로 더 나은 적합도를 가질 것이다). 다차원 척도법에 대한 공식적인 연구논문에서는 스트레스값을 보고하는 것이 표준이며, 모든 다차원 척도법 프로그램이 이 값을 보고한다.

위계적 군집 분석

다음으로 적용되는 분석은 위계적 군집 분석(Anderberg, 1973; Everitt, 1980)이다. 이 방법에서는 유사한 개념을 반영하기 위해 포인트 지도상의 개별 진술문을 통합 진술문 군집으로 묶는다. 위계적 군집 분석은 크게 응집 방법과 분할 방법의 두 가지 유형으로 나뉜다. 응집 방법은 자체 군집에 있는 각 요소(이 사례에서는 진술문)에서 시작하여 모든 요소가 단일 군집에 속할 때까지 연속적으로 병합한다. 분할 방법은 단일한 군집에 속한 모든 요소에서 시작하여 각각이 자체의 군집으로 나누어질 때까지 연속적으로 나눈다. 두 가지 접근법은 모든 군집 배열이 위계적인 '나무(tree)' 구조로 배열될 수 있다고 가정한다.

다양한 위계적 군집 분석 방법이 존재하며, 문헌에는 서로 다른 방법의 상대적인 강점에 대해 많은 논쟁이 있다. 논란의 중심은 '군집'이라는 용어의 수학적 모호성에 대한 것이다. 거리가 무엇을 의미하는지(최소한 유클리드 기하학 내에서)에 대해서는 수학자들 사이에 논쟁의 여지가 없지만, 군집이 무엇인가를 정의하는 방법은 여러 가지가 있다. 여기에서 설명한 개념도 방법을 개발하면서 우리는 다양한 군집 분석 접근 방식을 조사하였다. 그리고 우리는 다차원 척도법에 의해 배치된 대로 지도상의 진술문을 범주로 분류하거나 분할(partitions)하는 군집 분석을 찾았다. 즉, 동일한 군집에 배치된 진술문들은 지도 내에서 인접한 영역에 있을 것이다. 군집 분석에 대한 입력값으로 유사성 행렬 원자료보다는 X-Y 다차원 척도 좌표값을 사용하여 이를 수행했다는 것을 발견했다. 또한 군집 분석을 위한 Ward의 알고리즘(Anderberg, 1973; Hair et al., 1998)은 일반적으로 단일 연결법(single linkage)이나 중심 연결법(centroid methods)과 같은 다른 접근 방식보다 더 합리적이고 해석 가능한 해법을 제공한다는 사실을 발견했다. Ward의 알고리즘은 특별히 거리 기반 자료에 적합하기 때문에 개념도 연구의 맥락에서 특히 매력적이었다. 군집의 위계적 통합의 각 단계에서 알고리즘은 결합될 수 있는 두 개의 가상 군집에 있는 모든 진술문 사이의 거리 제곱의 합을 최소화한다.

따라서 Ward의 위계적 군집 분석을 위한 입력값은 다차원 척도법의 결과인 X-Y 좌표 행렬이다. 산출 결과는 단일 군집에서부터 그 자체가 하나의 군집으로 이루어진 모든 진술문에 이르기까지의 모든 군집 해법이 위계적으로 배열된 나무 구조이다. 우리가 다차원 척도 분석의 X, Y 좌표값을 군집 분석에 대한 입력값으로 사용하기 때문에 선택한 군집 수와 상관없이 이 접근 방식은 항상 지도상에 겹쳐지지 않는 분할을 생성한다.

다차원 척도 분석에서 차원의 수를 결정하는 것이 필수적인 문제인 것처럼, 군집 분석에서 군집의 수를 결정하는 것이 필수적이다. 앞서 언급한 바와 같이 모든 응집 방식의 위계적 군집 분석 절차는 진술문의 수와 같은 정도로 많은 수의 군집 해법을 제시하는 것이 가능하다. 원칙적으로, 이러한 군집화 방법은 각각의 진술문이 자체 군집이라고 간주하는 것으로 시작된다. 분석의 각 단계에서 알고리즘은 마지막에 모든 진술문이 단일한 군집에 있을 때까지 두 개의 군집을 결합한다. 분석가의 임무는 최종적인 군집 해법을 위해 진술문을 그룹화해야 하는 군집의 수를 결정하는 것이다.

[그림 5-6]은 열 개의 진술문으로 구성된 개념도 프로젝트에 대한 가상의 군집 분석을 보여 준다. 그림의 상단은 모든 가능한 군집 해법과 강조 표시된 세 개의 군집 해법으로 그룹화된 진술문 포인트 지도를 보여 준다. 그림의 하단은 가능한 모든 군집 해법을 나타내는 위계적 나무 구조를 보여 준다. 나무의 하단 왼쪽에는 10에서 1에 이르기까지의 내림차순 군집 수가 있다. 나무의 상단을 가로질러 진술문의 번호를 확인할 수 있다. 나무 자체는 군집 수에서 위 또는 아래로 이동할 때 결합되는 진술문 또는 군집을 보여 준다. 예를 들어, 우리가 열 개 군집 해법에서부터(각 진술문이 자체 군집임) 아홉 개 군집으로 옮길 때, 이 나무는 1번과 6번의 진술문을 결합한 것을 보여 준다. 이 두 진술문이 지도상에서 가장 가까운 진술문이라는 것은 시각적으로 명백하다. 아홉 개의 군집에서 여덟 개 군집으로 이동할 때, 7번과 5번의 진술문이 묶인다. 7번과 5번은 1번과 6번의 쌍 다음으로 가까운 진술문들이다. 그림에서 세 개의 군집 해법에 강조가 되어 있다. 이를 나무상에서 보기 위해, 세 개의 군집에서 수평선이 세 개의 수직 가지의 횡단면에서 나무를 가로지르는 것을 주목하라. 하나의 군집에는 1, 6, 8, 3, 4의 진술문이 있고, 다른 군집에는 7과 5, 그리고 세 번째 군집에는 9, 10, 2의 진술문이 있다. 나무의 가장 상단에 있는 진술문의 순서는 위계적 해

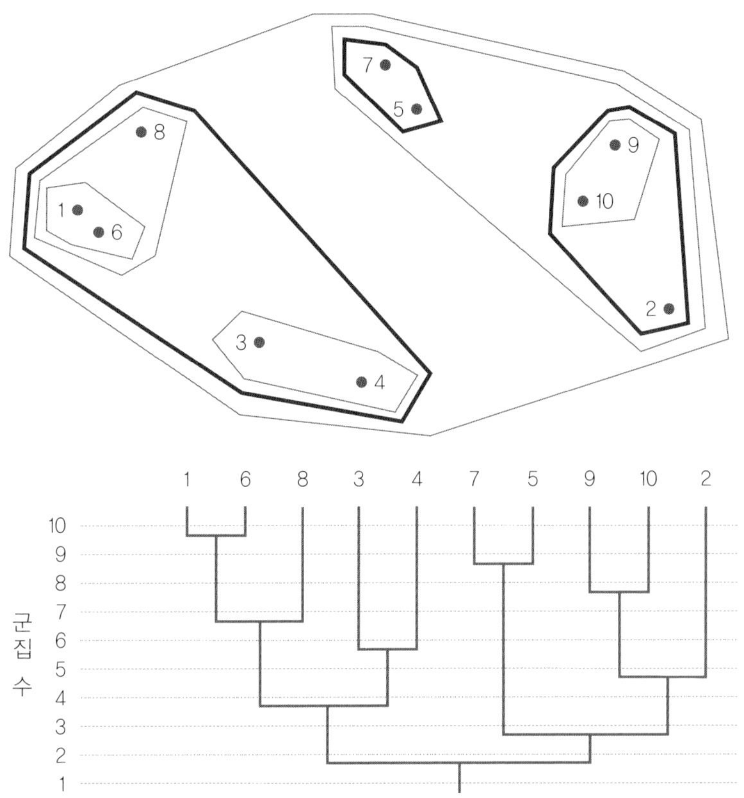

[그림 5-6] 세 개 군집 해법에 강조 표시된, 모든 군집 해법을 보여 주는 가상의 열 개 진술문 포인트 지도(상단)와 위계적 군집 나무(하단)

법의 '기초'로 알려져 있으며, 서로 교차하는 가지 없이 나무를 그릴 수 있는 유일한 순서이다.

다음에서는 개념도 프로젝트에서 원하는 용도에 가장 적합한 군집의 수를 결정하는 방법에 대해 설명한다.

해석을 위한 준비

개념도 연구에서 핵심 분석을 수행하면 유사성 행렬, 포인트 지도로 그릴 수 있는 X-Y 좌표 세트, 지도에 있는 포인트의 가능한 모든 분할을 보여 주는 위계적 군집 나무가 생성된다. 그러나 이러한 예비 분석 결과 중 일부는 연구참여자 집단에게 의미가 거의 없다. 분석가는 참여자 집단이 효과적으로 사용할 수 있는 방식으로 해석에 적합한 결과를 준비하고, 일괄적으로 모을 필요가 있다. 이러한 준비 단계 중 일부에는 분석가가 해석에 앞서 지도를 더 잘 이해하기 위해 수행하는 작업이 포함된다. 다른 것들은 결과들을 일괄적으로 모으기 위한 필수 요건이다.

연결하기/닻 내리기 분석

개념도에서 모든 진술문은 정의(definition)에 의해 지도상의 어떤 위치에 배치되어야 한다. 때때로 다차원 척도법은 한 진술문이 많은 사람에 의해 바로 인접한 진술문들과 함께 분류되었기 때문에 그 위치에 진술문을 배치한다. 이러한 진술문은 지도에서 그 주변의 내용을 잘 반영하기 때문에 지도의 해당 부분에 대한 '닻(anchor)'으로 간주할 수 있다. 다른 경우에는, 한 진술문이 어떤 진술문들과 다소 떨어진 것으로 분류되고 또 다른 쪽에서도 다소 떨어진 것으로 분류되어, 알고리즘이 이를 어딘가에 배치하게 되는 경우이다. 이때 해당 진술문은 중간의 위치에 자리 잡게 된다. 이러한 진술문은 지도상에서 더 멀리 떨어져 있는 두 영역 사이를 연결하거나 관련짓기 때문에 '연결점(bridging)' 진술문으로 간주된다. 그러나 연결점 진술문은 바로 주변의 영역에 대해 덜 알려 주고, 닻 진술문은 인접한 영역에 대해 덜 알려 준다. 분석가는 주어진 진술문이 연결점 역할에 가까운지 또는 닻의 역할에 가까운지 이해하는 것이 유용하다. 이는 지도의 각 영역의 의미와 영역 전반의 역학(dynamics)을 모두 설명하는 데 도움이 되기 때문이다. 일부 개념도 프로그램(Concept Systems Incorporated, 2004)에는 원래의 분류 자료와 다차원 척도법 결과의 조합에서 모든 진술문 또는 군집에 대한 연결점 또는 닻의 값을 계산하기 위한 내장형 독점 지표가 있다. 분석가는 해석 회기를 예상할 때, 지도를 더 잘 이해하기 위해서 이러한 수치를 이용할 수 있다.

최종 군집 수 선택하기

개념도에서 수행하는 핵심적인 의사결정 중 하나는 최종 지도에 몇 개의 군집을 포함할 것인지이다. 이에는 오직 단 하나로 정할 수 있는 '정확한' 군집의 숫자가 존재하지 않고, 군집의 수를 자동으로 선택할 수 있는 수학적 방법도 없다. 왜 그러한가? 우리는 문제를 설명하기 위해 현미경으로 슬라이드를 바라보는 비유를 사용한다. 포인트 지도 자체를 당신이 조사하고자 하는 현미경 슬라이드로 생각하면, 위계적 군집 분석 또는 보다 정교한 위계적 군집 나무는 현미경으로 비유할 수 있다. 우리는 현미경의 '해상능(power)'을 위아래로 조정하여 더 세부적인 사항이나 더 거시적인 수준의 특징을 볼 수 있다. 이는 [그림 5-6]에서 살펴본 바와 같이 군집 나무의 횡단면에서 위 또는 아래로 움직이는 것과 같다. 주목할 것은 슬라이드 자체는 변화하지 않는다는 것이다. 그것은 얼마나 확대해서 볼 것인가(배율)에 따라 시각화되는 것과 같은 현상이다. 현미경을 통해 살펴보는 것에서 맞고 틀린 해상능은 없다. 그것은 모두 우리가 살펴보고자 하는 것에서 얼마나 세부적인 것에 관심을 두고 있는가에 따라 다르다. 유사하게, 개념 지도에서 군집의 수를 결정하는 단일한 숫자는 없다. 왜냐하면 해법은 지도를 어떻게 사용하고자 하는지에 따라 다르기 때문이다. 만약 현재의 프로젝트에 매우 적은 수의 범주로 진술문의 상위 수준 분류를 생성하는 지도가 유용하다면, 분석가는 보다 적은 수의 군집을 선택할 수 있다. 만약 보다 '전략적인' 조작 계획 결과가 필요하다면, 보다 많은 군집을 갖는 지도가 유용할 것이다. 어떤 수학 공식도 당신이 지도의 결과를 어떻게 사용하고 싶은지 알려 줄 수 없다.

때때로 유용하고, 군집 분석의 나무 구조를 고려할 때 특히 적합한 또 다른 비유는 숲과 나무의 비유이다. 숲의 3만 피트 상공에서 비행기를 타고 비행하면 숲의 전체적인 형태, 그리고 숲이 강, 호수, 도시와 같은 주요 지리적 특징과 어떻게 교차하는지를 잘 볼 수 있다. 그러나 세세한 특징은 없어지고 개별적인 나무들은 구별이 불가능하다. 이것은 적은 수의 군집을 가지고 지도의 더 커다란 모습을 살펴보는 것과 유사하다. 반면에, 지면에서 숲을 걷는 경우에는 각 나무나 지역이 모두 구별된다. 이는 세부적인 작업에 유용하다. 그러나 전체 숲의 큰 그림을 볼 수 없다. 이는 당신의 해법에서 많은 수의 군집이 있는 것과 유사하다.

군집의 수를 선택할 때 정형화된 공식은 없다. 그러나 검증과 실천을 통해 수년에 걸쳐 개선한 과정들이 존재한다. 일반적으로 분석가들은 이러한 과정을 혼자 수행하거나 소수의 참여자 자문 집단과 협의하여 수행할 것이다. 이 과정은 일반적으로 많은 참여자 집단과 함께 편안하게 수행하는 것이 불가능할 정도로 복잡하다. 군집 수를 선택하는 데 누가 참여하든 관계없이, 공식적인 해석 회기에서 군집 해법을 사용하기 전에 최소한 참여자 자문 집단이 군집 해법을 검토하도록 하는 것이 좋다. 군집의 수를 선택하기 위해서, 분석가는 방법론과 내용 분석에 의해 나타난 쟁점에 관한 지식, 그리고 당면한 사례에 대해서 이해가 되는 군집 해법을 결정하기 위해서 다른 군집 해법을 조사할 때의 '판단력'을 사용한다. 나무 구조는 위계(계층)의 각 수준에서 어떤 진술문 또는 진술문의 군집이 결합되는지를 알려 준다는 점을 제외하면, 그 가치가 제한적이다. 각 군집 해법에 대한 모든 진술문의 군집 배열을 조사하려고 시도하는 대신에, 여기에 설명된 접근 방식은 나무 구조의 고유한 계층 구조를 활용하고 분석가가 하나의 군집 수준으로부터 다른 군집 수준으로 이동할 때 분석가가 각 군집의 병합을 판단하는 방법에 중점을 둔다.

군집의 수를 선택하기 위해, 먼저 우리가 원하는 상한과 하한을 결정한다. 우리가 이 맥락에서 사용할 수 있는 가장 많은 군집의 수는 무엇인가? 절대적으로 가장 낮은 군집의 수는 무엇인가? 그런 다음, 원하는 가장 높은 군집 수에서 시작하여 가장 낮은 군집으로 이동하면서 군집 수준을 이동할 때 병합되는 항목만을 검토한다. 우리의 목표는 군집 간에 가장 유용한 세부 정보를 유지하는 군집 수준을 찾는 동시에, 이 맥락에서 합리적으로 함께 소속하는 것들을 병합하는 것이다.

예를 들어, 프로그램 계획을 달성하기 위해 설계된 프로젝트에서 100개의 진술문으로 구성된 지도를 사용하여, 맥락을 생각하고 자문 집단과 논의하여 20개 이상의 군집을 갖는 것은 실용적이지 않고, 5개 미만은 원하지 않는다고 결정한다. 나무에서 20개 군집 해법으로부터 19개의 군집 해법으로 이동할 때 병합되는 두 군집의 진술문만을 보고 이 프로젝트의 맥락에서 이들을 함께 유지하는 것과 별개로 유지하는 것 중 어떤 것이 더 합리적인지 판단하는 것으로 시작한다. 그리고 판단은 이 병합이 적절한지에 대해 단순하게 '예' '아니요' 또는 '모른다'처럼 간단할 수도 있다. 이 과정을 기록한 다음, 19개의 군집으로부터 18개의 군집으로의 다음 병합을 살펴본다. 우리는 6개로부터 5개의 군집으로의 병합을 검토할 때까지 우리의 결정사항을 기록하면서 이 과정을 지속한다. 이 시점에서, 우리는 각 군집이 20개에서 5개의 군집으로 병합되는 것에 대한 의사결정의 내용을 기록한 대장(ledger)을 작성했다. 각 군집 수준에서 전체적인 군집 배열을 살펴보는 대신 우리는 병합을 고려하는 두 군집에만 초점을 맞춘다. 십중팔구, 군집 수가 많을수록 우리는 병합에 동의하는 경향이 있다. 나무의 아래쪽으로 이동함에 따라, 우리는 계속 분리된다면 유용성을 지닐 것으로 인식되는 영역을 결합하기 때문에 이해가 되지 않는 병합을 볼 수 있다. 최종 결정을 내리기 위해서, 우리는 나무의 아래로 내려감에 따라 판단의 패턴을 검토하고 병합에 대한 합의가 불일치로 바뀌는 해법을 선택한다. 이에 대한 하나의 정답은 없으며 분석가마다 서로 다른 숫자에 도달할 가능성이 있다.

연구참여자들을 이러한 의사결정에 참여시키는 것은 유용하지만, 이는 관리하기 어려운 집단 과정이고 혼란스러울 수 있으며 참여자에게 상당한 부담을 줄 수 있다. 일부 상황에서는 3~4명의 참여자로 이루어진 소규모 자문 집단을 통해 이러한 결정을 효과적으로 수행할 수 있다. 다른 경우에는 분석가에 의한 결정이 최선이다. 비록 실제로는 단일 군집 해법을 수행한 다음, 참여자에게 '군집들의 군집' 또는 영역들을 시각적으로 확인하도록 요청하는 것이 해석에서 보다 효과적일 수 있음을 발견했지만, 일부 프로젝트에서는 두 가지 수준의 위계를 얻기 위해 서로 다른 두 가지 군집 해법을 선택하는 것이 합리적일 수도 있다. [그림 5-7]은 [그림 5-5]에 있는 포인트 지도의 12개 군집 해법에 대한 가상의 포인트 군집 지도를 보여 준다. 최종 군집 해법에 대한 결정은 일반적으로 분석 과정에서 분석가의 발견 사항을 기반으로 이루어지며, 종종 프로젝트 계획 집단의 주요 구성원과 협의를 통하여 이루어진다.

선택한 군집의 수와 관계없이 기저의 포인트 지도는 항상 그대로 유지된다는 점을 인식하는 것이 중요하다. 이것은 다차원 척도법(포인트 지도)의 기저하는 토대가 해당 공간을 군집으로 분할하

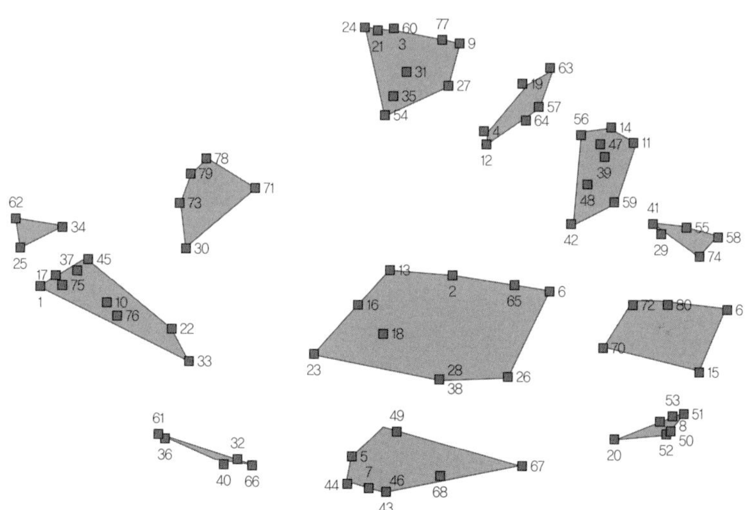

[그림 5-7] [그림 5-5]의 포인트 지도에 대한 12개 군집 해법 포인트 군집 지도

는 것보다 더 많은 가중치를 부여해야 한다고 말하는 또 다른 효과적인 방식이다. 서로 다른 군집 분석 알고리즘은 (다른 분석가가 하는 것처럼) 다른 해법을 산출하기 때문에 최종 군집 배열의 선택은 프로젝트의 요구와 프로그램을 계획하거나 평가하기 위해 결과를 작업할 사람들의 인식에 따라 적절하게 결정된다. 개념 지도에서 위계적 군집 분석은 최종적인 분석보다 최종 해석 가능한 해법에 접근하는 데 더 유용하다. 우리는 항상 우리가 제안할 수 있는 군집 분석 결과들을 다듬고 수정하기 위해 연구참여자들의 판단과 감각을 고려할 준비가 되어 있어야 한다.

군집 명명 분석

연구참여자들이 해석 회기 중 일부로서 군집에 이름을 붙이지만, 분석가들은 이러한 논의를 예상해 볼 수 있다. 어떤 경우에는 분석가들이 추가적인 연구참여자의 작업 없이 군집의 명명들을 제안하는 것이 적절하다. 어떤 경우든지, 분석가가 군집의 명명과 내용의 관계를 더 깊이 이해할 수 있는 간단한 방법은 각 군집 내의 진술문을 검토하고 잠재적인 군집 명명에 대해 생각하는 것이다. 그러나 이러한 접근 방식은 진술문을 분류한 모든 참여자가 각각의 집단에 짧은 명명을 부여했다는 사실을 이용하지 않는다. 분석가는 이러한 많은 개별 집단 명명 중에서 어떤 것이 특정 군집에 가장 적합한지 고려하는 것이 유용할 것이다. 몇 가지 접근 방식을 취할 수 있다. 분석가가 이 작업을 위해 가지고 있는 정보에는 각 군집의 내용(일단, 군집 해법이 결정된 후), 연구참여자들이 분류 단계에서 기여한 제안된 명명, 분석가가 지도의 내용에 대해 스스로 이해한 바를 포함한다. 참여자가 제안한 범주명, 특히 최종 내용과 잘 일치하는 범주명을 살펴보는 것이 종종 유용하다. 물론 분류 작업에서 약간 불일치하게 분류 작업을 했던 사람이 더 좋은 이름을 짓지 못할 수 있다거나 분류를 일치하게 했던 참여자가 군집에 좋은 이름을 잘 지었다는 것은 확신할 수 없다. 명명을 직접 손으로 검토하는 것은 힘들 수 있다. 일부 프로그램(Concept Systems Incorporated, 2004)은 주어진 어떤 군집에 대해 가장 근접한 분류 집단 명명을 식별하거나 각 명명에 대한 지도상의 좌표를 제공하는 고유한 수학 알고리즘을 내장하고 있다. 비록 내용 분석을 지도의 지형과 연결하는 것은 분석가에 의해서 부가적인 질적 검토를 요구할지라도, 분석가는 모든 분류 범주명 중에서 주제들을 확인하기 위해서 내용 분석 방법(Krippendorf, 2004)을 적용할 수도 있다.

해석을 위한 자료 준비

일단 군집 수에 대한 결정이 이루어지면, 해석 회기를 위한 모든 예비 자료를 준비할 수 있다. 일반적인 해석 회기에서 우리는 전형적으로 특정 지도 세트와 그에 수반되는 문서 자료의 유인물을 미리 준비하고 사전에 설정한 순서대로 제시한 다음, 패턴 일치와 방향-위치 지도와 같은 주요 평정 결과의 일부를 예비 발표한다. 해석 회기 동안에는 결과에 대한 통찰을 얻을 가능성이 높기 때문에 그 이후에는 추가적인 결과를 생성하고 예비 명명한 것을 수정할 가능성이 있다.

준비의 핵심 단계에는 각 진술문과 각 군집에 대해 전체 집단, 서로 다른 하위 집단(구분을 위해 인구통계학적 변수들을 활용함), 또는 다른 시점에 대한 참여자의 평균 평정 집계가 포함된다. 평정은 기본적으로 계산된 지도와 결합되어 다음과 같은 네 가지 결과를 생성한다.

- **포인트 평정 지도**: 각 진술문의 평균 평정 점수를 보여 줌
- **군집 평정 지도**: 군집의 모든 진술문에 대한 평균적인 평정을 보여 줌
- **패턴 일치시키기 도표**: 인구통계학적 집단, 특정 시점 또는 기타 변수 사이의 평정 변수에 대한 평균 군집 평정 결과를 비교함
- **방향–위치 도표**: 특정 군집 내 각 진술문에 대한 두 가지 변수의 평균 평정 점수를 보여 주는 X–Y 그래프

포인트 평정 지도는 각 진술문에 대한 참여자 전체의 평균적인 평정 결과를 보여 준다. 마찬가지로, 군집 평정 지도는 참여자의 평정 자료를 사용하여 각 군집의 모든 진술문에 대한 평균적인 평정 결과를 보여 준다. 우리는 일반적으로 더 많은 층위가 더 높은 평균 평정을 의미하는 평균값을 표시하기 위해 군집 층위를 사용하여 이를 그래프로 묘사한다.

패턴 일치시키기는 두 개의 군집 평정 지도로부터 도출된 대응 자료를 비교한다. 패턴 일치시키기는 다양한 목적으로 활용될 수 있다. 그것은 두 집단 참여자 간의 합의, 시간의 경과에 따른 측정의 일관성 또는 변화, 평가에서 결과가 기대하는 바와 일치하는지의 정도를 평가할 수 있다. 방향–위치 도표는 패턴 일치와 마찬가지로 평정을 비교하는 이변량 그래프이다. 방향–위치 지도의 핵심적인 특징은 그래프가 각 변수의 평균 평정값에 의해 사분면으

로 나뉘어 있다는 것이다. 이 명칭은 특히 계획 맥락에서 우측 상단의 사분면이 '목표 지점' 성격을 지니는 특성인, 두 가지 변수 모두에서 평균 이상인 쟁점을 나타낸다는 사실에서 유래된다. 예를 들어, 만약 한 변수가 한 진술문 세트의 '중요도' 평정이고 다른 것은 그들의 '실행 가능성'이라면, '가야 할' 위치는 중요도와 실행 가능성 모두에서 평균 이상의 진술문들이 있는 사분면이 될 것이다. 패턴 일치, 방향–위치 지도들은 유사한 정보를 사용하며, 각각은 군집 수준에서 또는 군집 내의 진술문 세트에 대해 수행할 수 있다. 그러나 패턴 일치시키기는 전형적으로 군집 수준 분석에 사용되며, 방향–위치 지도는 군집 내의 세부 정보를 제공하는 데 더 많이 활용된다. 패턴 일치와 방향–위치 지도는 제6장과 제7장에서 더 자세히 설명될 것이다.

해석 회기를 준비할 때, 분석가는 패턴 일치와 방향–위치 지도를 구성하기 위해 어떤 변수를 사용할지 그리고 참여자들은 어떤 평정을 할지를 결정해야 한다. 대부분의 해석 회기는 시간이 제한되어 있기 때문에, 분석가는 일반적으로 각 그래프가 달성할 수 있는 성과를 참여자들에게 설명하기 위해 가능한 광범위한 결과 중에서 가장 명확한 비교 몇 가지를 선택한다. 해석 회기에서 또는 참여자 자문 집단과의 후속 토론에서, 그들은 이러한 이해를 사용하여 그들이 제작하기를 원하는 다른 비교 일치들과 방향–위치 지도들을 확인할 것이다.

다른 분석 방법

앞서 설명한 분석들은 개념도 프로젝트에서 표준들이다. 그러나 주어진 자료와 요구 또는 상황에 따라, 여러 가지 다른 분석이 유용하게 적용될 수 있다. 예를 들어, 대부분의 개념도 프로젝트에서 우리는 분류에 참여했던 모든 연구참여자에 대한 단일 지도를 산출한다. 집단들을 비교하거나 집단이 어떻게 다른지 평가하기를 희망한다면, 우리는 이 공통 지도를 사용하고 그들에 대한 평정 결과를 대조한다. 그러나 두 집단의 참여자들의 서로 다른 인지 구조에 대한 관심이 분명히 있을 때가 있을 수 있다. 그런 경우 각 집단에 대해 별도의 지도를 산출하는 것이 유용할 수 있다. 앞선 프로젝트에서, 예를 들면 두 개의 주요 집단이 초점 쟁점에 대해 서로 다른 견해를 가질 가능성이 있는 것으로 간주되었다. 그들의 진술문을 단일한 진술문 세트로 묶는 대신, 우리는 각 집단이 자체적으로 분류를 수행하도록 하여 완전히 다른 두 개의 지도를 제작할 수 있게 하였다. 그러나 우리는 두 집단에게 두 개의 진술문 세트 모두에 대해 중요도 평정을 하도록 했다. 이를 통해 우리는 두 집단이 고유한 지도를 살펴볼 때 중요하다고 생각하는 것을 어떻게 비교했는지 확인할 수 있었다.

어떤 경우에서는 개념도 프로젝트에 대한 판단에서 사람들이 집단 또는 하위 집단 내에서 어떻게 차별화되는지를 검토하는 것이 바람직할 수 있다. 물론 이는 단순히 한 집단과 다른 집단의 결과를 가지고 대조하는 것만으로도 쉽게 평가할 수 있다. 그러나 만약 우리가 참여자들의 분류하기 또는 범주로 묶기에서 참여자 간의 유사성 정도를 살펴보려면 참여자들이 어떻게 '지도를 만들 것인지'를 보는 것도 흥미로울 수 있다. 여기서 우리의 관심사는 각 점이 참여자이고, 근접성은 보다 유사한 분류이며, 거리가 떨어진 것은 덜 유사한 분류를 나타내는 지도를 개발하는 것에 있을 것이다. 이를 수행하는 최선의 방법은 진술문과 참여자를 동시에 측정하는 다차원 척도법의 INDSCAL(INDividual SCALing) 변형(variation)을 활용하는 것이다(Davison, 1983; Kruskal & Wish, 1978). 이러한 방식으로, 개념도는 지각 또는 행동의 유사성을 기반으로 서로 다른 사람들 또는 조직 간의 근접성을 보여 주는 네트워크 분석의 한 형태로 유용하게 사용될 수도 있다(Wasserman & Faust, 1994).

지도, 일치, 방향-위치를 그래프로 표시하는 데에는 몇 가지 종류가 있다. 예를 들어, 포인트 평정 지도는 일반적으로 각 진술문 막대의 높이로 평균 평정을 보여 주지만, 또한 단순히 평균 평정 이외의 다른 정보를 표시하는 것도 가능하다. 두 집단을 비교하려면 각 진술문 또는 군집에 대해 두 개의 수직 막대가 나란히 있게 하는 것이 가능할 것이다. 또는 분석가는 100가지 성격을 나타내는 진술문들에 대한 자기 평정에 대해 두 여성 집단 간의 차이를 조사한 연구에서 수행된 것처럼, 집단 간의 차이 검증에서 차이 점수 또는 t-값, F-값을 그래프로 표시할 수 있다(Caracelli, 1989).

요약

자료 입력 후, 개념도의 핵심 분석은 다음의 3단계 순서로 이루어진다.

- 분류 자료로부터 **유사성 행렬**을 구성함
- 2차원 유사성 행렬에 대한 **다차원 척도법**(MDS)
- MDS 좌표값으로 Ward 방법을 활용한 **위계적 군집 분석**

결과의 해석에 앞서서 내려야 하는 중요한 의사결정 중 한 가지는 지도에 필요한 군집의 수이다. 우리는 이 과정을 잘 수행할 수 있는 방법에 대한 지침을 제공했다. 몇 가지의 선택적 분석은 분석가가 지도의 여러 영역의 의미를 이해하거나(연결하기/닻 내리기 분석) 각 군집에 잠재적인 명명(군집 명명 분석)을 이해하는 데 도움이 된다. 마지막으로, 이러한 분석들의 결과로 나온 다양한 자료는 일반적으로 해석 회기에서 효과적으로 사용되기 위해 수정되고 준비된다.

개념도 분석은 표준화된 접근 방식이지만, 다양한 유형의 질문과 문제를 해결할 수 있는 엄청난 유연성과 적응성을 허용한다. 다음 장에서는 결과가 어떻게 협력적으로 해석되고 다양한 계획 및 평가의 맥락에서 사용되는지 보여 줄 것이다.

연습문제

지난 장의 연습문제에서 기록한 진술문 분류 결과를 가져와서 자료에 대한 유사성 행렬을 구성한다. 큰 종이 한 장을 가져와 [그림 5-2]와 같은 표를 구성하라. 만약 20개의 진술문이 있다면, 표에는 다음과 같이 1에서 20까지의 행과 1에서 20까지의 열이 있어야 한다. 첫 번째 분류 범주를 가지고 시작하라. 제시된 예에서는 1, 4, 5, 8번의 진술문이다. 이제, 이 분류 범주에서 한 쌍의 숫자가 있는 모든 셀에 '1'을 입력하라([1,1], [4,4], [5,5], [8,8]의 셀에도 1을 입력하는 것을 기억하라. 왜냐하면 한 진술문은 항상 자기 자신의 범주로 분류되기 때문이다). 첫 번째 분류 범주의 입력값은 다음의 표에서 숫자 1과 별표(1*)로 표시된다. 첫 번째 참여자에 대해 모든 분류 범주에서 이러한 예와 같이 작업을 한 후 나타난 결과는 다음의 표와 같아야 한다. 모든 빈 셀은 0의 값을 갖는 것으로 간주한다.

	1	2	3	4	5	6	7	8	9	10	11	12	13	14	15	16	17	18	19	20
1	1*			1*	1*			1*												
2		1					1					1			1				1	
3			1						1											1
4	1*			1*	1*			1*												
5	1*			1*	1*			1*												
6						1	1					1			1				1	
7		1				1	1					1			1				1	
8	1*			1*	1*			1*												
9			1						1											1
10										1	1		1							
11										1	1		1							
12		1				1	1					1			1				1	
13										1	1		1							
14														1		1	1	1		
15		1				1	1					1			1					
16														1		1	1	1		
17														1		1	1	1		
18														1		1	1	1		
19		1				1	1					1			1				1	
20			1						1											1

다른 참여자들에 대해 이러한 과정을 반복한 다음, 각 셀의 값을 합산한 행렬을 만들라. 이것은 일반적으로, 참여자 수와 모두 동일한 대각선 값을 갖는 비교적 밀도가 낮은 행렬(sparse matrix)이어야 한다. 이 구성된 행렬(composite matrix)을 보면서 다음의 질문에 답하라.

1. 행렬 내에서, 특히 대각선이 아닌 셀의 값이 0보다 큰 패턴이 있는가? 또는 연구참여자의 숫자와 가까운가?
2. 이러한 패턴은 포인트 지도에서 이러한 진술문이 시각적으로 어떻게 배열될 수 있는지에 대해서 무엇을 알려 줄 수 있는가? 예를 들면, 어떤 진술문들이 서로 더 가깝거나 먼가?
3. 이 행렬의 행과 열을 살펴보고, 연구참여자가 특정 진술문을 다른 진술문과 어떻게 분류했는지 살펴보라. 진술문의 표본 크기가 작은 경우, 당신이 보고 있는 패턴을 기준으로 이러한 진술문들을 어떻게 군집화할 수 있는가?
4. 이제 각 진술문에 대해 기록한 연구참여자들의 평정을 살펴보고 높은 상관관계가 있는 진술문들에 대해 평정들이 어떻게 비교되는지 설명하라. 높은 점수로 평정된 진술문이 낮은 점수로 평정된 진술문과 함께 분류되어 있는가? 이러한 평정은 진술문들 간의 관계에 대해 무엇을 알려 주는가?

제6장

다양한 지도 해석하기

해석 회기를 위한 준비

도입 및 안건

포인트 지도 제시

군집 목록 제시 및 군집 명명

군집 지도 제시

포인트 평정 지도 제시

군집 평정 지도 제시

패턴 일치 제시

방향–위치 지도 제시

다양한 지도와 결과의 해석 및 사정

요약

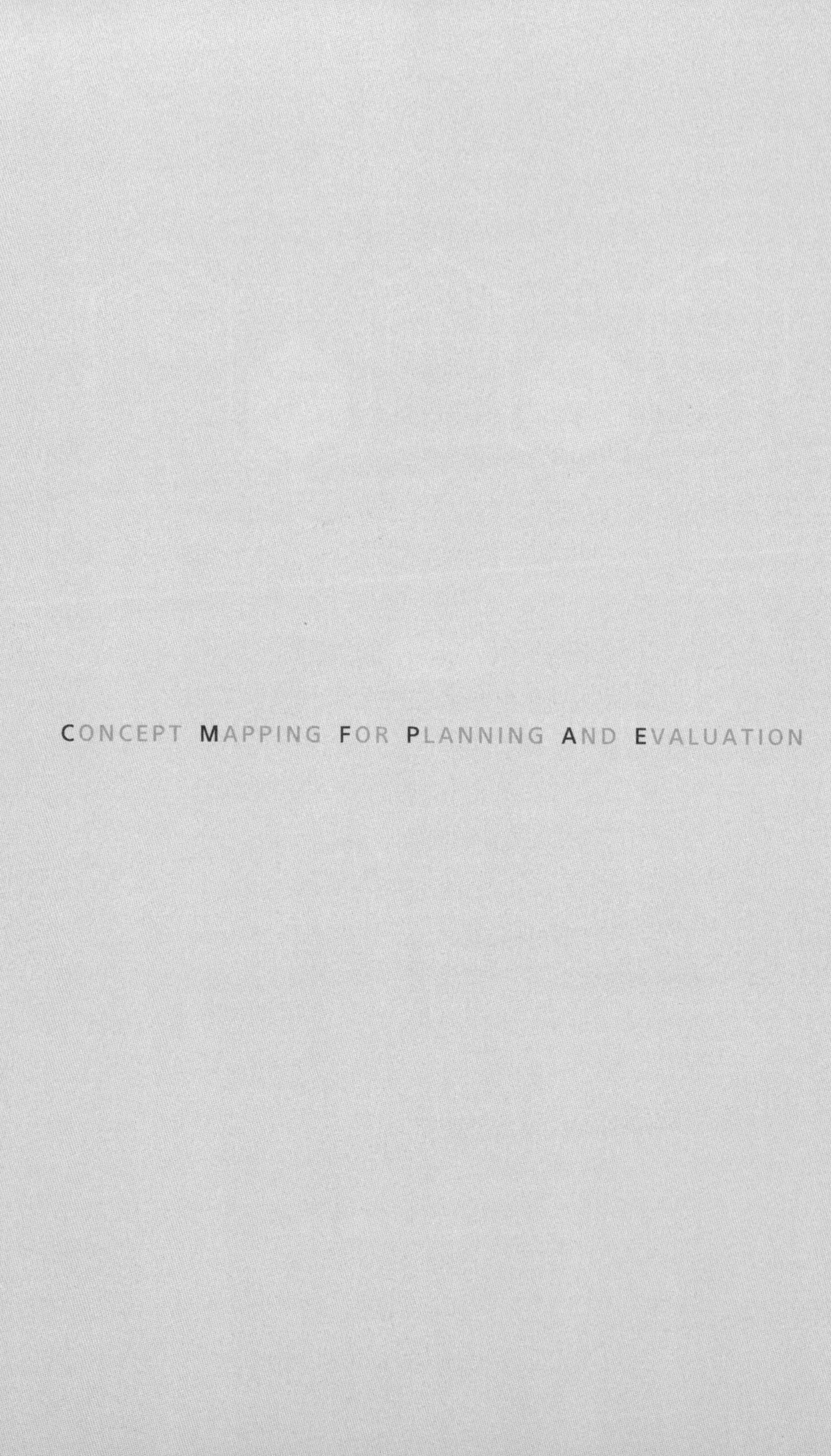

CONCEPT MAPPING FOR PLANNING AND EVALUATION

제6장

다양한 지도 해석하기

결과는 사람들이 보는 것이다. 그러나 당신의 진정한 예술은 과정을 예측하고 경로를 형성하는 것이다.

—From *E techne macre (Art Is Long)*, Vahe A. Kazandjian

지도를 만드는 목적은 통찰력을 만드는 것이다. 집단 전체의 관점을 명확히 하는 개념적 구조 내에서 아이디어를 제시하고, 이러한 결과들을 그들이 관심 있는 것을 변경하거나 측정하는 방식으로 사용할 수 있도록 하는 것이다. 개념도에서 이러한 핵심적인 단계는 일반적으로 이해관계자들이 개념도 분석의 결과로 도출된 지도를 보고 토론하는 해석 회기의 형태이다. 이 회기의 주요 목표는 결과에 대한 연구참여자의 이해, 유용성에 대한 동의를 포함한다.

결과 해석은 일반적으로 이해관계자가 집단의 모든 아이디어 및 서로 간의 관계와 상호작용하는 면대면 실시간 참여 과정이다.

- 해석 회기는 일반적으로 참여자들이 개념도 분석 결과를 보고 이러한 결과를 그들에게 의미가 있는 개념적 분류하기와 연관시킬 수 있는 첫 번째 기회를 나타낸다.
- 또한 참여자들에게 아이디어와 아이디어의 군집들이 서로 어

떻게 연결되는지, 어떻게 평가되는지, 이러한 평가들은 인구통계학적 집단이나 다른 변수에 따라 어떻게 다른지 한눈에 살펴볼 수 있게 한다.

- 마지막으로, 방향-위치 지도와 같은 도표들을 사용하는 이 회기는 참여자들에게 분석 결과 군집 내에서 가장 실행 가능한 아이디어를 보여 준다.

참여자가 개념도 과정이 자신의 개별 아이디어에 제공하는 통찰력을 처음으로 경험하는 것이 이 단계이다. 이 장은 개념도 프로젝트에서 해석 과정을 관리하는 방법을 설명한다. [그림 6-1]은 구조화 과정에 관련된 단계의 개요 흐름도를 보여 준다.

이 과정에는 다음과 같은 핵심 단계가 포함된다.

- **해석 회기를 위한 준비**: 해석 회기를 위한 시설, 세부 준비사항, 자료, 결과 자료를 준비하기
- **도입 및 안건**: 참여하고 있는 이해관계자들에게 프로젝트의 개요 및 회기 활동 개요, 브레인스토밍으로 도출된 아이디어의 요약을 제공하기
- **포인트 지도 제시**: 브레인스토밍된 아이디어 사이의 공간적 관계를 소개하기
- **군집 목록 제시 및 군집 명명**: 군집 분석에서 군집화된 진술문의 목록을 제시하고, 이전에 수행하지 않은 경우, 참여자에게 이름을 명명하도록 안내하기
- **군집 지도 제시**: 군집 분석에서 도출된 아이디어 군집 지도에 대해 논의하기

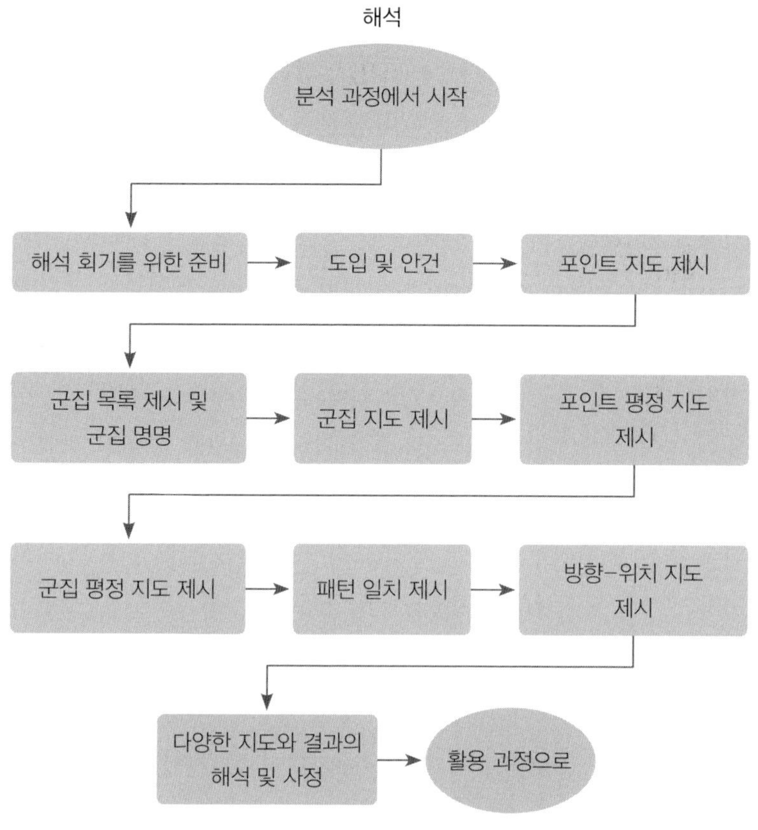

[그림 6-1] 해석 회기 수행을 위한 흐름도

- **포인트 평정 지도 제시**: 포인트 지도에서 브레인스토밍된 아이디어에 대한 평정 결과 논의하기
- **군집 평정 지도 제시**: 군집 지도에서 군집 평정의 도표 제시에 대해 논의하기
- **패턴 일치 제시**: 인구통계학적 집단, 평정 변수 또는 시점과 같은 변수에 대한 군집 평정의 이변량 비교를 제시하기
- **방향-위치 지도 제시**: 두 개의 평정 변수에 걸쳐 평균 이상 및

이하의 순서로 정렬된 진술문들의 사분위 도표들을 표시하기

- **다양한 지도와 결과의 해석 및 사정:** 개념도 결과의 중요성과 잠재적인 유용성에 대해 참여자 토론을 이끌어 가기

해석 회기를 설명하기 위해, 미국 만성질환전문가협회(National Association of Chronic Disease Directors: NACDD)가 후원하고 질병통제예방센터(Centers for Disease Control and Prevention)와 성인 및 지역사회 건강 분과(Division of Adult and Community Health)가 지원한, '건강한 노화(Healthy Aging)' 계획의 일환으로 수행된 개념도 프로젝트에 대해 논의한다. 이 계획은 노화 및 공중보건 기관이 노인의 건강을 개선하기 위한 공중보건 프로그램의 핵심 요소를 사정하는 것을 돕기 위해 고안되었다(Chronic Disease Directors, 2003). 이 프로젝트는 다음과 같은 단계를 포함한다.

- 노화 및 공중보건 분야의 전문가 248명으로 구성된 초청 집단 중에서 123명이 원격 브레인스토밍 과정에 참여하였다.
- 소규모 집단의 주요 이해관계자가 구조화된 분류 및 평정 활동을 수행하였다.
- 개념도 분석을 수행하여 개념 지도, 패턴 일치, 방향-위치 지도를 생성하였다.
- 결과 지도는 해석 단계 및 계획하기에서의 후속 사용을 위해, 초청된 참여자에 대한 연수 과정에서 발표되었다.

이러한 개념도 프로젝트에서의 권고사항은 궁극적으로 '노년층의 건강 개선을 위한 권고사항'이라는 제목의 The Aging States

Project의 보고서[1]를 강화 및 보완하고 우선순위가 높은 실행 계획을 수립하는 데 사용되었다.

연수회를 계획하기에 앞서서, 주최 측은 전용 웹사이트, 우편, 또는 팩스 응답을 사용하여 브레인스토밍 활동에 참여하도록 건강 및 노화에 대한 전문지식을 갖춘 248명의 집단을 초대하였다. 브레인스토밍의 초점은 다음과 같았다.

> 만약 노년층의 건강을 개선하기 위해 주 공중보건 프로그램에 새로운 자원을 사용할 수 있게 된다면, 프로그램이 수행하거나 제공할 수 있어야 하는 구체적인 사항은…….

이러한 브레인스토밍 프롬프트에 123명이 응답하여 전체 489개의 진술문을 생성하였다. 프로젝트 운영위원회의 구성원들은 이후 관련성, 명확성, 중복성을 포함한 기준을 사용하여 최종적으로 98개의 진술문 세트를 만들었다. 그 후 40명의 주요 이해관계자에게 웹사이트를 활용하여 이 최종 진술문들을 분류하도록 요청하였다. 그다음 원래 참여자 집단은 **중요도**(importance)와 **영향**(impact)의 차원에 따라 이러한 98개의 진술문 각각을 1~5점의 응답 양식을 활용하여 평가하도록 요청받았다.

이 예에서, 우리는 일반적인 해석 회기 이면에 있는 개념들을 설명하기 위하여 이러한 해석 회기의 자료와 그 결과로 해석된 지도를 사용할 것이다.

1) 이 프로젝트는 미국 만성질환전문가협회와 계약을 맺고 질병통제예방센터, 성인 및 지역사회 건강 분과의 지원을 받아 수행되었다.

해석 회기를 위한 준비

〈표 6-1〉은 일반적으로 요구되는 필수 장비, 준비물, 지도로 표현된 결과를 포함한 준비 단계에 대한 점검표를 제공한다.

이러한 항목들 중 다수는 생성 및 구조화 회기에서 권장하는 항목과 유사하다. 진행자는 참여자들에게 회기 시간과 장소를 알려주고 결과를 발표하는 방법을 선택한다. 집단에게 결과를 제시하여 참여자들이 지도를 해석할 수 있도록 하기 위해 진행자는 지도를 투사하는 컴퓨터 프로젝터 또는 오버헤드 프로젝터(overhead projector: OHP)를 사용할 수 있다. 오버헤드 프로젝터를 사용하는 방식은 참여자들이 모두 볼 수 있도록 범주명과 다른 구분 사항을 오버헤드에 직접 작성할 수 있게 한다. 소규모 집단에 대해서는 각 참여자가 사용할 수 있는 모든 자료의 종이 사본을 준비하여 각 참여자가 자신의 사본에 집단의 해석을 기록할 수 있도록 하는 것이 좋다. 다시 이야기하면, 시청각적인 문제에 대비하여 대체 절차를 준비하는 것이 중요하다. 이 회기를 진행하는 동안 프로젝션 장비의 '머피의 법칙'이 발생할 수 있기 때문이다. 보통의 경우에는 대체용으로 프로젝터를 준비하고 인쇄용지를 포함하여 종이 자료를 사용하는 정도로 충분하다.

해석 회기에 필요한 기본 개념도 자료는 다음과 같다.

표 6-1 해석 회기 준비를 위한 점검표

과업	담당자	완료 일자
사전 알림		
• 모든 참여자에게 초대장이나 안내문 발송하기		
• 후속 알림 보내기		
발표 방법		
• 발표 방법 선택하기(예: 프로젝터, 종이 유인물)		
• 대체 발표 방법을 사용할 수 있는지 확인하기		
자료		
• 회기의 안건		
• 개념도 과정의 개요		
• 진술문 목록		
• 포인트 지도		
• 군집 목록		
• 포인트 평정 지도		
• 군집 지도		
• 군집 평정 지도		
• 패턴 일치시키기 도표		
• 방향-위치 지도		
• 프로젝터, 스크린, 마커펜, 전기 코드		
• 모든 참여자를 위한 펜 또는 연필		
환경 구성		
• 모든 참여자를 위한 편안한 좌석		
• 적절한 조명 및 음향		
• 모든 사람이 바라보고 참여할 수 있는 좌석 배열		
예행 연습		
• 진행자가 어떤 말을 하고 어떤 행동을 할지에 대한 전체적인 진행 개요 확인하기		
• 해석 회기의 '예비 점검'		

1. **진술문 목록**: 각각의 식별 번호로 표기된, 브레인스토밍으로 도출된 진술문의 원래 목록
2. **군집 목록**: 군집 분석에 의해 군집들로 묶인 진술문 목록
3. **포인트 지도**: 다차원 척도법에 의해 배치된 진술문을 보여 주는, 번호가 부여된 포인트 지도
4. **군집 지도**: 군집 분석에 의해 진술문이 집단으로 묶이는 방식을 보여 주는 군집 지도
5. **포인트 평정 지도**: 진술문에 대한 평균 평정값이 덮어씌워진, 번호가 부여된 포인트 지도
6. **군집 평정 지도**: 군집에 대한 평균 평정값이 덮어씌워진 군집 지도
7. **패턴 일치**: 평정 변수, 인구통계학적 집단, 특정 시점 사이의 절대적 또는 상대적 군집 평정을 비교하는 그래프
8. **방향-위치 지도**: 군집 내 진술문 평정의 이변량 그래프는 두 가지 평정 초점값 각각에 대해 높은 평가를 받은 진술문의 '목표 지점' 사분면을 보여 줌

이들 각각은 이어지는 논의에서 설명된다.

또한 모든 참여자를 위한 안건, 개념도 과정에 대한 간단한 재구조화 개요, 사용 가능한 펜 또는 연필을 제공하는 것이 바람직하다. 해석 회기에서는 참여자 집단의 보다 자유로운 형식의 응답(input)이 필요하기 때문에 세 가지의 잠재적 집단 회기 중에서 관리하기 가장 어려울 것이다. 결과적으로 진행자는 발생할 수 있는 어려움을 예측하기 위해, 이야기할 내용에 대한 개요를 가지고, 가능하다면 회기의 '예행 연습'을 거치는 것이 중요하다.

도입 및 안건

진행자는 회의의 안건 발표와 개념도 과정 및 프로젝트의 현재 상황에 대한 간략한 개요로 해석 회기를 시작한다. 그다음 진행자는 브레인스토밍 단계에서 도출된 원래의 진술문 세트를 나누어 주고 참여자 집단에게 그 진술문들이 브레인스토밍 회기에서 생성

표 6-2 '건강한 노화' 프로젝트의 진술문 예시

번호	진술문
6	지역의 공중보건 직원과 공중보건 전문가들을 위한 노인학 및 노인 교육을 찾으라.
10	노인들이 그들 자신의 건강에 대한 요구를 담당할 수 있도록 하는 자기 관리 프로그램을 개발하라.
13	지역사회 건강 증진 노력의 효과를 향상시키기 위한 체계 변화를 지원하라.
17	건강 증진 프로젝트를 수행하기 위한 지역 협력(공중보건과 노화 서비스)에 약간의 보조금을 후원하라.
24	노인을 위한 메시지를 기존 보건부 프로그램에 통합하라.
34	예비 데모 프로그램을 지원하고 요구와 여건이 가능한 곳에서 반복을 촉진하라.
41	최고의 실천인 기술적 지원을 응용 프로그램으로 보급하고 전환하라.
54	더 많은 노인에게 접근이 될 수 있도록, 건강 주제에 관하여 그들의 동료들을 훈련하기 위해 노인들을 훈련시키는 노력을 지원하라.
75	BRFSS에 질문을 추가하여 노인층의 특별한 문제에 대한 정보를 정기적으로 추가하라.
90	점검 자료에 삶의 질 및 장애와 같은 영향 요인 측정치를 포함하라.

되었음을 상기시킨다. 앞서 설명한 '건강한 노화' 프로젝트의 경우, 98개의 고유하고 관련성 있는 진술문들이 생성되었다. 〈표 6-2〉는 이러한 진술문들의 예를 나타낸다.

포인트 지도 제시

집단이 브레인스토밍으로 도출된 진술문 목록들을 검토한 후, 그들은 이러한 아이디어들이 얼마나 밀접하게 연관되어 있는지를 도표로 보여 주는, 번호가 붙은 포인트 지도를 제공받는다. [그림 6-2]는 '건강한 노화' 포인트 지도를 보여 준다.

진행자는 개별적인 아이디어 분류 단계에서 많은 참여자에 의해 같은 분류 범주로 배치된 진술문이, 많은 참여자에 의해 함께 묶이지 않은 진술문보다 지도상에서 더 가깝게 놓이는 방식으로 모든 진술문이 배치되는 분석 방식을 설명한다. 사람들이 지도에서 가까이에 있는 몇 가지 진술문을 확인하고 원래의 브레인스토밍된 진술문 목록에서 해당 진술문의 문구를 조사하여 그 분석이 진술문들을 의미 있게 배치하고 있다는 개념을 강화할 수 있도록 몇 분 정도의 시간을 허락하는 것이 도움이 된다. 그다음 진행자는 참여자에게 포인트 지도와 기저의 아이디어에 대한 시각적 '관람'을 제공하고 포인트 지도의 의미에 대해 참여자로부터 이해와 동의를 구해야 한다.

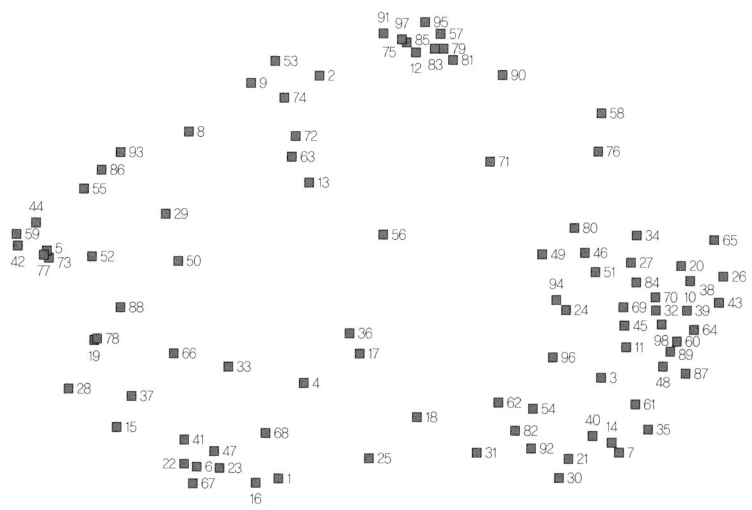

[그림 6-2] '건강한 노화' 개념도 프로젝트의 포인트 지도

출처: Association of State Chronic Disease Directors의 허가를 받아 제시됨.

군집 목록 제시 및 군집 명명

포인트 지도를 검토한 후, 진행자는 참여자들에게 이러한 진술문들을 분류 범주로 묶었으며, 개별 참여자의 묶음들은 전체 참여자 집단에 대해 통합되었음을 상기시킨다. 또한 진행자는 이러한 집단 기반 정보가 컴퓨터 분석 시스템에 입력되었으며, 이 회기의 목적은 그 결과를 해석하는 것임을 설명한다. 그런 다음, 그 진술문들은 군집 분석에 의해 묶인 것에 따라 제시된다. 이는 바로 군집 목록이다.

최종 단계의 '건강한 노화' 분석에서 선택된 여덟 개의 군집을 군집 목록, 그리고 예시 진술문들과 함께 〈표 6-3〉에 제시하였다.

대규모의 이해관계자 집단이 관련된 사례들에서, 핵심적인 집

표 6-3 '건강한 노화' 프로젝트의 군집 목록과 예시 진술문

군집 1	
6	지역의 공중보건 직원과 공중보건 전문가들을 위한 노인학 및 노인 교육을 찾으라.
67	DPH 직원이 건강 증진 및 노화에 대한 지식과 경험을 가지고 있는지 확인하라.
1	보건 전문가를 위한 문화 역량 훈련을 개발하거나 확장하라.
군집 2	
37	노화 및 공중보건 문제에 대한 (기존) 전문가 네트워크를 개발/구축하라.
15	'건강한 노화'를 위한 보조금 신청서 작성 능력을 개발하거나 더 많은 기금을 얻기 위한 모금 활동을 하라.
36	주 및 지역 수준에서 증거 기반 프로그램 모델의 사용을 권장하라.
군집 3	
8	건강한 노화를 지원하기 위해 주 및 지역 수준에서 정책 개발을 촉진하라.
5	SUA와 CDC의 예방 연구 센터와 협력 관계 및 연구 프로그램을 수립하라.
42	교회, 전문대학, 대학과 같은 자원을 사용하여 지역사회 내의 다른 집단과 협력하라.
군집 4	
56	다른 이해관계자들과 함께 노인의 정신건강 문제에 대한 공중보건 대응을 조정하라.
74	이용 가능한 최선의 과학을 기반으로 정책 제안을 만들라.
13	지역사회 건강 증진 노력의 효과를 향상시키기 위한 체계 변화를 지원하라.
군집 5	
75	BRFSS에 질문을 추가하여 노인층의 특별한 문제에 대한 정보를 정기적으로 추가하라.
81	질병 및 상해에 대한 BRFSS 및 기타 자료 출처를 사용하는 '______에서의 노인을 위한 건강 상태'에 대한 보고서를 준비하라.
57	노인의 건강에 관한 자료를 수집, 해석 및 보급하라.

군집 6	
58	현장에서 사용할 실용적인 평가도구들을 개발하라.
90	점검 자료에 삶의 질 및 장애와 같은 영향 요인 측정치를 포함하라.
71	노인의 건강한 행동을 장려하는 정책(건강 관리, 지역사회, 제도적 환경)을 모델링하라.
군집 7	
98	고령자의 신체 활동을 증진시키는 프로그램을 개발하라(국가적인 청사진 실행).
26	교통 수단으로 서비스에 대한 접근성을 향상시키라.
51	노화에 공통적인 만성 건강 문제를 예방하거나 예방할 수 있는 효과적인 지역사회 개입을 확인하라.
군집 8	
7	다양한 채널을 통해 노인들에게 다가갈 수 있도록 건강 주제에 대해 주 전역으로 미디어 캠페인을 실행하라.
82	약물 관리에 대한 정보 및 교육을 제공하라.
18	다양한 인종/민족 그리고/또는 이민자 인구의 요구를 해결하기 위한 자원들을 제공하라.

단 구성원 또는 회기 주최자들은 종종 해석 회기 이전의 합의에 의해 군집들의 이름을 명명한다. 그러나 집단과 진술문 내용에 따라서, 진행자는 해석 회기 동안에 참여자들이 군집에 이름을 붙이도록 선택할 수 있다. 이러한 과정은 회기에 시간을 더하는 동시에 참여자 집단 전체 내에서 논의를 촉진하고 합의를 이끌어 내는 이점을 가질 수 있다.

각 참여자에게는 5~10분의 시간이 주어지고, 각 군집에 대한 전체 진술문을 읽고, 진술문 세트를 군집으로 가장 잘 설명하거나 이름을 지정하는 것으로 보이는 짧은 문구나 단어를 생각해 내고, 군집 목록에 대해 잠정적인 군집 이름들을 적어 보도록 요청된다. 참여자들은 개별적으로 또는 3~4명의 소집단으로 군집의 이름을 지정하도록 요청된다. 그들은 내용에 기반한 추천 의견을 만들어 내는 데 도움을 주기 위해, 그리고 보다 말이 많거나 지배적인 집단 구성원이 타인에게 줄 수도 있는 대인관계적 압력을 최소화하도록 돕기 위해 군집 목록과 포인트 군집 지도 모두를 사용한다.

각 사람이 각 군집에 대한 잠정적인 이름을 가질 때, 집단은 수용 가능한 군집 이름에 대한 집단 합의를 달성하기 위해 군집별로 작업을 한다. 이것은 종종 흥미로운 협상 작업이다. 각 사람이 차례로 특정 군집에 대한 이름을 지정할 때, 집단은 종종 합의를 볼 수 있다. 덜 명확하게 정의된 군집의 경우, 집단은 절충된 이름을 할당하는 데 약간의 어려움을 겪을 수도 있다. 그 군집 내의 진술문들은 실제로 몇 가지 다른 아이디어를 포함할 수 있고, 높은 군집 해법이 선택되었다면 진술문들은 하위 군집들로 세분화될 수도 있을 것이다. 이러한 경우에는 진행자가 아마도 몇몇 개인으로부터의 제목을 조합함으로써 혼성(hybrid) 이름을 사용하도록 제한할 수도 있다. 아무튼, 집단은 이러한 이름들이 잠정적이며 이후에 수정될 수 있다는 이야기를 듣는다. 어떤 경우에는 군집의 이름에 대한 합의가 이루어지지 않고, 그 군집은 현재로서는 공백으로 둘 수 있고 나중에 채워질 수 있다는 이야기를 듣는다. 다른 대안은, 필요하다면, 그 군집에는 진행자가 준비할 '채워 넣기(placeholder)'라는 이름(표식)을 붙이는 것이다.

군집 지도 제시

해석에 참여하는 그 집단이 각 군집의 이름들에 대한 합의에 도달하거나 이름 지정을 연기하는 데 동의하면, 그들은 분석에서 그들이 방금 이름을 정한 군집화된 진술문 목록에 제시된 대로, 점들을 묶음으로 조직했다는 것을 듣게 된다. 진행자는 군집 지도를 제공하고 참여자는 지도가 군집 목록에서 조금 전에 본 것과 정확하게 같은 군집으로 묶이는 과정을 시각적으로 묘사한다는 것을 보여 준다. 이 시점에서, 진행자는 참여자들이 군집화 이면에 있는 의미들을 보도록 돕기 위하여 이 군집 지도를 기존의 포인트 지도(포인트 군집 지도)에 덮어씌우는 것이 종종 유용하다.

[그림 6-3]은 '건강한 노화' 군집 지도를 나타낸다.

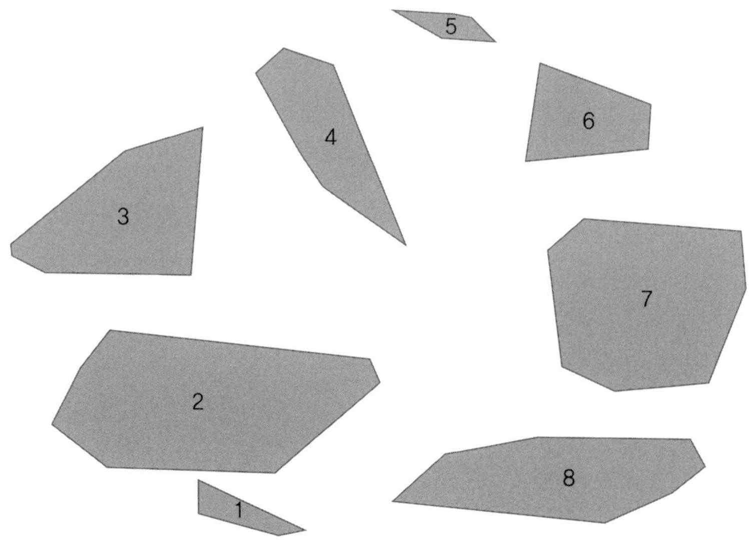

[그림 6-3] '건강한 노화' 개념도 프로젝트의 군집 지도

진행자는 해석 회기 참여자 집단에게 군집 지도의 적절한 군집 옆에 논의 결과로 도달한 군집 이름을 작성하도록 요청한다. 그런 다음, 진행자는 그들에게 이 명명된 군집 지도를 검토하여 이해가 되는지 확인하도록 요청한다. 진행자는 이 참여자들에게 일반적으로 개별 항목과 마찬가지로 군집 지도에서 서로 더 가까운 군집들은 더 멀리 떨어져 있는 군집들보다 개념적으로 더 유사하다는 것을 상기시킨 다음, 이것이 사실로 보이는지 아닌지를 사정하도록 요청해야 한다. 해석 회기 참여자는 각 군집을 차례로 읽어 가면서, 지형도에서처럼 시각적 구조가 이해가 되는지 여부를 보기 위해 어떤 지점에서 시작하여 전체를 횡단하며 여행을 할 수도 있다.

이 최종 명명된 군집 지도는 개념적 구조와 개념도 과정의 기본

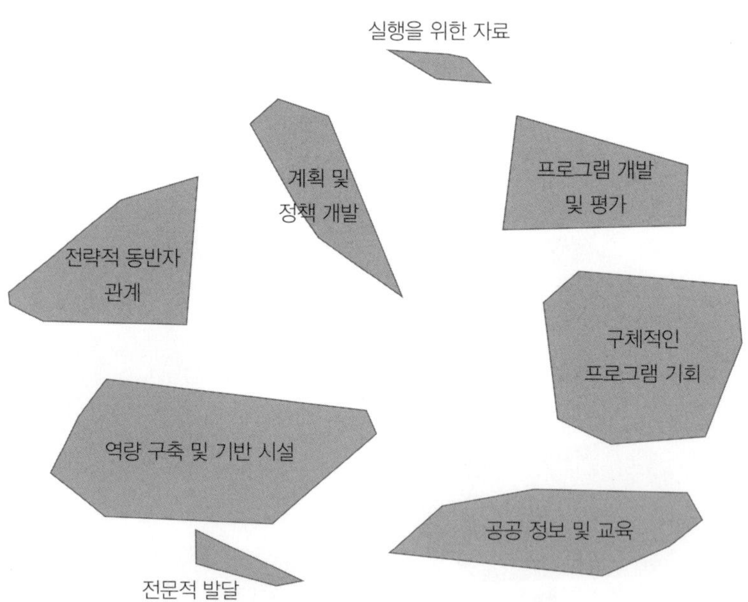

[그림 6-4] '건강한 노화' 개념도 프로젝트의 최종 명명된 군집 지도

출처: Association of State Chronic Disease Directors의 허가를 받아 제시됨.

결과를 구성한다. [그림 6-4]는 '건강한 노화' 프로젝트에서 얻은 지도를 보여 준다.

어떤 사례들에서 참여자는 어떤 의미 있는 묶음 또는 군집들의 군집(clusters of clusters)에 대해 토론하기 위해 하나의 더 큰 관점을 갖도록 요청받을 수 있다. 종종 집단은 몇 가지의 주요한 '지역'을 인식할 수 있다. 이에 대해 논의하고 지도에 대략적인 분할선을 그려서 서로 다른 지역을 나타낸다. 군집의 이름을 지정할 때와 마찬가지로 참여자 집단은 이러한 지역들의 이름에 대한 합의에 도달하려고 시도한다.

진행자는 해석 회기 참여자들에게 이 최종 지도가 그들의 결과물임을 상기시켜야 한다. 이는 전적으로 참여자들이 자신의 언어로 생성한 진술문과 분류 범주로 만들었던 것에 기초하고 있다. 지도상의 명명들은 그들이 이름 붙인 범주들을 나타낸다. 비록 컴퓨터 분석이 일반적으로 합리적인 최종 지도를 생성할지라도, 해석 회기 참여자 집단은 당면한 개념화 작업과 그들에 대해 그것이 타당할 때까지 최종 지도를 변경하거나 재배열하는 것을 자유롭게 느낄 수 있어야 한다.[2] 이 시점에서 진행자가 평가 또는 계획을 위한 아이디어에 대해 지도가 알려 주는 것이 무엇인지에 대한 일반적인 토론에 참여자를 참여시키는 것이 유용하다.

2) 한편, 우리는 참여자들이 아예 이러한 결과들을 무시하거나 변경하라고 자료를 수집하고 다변량 분석을 실시한 것은 아니다. 다른 한편, 우리는 참여자의 판단 없이 개념적 구조를 결정하기 위해 컴퓨터에 의해 생성된 알고리즘을 원하는 것도 아니다. 아마도 이러한 긴장을 해결하는 가장 좋은 방법은 지도가 다변량 분석의 결과로만 묘사되지 않도록 참여자 집단이 결정한 지도에 대한 모든 변경 사항이 공개적으로 수행되고 명확한 기록을 유지하도록 보장하는 것일 것이다.

포인트 평정 지도 제시

만약 구조화 단계에서 평정이 진행되었다면, 진행자는 다음으로 포인트 평정 지도를 제시한다. 참여자들은 각 점이 이제 해당 진술문에 대한 평균 평정값을 나타내는 막대로 표시된다는 점을 제외하면 이 지도가 원래의 포인트 지도([그림 6-2])와 동일하다는 것을 보게 된다. [그림 6-5]는 '건강한 노화' 연구의 포인트 평정 지도를 보여 준다.

이 지도는 참여자들에 의해 정의된 대로 진술문들에 대한 '가치 차원'을 나타내며, 해석 회기 참여자들은 평정의 패턴을 찾도록 진행자에게 격려받아야 한다. 지도에서 일관성 있게 높거나 낮은 평정을 나타내는 특정한 영역들이 있는가? 이것은 당면한 문제 또는

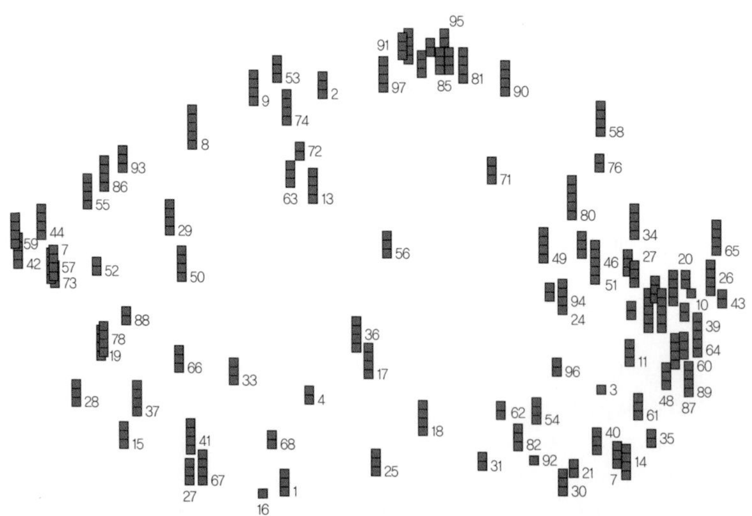

[그림 6-5] '건강한 노화' 프로젝트의 포인트 평정 지도

쟁점에 대해 무엇을 의미하는가? 일반적으로 참여자 집단이 감지할 수 있는 패턴을 논의하는 데 5~10분 정도가 소요된다.

논의의 이 시점에서(이전에는 나타나지 않았더라도) 의견과 해석에서의 차이가 일반적으로 표면화되기 시작할 것이다. 참여자들은 진행자가 그들을 위해 결과를 해석하거나 누구의 해석이 올바른지 판단해 주기를 원할 수도 있다. 그러한 경우에 진행자는 개념도는 참여자가 수행하고 이야기한 결과이며, 이해하고 해석하는 것은 그들의 몫이라고 짚어 주는 것이 중요하다. 의견의 다양성은 거의 항상 집단 내에서 존재한다는 것을 언급하는 것도 유용하다. 개념도 자체가 반드시 합의로 이어지는 것은 아니지만, 집단 내에서 의견의 다양성을 견지하기 위한 일반적인 개념적 구조를 제공하는 것은 정말로 중요하다. 또한 참여자는 개념도 과정과 관련하여 '만약……'이라는 질문을 시작할 수도 있다. 예를 들어, 그들은 다른 하위 집단에 대해 포인트 평정 지도를 개별적으로 다시 그리면 어떻게 되는지 알기를 원할 수 있다. 질문은 권장되어야 한다. 합리적이고 실행 가능한 한, 진행자는 실제로 그러한 입력값을 사용하여 다음 회기에서 조사할 수 있는 더 많은 지도를 구상할 수 있다.

군집 평정 지도 제시

다음으로, 군집 평정 지도가 해석 회기 참여자들에게 제시된다. 참여자들은 이 지도가 평균 군집 평정을 표시하는 데 층(layering)이 사용된다는 점을 제외하고는 군집 지도([그림 6-3])와 동일하다는 것을 보게 된다. 참여자들은 군집 및 지역 이름을 작성하도록 요청받고, 만약 있다면 지역 경계를 그릴 것을 요청받는다. 원래의 군집 지도와 마찬가지로, 진행자가 개별적인 진술문 평정과 총합 군집 평정 간의 비교를 보여 주기 위해 이 군집 평정 지도를 포인트 평정 지도에 덮어씌우는 것이 종종 유용하다.

[그림 6-6]은 '건강한 노화' 연구의 중요도 평정에 대한 군집 평정 지도를 보여 준다. 이러한 결과는 '전략적 동반자 관계' '구체적인 프로그램 기회'가 예를 들어 '계획 및 정책 개발' 또는 '공공 정보 및 교육'보다 상대적으로 더 중요하다고 간주되는 것을 제안한다. 군집 평균이 항상 그 안에 있는 진술문의 평정값을 나타내는 지표는 아니다. [그림 6-6]은 '건강한 노화' 연구에서 군집 8 '공공 정보 및 교육'이 모든 군집 중 가장 낮은 군집 평균 중요도 평정을 가진다는 것을 보여 준다. 그러나 진술문 18([그림 6-5]에서 가운데 아랫부분)

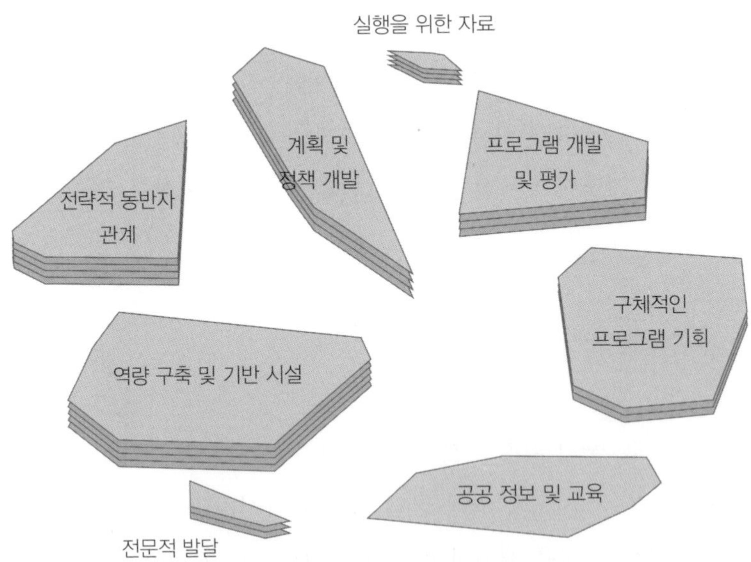

[그림 6-6] '건강한 노화' 프로젝트의 중요도 평정에 대한 군집 평정 지도

출처: Association of State Chronic Disease Directors의 허가를 받아 제시됨.

'다양한 인종/민족 그리고/또는 이민자 인구의 요구를 해결하기 위한 자원들을 제공하라.'는 상대적으로 중요도가 높은 것으로 평정되었다. 진행자는 평정을 논의할 때 평가 또는 계획 작업에 기저가 되는 아이디어에 대해 참여자들이 제안한 것을 고려하기 위해 해석 회기 참여자들을 지원해야 한다.

평정 자료는 네 가지 질문에 답할 수 있는 추가적인 정보를 제공한다.

- 비록 모든 아이디어가 중요할지라도, 어떤 아이디어가 상대적으로 가장 중요한가? 다시 말해서, 모든 아이디어 중에서 확실한 우선순위가 있는 보다 적은 수의 아이디어가 있는가?
- 어떤 아이디어가 건강에 영향을 미치는 데 가장 큰 잠재 가능성이 있는가?
- 개념들 중에서 건강에 대한 중요도와 영향의 관계는 어떠한가?
- 공중보건 전문가와 노화 전문가는 다른 우선순위를 갖는가?

이러한 질문들은 이 장에서 다음에 논의될 두 가지의 부가적인 도표 유형들인 패턴 일치시키기, 방향–위치 도표를 연구함으로써 가장 잘 해결되는 경우가 많다.

패턴 일치 제시

제5장에서 논의되었던 것과 같이, 패턴 일치시키기는 집단 간 합의 또는 결과의 일관성과 같은 중요한 질문을 해결하기 위해 두 평

정 세트가 서로 간에 어떻게 비교되는지 보여 주기 위해 사용된다. 패턴 일치시키기는 비록 군집들 내의 진술문에 대해서도 이루어질 수 있지만, 전형적으로는 군집 수준에서 이루어진다.

패턴 일치시키기는 한 쌍의 절대적 또는 상대적 척도에서 군집 평정값들을 연결하는 선을 제시하는, 일반적으로 **사다리 그래프**(ladder graph) 표현으로 알려진 것을 사용하며, 두 평정 패턴들 사이의 전반적인 상호 관계 강도를 보여 주는 피어슨 적률 상관('r') 값과 함께 제시된다. 비교할 수 있는 변수들의 몇 가지 예는 다음과 같다.

- 중요도와 실행 가능성과 같은, 서로 다른 평정 변수들
- 직원 대 경영진, 공중보건 대 옹호 집단 참여자, 정부 대 민간 부문, 또는 기타 등 서로 다른 인구통계 집단들
- 동일 변수에 대한 서로 다른 시점의, 두 개의 분리된 계획 회의에서의 군집 평정과 같은 평정값

진행자는 개념도 발표에 이어서 집단에게 이러한 패턴 일치시키기 도표를 제시하고, ―평정 우선순위, 이해관계자 집단 간, 시간의 경과, 또는 도표들을 생성하기 위해 사용된 어떤 비교 준거에 따라서도―그들(참여자 집단)에 의해 강조된 합의 영역 또는 차이 모두에 대한 집단 토론의 기초로서 그 도표들을 활용한다.

'건강한 노화' 프로젝트의 경우, 중요도와 영향력의 두 평정 변수 사이에서 군집 평정의 비교뿐만 아니라 각 변수에 대해 노화 기관 대 공중보건 기관을 비교하는 패턴 일치시키기 결과들을 생성하였다. [그림 6-7]은 중요도 대 영향력에 대한 패턴 일치를 보여 준다.

이 그림은 중요도와 영향력 평정 사이에 거의 모든 군집, 특히 상

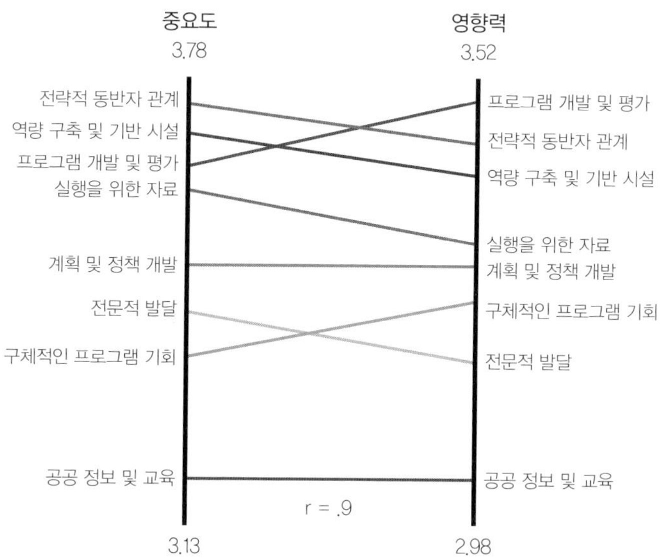

[그림 6-7] '건강한 노화' 프로젝트의 중요도 대 영향력에 대한 패턴 일치시키기 도표

대적 군집 평정과 높은 전체 상관 값(r = .9) 사이에 상당히 강한 관계가 있음을 보여 준다. 이러한 자료의 결과로서 이 프로젝트 운영위원회는 군집 평가에서만 중요도 평정에 초점을 두기로 선택하였다. 그러나 다른 개념도 프로젝트들은 중요도와 실행 가능성과 같은 군집 평정 변수들 사이에서 종종 큰 차이를 보인다. 이러한 사례들에서, 그러한 패턴 일치시키기 도표들은 참여자들에게 계획 활동에 영향을 미치는 정책 또는 기반 시설 문제를 명료화할 수 있는 요구와 자원들 사이의 간극과 같은 영역에서 중요한 피드백을 제공한다.

[그림 6-8]에서 나타난 것과 같이, 이러한 특정 연구에서 노화 기관 대 공중보건 기관 사이에 군집 평정을 비교하는 패턴 일치시키기 도표에서 보다 흥미로운 일련의 결과들이 발견되었다. 이 패턴

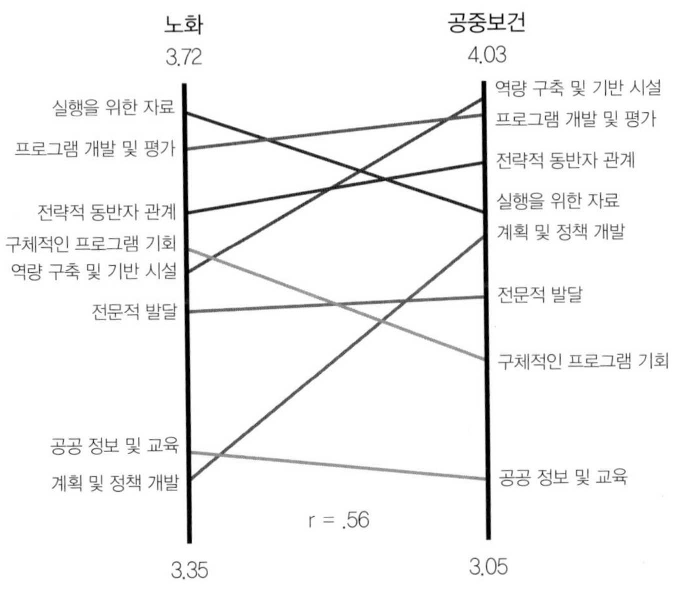

[그림 6-8] 건강한 노화 프로젝트의 노화 기관 대 공중보건 기관 참여자의 패턴 일치시키기 도표

일치는 '계획 및 정책 개발' 군집에 대한 두 집단 사이의 상대적 평균 군집 중요도 평정에서 불일치를 보여 주었으며, 이 주제는 공중보건 전문가에게는 상대적으로 높게, 노화 서비스 제공자들에게는 가장 낮게 평정되었다.

방향-위치 지도 제시

마지막으로, 진행자는 집단이 각 군집 내에서 진술문들의 상대적 평정을 이해하도록 돕는다. 이에 대한 한 가지의 접근 방식은 각 군집에 대해 방향-위치 도표를 제시하는 것이다. 앞서 설명했듯이,

방향-위치 지도는 각 변수에 대해 평균 위 또는 아래로 나누어 구성된 사분면 내에 표시되는 평정에 대한 이변량 X-Y 그래프이다.

우측 상단 사분면 또는 '목표 지점'에 있는 진술문은 일반적으로 각 군집 내에서 가장 실행이 가능한 아이디어를 나타낸다.[3] 그러나 진행자는 참여자들이 이 오른쪽 상단 사분면 안팎에서 이러한 진술문 평정의 영향에 대해 이야기하도록 하는 것이 중요하다. 예를 들어, 중요도가 높고 실행 가능성이 낮은 진술문은 참여자들에 의해 실행할 항목들로 제기될 수 있는 절차적 또는 관리적 병목 현상을 가리킬 수도 있다. 마찬가지로, 직원에게 매우 중요하고 관리자에게 낮은 중요도를 갖는 진술문은 전략적 계획 활동의 일부분으로서 작업 현장의 우선순위에 대해 논의를 시작할 수 있다.

[그림 6-9]는 '건강한 노화' 연구에서 앞서 제시한 '전략적 동반자 관계' 군집에 대한 방향-위치 도표의 예를 보여 준다. 이 도표는 군집 내의 각 진술문을 보여 주고 공중보건 기관 참여자들(X축)과 노화 기관 참여자들(Y축)에 의해 중요도가 어떻게 평정되었는지를 보여 준다. 이 예에서 우리는 52번(노화에 따른 협력적 건강 증진 프로그램을 개발하기 위해, 학술 기관과 계약하기 위한 자금을 제공하라)과 같은 진술문은 두 집단 모두에서 평균 이하로 평정된 반면에, 진술문 50번(이 특정 연령 집단에 초점을 맞추기 위해 기존 범주형 보조금에 건강한 노화를 통합하라), 44번(SHD/SUA/AAAs 및 LHDs 전반의 계획 조정에 기여하라)과 같은 아이디어들은 노화 및 공중보건 참여자 집

3) 이 논의는 높은 값이 '양수'인 두 변수를 가정한다. 만약, 예를 들어 높은 값이 '음수'인 중요도(X축) 대 '부담'(Y축)을 측정한 경우, 목표 지점은 실제로 우측 하단의 사분면이 될 수 있다.

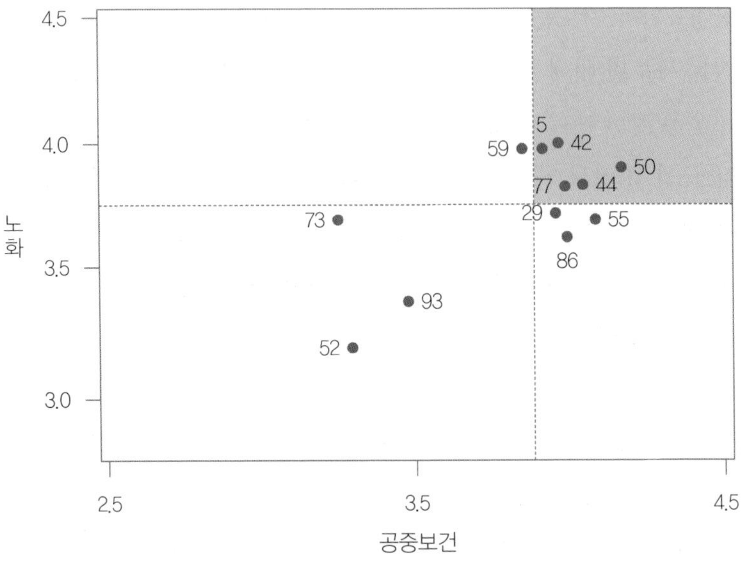

우측 상단의 목표 지점(GO-ZONE) 진술문

- SUA와 CDC의 예방 연구 센터와 협력 관계 및 연구 프로그램을 수립하라. (5)
- 교회, 전문대학, 대학과 같은 자원을 사용하여 지역사회 내의 다른 집단과 협력하라. (42)
- SHD/SUA/AAAs 및 LHDs 전반의 계획 조정에 기여하라. (44)
- 이 특정 연령 집단에 초점을 맞추기 위해 기존 범주형 보조금에 건강한 노화를 통합하라. (50)
- SHD와 SUA 사이에 상호 논리적이고 도움이 되는 연결을 형성하라. (77)

[그림 6-9] 공중보건 및 노화 기관 참여자의 평균적인 중요도 평정을 보여 주는 '건강한 노화' 프로젝트의 목표 지점(Go-zone)

출처: Association of State Chronic Disease Directors의 허가를 받아 제시됨.

단 모두에 의해 중요도에서 평균 이상으로 평정되었음을 확인하였다. 다른 진술문들(29, 55, 86번)의 군집은 공중보건 집단에 의해서는 중요도에서 평균 이상으로 평정되었으나, 노화 집단에서는 평균 이하로 평정되었다. 그러나 중요도 평정의 범위는 평균과 매우 가까웠으며, 우측 상단 사분면 영역에서 평정 점수의 4분의 1 이내였다.

다양한 지도와 결과의 해석 및 사정

이 과정은 지도의 민감성과 그 시사점에 대한 일반적 논의로 이어진다. 지도의 주제는 이제 중요한 것이 무엇인가, 완료된 것은 무엇인가, 전달된 것은 무엇인가, 또는 영향을 받은 것은 무엇인가와 같은 관심의 측정치와 연결될 수 있다. 지도는 과업 및 과제를 개발하고 결과물을 확정하거나 관리 및 보고 구조를 설정하기 위해 진술문, 군집, 평정을 사용하여 연구 중인 프로젝트에 대한 실행 계획을 추진할 수 있다. 지도는 평가에 활용하기 위한 측정치를 조작하기 위한 개념구조를 제공할 수 있다.

회기의 이 시점에서, 전반적인 개념도 구조의 의미에 대해 참여자들 사이에 일반적인 동의가 있는지의 여부를 분명하게 해야 한다. 서로 다른 개인들은 다양한 진술문의 상대적 중요도나 배치에 대해 불일치를 보일 수 있으며, 그러한 불일치를 차단해서는 안 된다. 그러나 비록 세부적인 사항에 대해 의견의 불일치가 있더라도, 새로 생겨난 일반 구조의 적합성에 대해 어느 정도의 합의는 변함없이 분명하다는 것이 우리가 경험해 온 것이었다. 몇몇 집단에 대해서, 해석 회기는 공식적인 개념도 과정의 종료일 수 있다. 그들은 그들 스스로 후속 활동에서 지도들이 어떻게 사용될 것인지 결정해야 할지도 모른다. 그러나 대부분의 프로젝트에서 계획, 평가, 또는 두 가지 모두를 위한 지도의 활용을 최소한 초기에 고려하는 것을 공식적 과정에 포함시키는 것이 필수적이다. 이 주제는 이후에 제시되는 두 장의 초점이다.

요약

해석 회기는 참여자들에게 개념도 도표를 보여 주기 위하여 구조화된 연속적인 단계를 사용하며, 그 결과를 해석할 때 참여자들을 참여시킨다. 일반적으로 다음과 같은 순서이다.

- 진술문 목록 제시
- 포인트 지도 제시
- 군집 목록 제시
- 군집에 대한 개별적인 이름 지정
- 군집에 대한 집단 이름 지정
- 군집 지도 제시 및 군집 이름 기록
- 어떤 영역과 그들의 이름 확인
- 포인트 평정 지도 제시
- 군집 평정 지도 제시 및 모든 이름과 영역 구분 기록
- 패턴 일치시키기와 방향-위치 지도 제시
- 다양한 지도의 해석 및 사정

이 과정은 참여자들로 하여금 자료 그리고 자료 이면에 기저하는 관계에 대한 폭넓은 관점을 갖고, 이후의 조치와 공식적 계획 및 평가 과정 모두를 이끌어 낼 수 있는 방식으로 그들을 해석하도록 안내한다.

연습문제

이 연습에서 당신은 '건강한 노화' 개념도 프로젝트의 해석을 재현하거나 '모의연습'할 것이다. 당신이 이 작업을 집단원들과 함께 수행한다면 가장 좋을 것이다. 당신은 연구진행자 또는 연구책임자의 역할을 할 수 있고 연구참여자 역할을 할 친구들 또는 동료 집단에게 연락할 수도 있다. 만약 수업에서 이 작업을 한다면, 두 집단으로 나눌 수도 있다. 한 집단은 연구진행자와 연구책임자의 역할이고, 다른 집단은 연구참여자의 역할이다. 연구참여자 집단은 역할 연습 이전에 이 장을 읽지 **않는다면** 가장 좋을 것이다.

1. 연구진행자/연구책임자 팀은 〈표 6-1〉에 있는 점검표를 의논하기 위해 만난다. 그들은 필요한 모든 자료와 절차가 완료되었는지 확인하기 위해 목록의 각 항목을 전체적으로 살펴야 한다. 만약 가능하다면, 그들은 그 회기의 예행연습을 거쳐야 한다.

2. 연구참여자 집단은 그들의 역할에 대해 설명을 들어야 한다. 그들은 다음의 지시사항을 들어야 한다.

   당신은 노인의 건강을 향상하기 위한 요구 평가 프로젝트에 참여하고 있는 노화 및 공중보건 기관을 대표하는 사람들 집단의 역할을 맡게 될 것이다. 이미 진행된 이 집단의 첫 번째 회의에서, 당신의 집단은 노인층을 대상으로 하는 공중보건 프로그램의 핵심 요소와 관련된 98개의 진술문을 브레인스토밍했다. 이러한 진술문은 별도의 종이에 입력되었고, 각자는 98개의 진술문을 당신에게 얼마나 유사하게 보이는지에 따라 범주로 분류했다. 게다가 그 후에 당신은 두 가지의 평정 준거, 중요도와 영향력 각각에 대해 1은 가장 낮은 값이고 5는 가장 높은 값을 나타내는 1~5점 척도로 각 진술문을 평정했다. 이제 당신은 두 번째 회의를 위해 소집되었다. 당신은 지난번 회의에서 수행한 당신의 작업에 대한 분석 결과의 해석을 안내받게 될 것이다. 참여자 각각은 서로 다른 역할 유형을 가정하기를 원할 수도 있다. 이는 공중보건 공무원, 비영리 기관 관리자, 노화 옹호자 또는 당신이 편안하다고 느끼는 어떤 역할 등일 수 있다. 일반적으로 당신은 협조적이고 주의를 기울이는 집단원이지만, 해석 과정 전체를 안내하는 것은 전적으로 진행자에게 달려 있다.

3. 연구진행자 또는 연구진행자/연구책임자 집단은 회기에 대한 계획을 수립해야 한다. 원한다면 몇몇의 진행자를 가질 수 있고, 각각은 회기 내에서 서로 다른 단계에 대한 책임감을 나누어 가질 수도 있다. 이 장에서 설명된 것과 같은 순서로 해석의 단계들을 수행하기 위해 노력하라.
   실제 '건강한 노화' 개념도 프로젝트로부터의 어떤 결과들도 제시하지 말라(예를 들어, [그림 6-4] 또는 [그림 6-7]을 보여 주지 말라). 이러한 것들은 추후에 모의연습 결과와 비교될 것이다.

4. 그 후 **집단** 후속 보고를 가지고(연구진행자, 연구책임자, 연구참여자를 포함하여) 다음의 질문을 다루라.
   a. 전반적으로 회기는 어떻게 진행되었는가? 회기의 일반적인 목적이 참여자들에게 명료했는가?
   b. [그림 6-1]의 회기 수행을 위한 흐름도를 살펴보라. 각 단계에 대해 그 단계가 얼마나 잘 구현되었는지, 어떤 문제들 또는 어려움이 제기되었는지, 그리고 그 단계가 어떻게 개선될 수 있을지에 대해 의논하라.
   c. 원래의 '건강한 노화' 개념도 프로젝트에서 해석된 지도를 제시하라([그림 6-4]와 [그림 6-7]). 이것들을 이 역할 연습에서 도출한 지도들과 비교하라. 두 가지 해석이 어떻게 비교되는가? 큰 불일치가 있는가? 이들은 왜 발생했는가?
   d. 전반적으로 해석 회기를 어떻게 개선할 수 있겠는가? 단계의 순서를 변경하겠는가? 어떤 단계들을 늘리거나 줄여야 하는가? 어떤 단계가 필요하지 않거나 추가되어야 하는가?

제7장

계획하기에서 개념도 활용하기

계획하기의 틀로서 개념 지도

개념도의 계획하기 예시

다른 계획하기의 예시

요약

CONCEPT MAPPING FOR PLANNING AND EVALUATION

제7장

계획하기에서 개념도 활용하기

생각하는 것은 쉽지만 행동하는 것은 어렵다. 그래서 한 사람의 생각을 행동으로 옮기는 것은 세상에서 가장 어려운 것이다.

– Goethe

제7장과 제8장은 계획 과정 또는 평가를 위한 하나의 개념적 구조로서 개념 지도들을 활용하는 데 있어서 개념도를 수행하는 근본적인 이유를 탐색한다. 제1장에서는 계획과 평가 활동 사이의 밀접한 관계를 기술하였다. 비록 우리가 계획하기와 평가에 대한 개념도 활용에 대해 분리된 장에서 논의하더라도, 우리는 계획하기와 평가 사이에 통합된 관계와 두 개 모두의 장에 있는 정보들이 어떤 주어진 프로젝트와도 관련된다는 것을 믿고 있다. 프로젝트의 기본적 또는 즉각적 목적이 새로운 프로그램을 계획하는 것이라도, 연구자들은 개념 지도들이 나중에 프로그램을 평가하는 지점에서 똑같이 유용할 수 있다는 것을 알게 될 것이다.

이 장은 계획 활동에서 개념 지도들을 활용하는 것과 관련된 일반적인 개념들을 논의한다. 계획하기에서 구체적인 활용을 포함해서 개념도 연구방법이 주요한 공중보건 프로젝트를 위한 계획 활동을 추진하는 데 어떻게 사용되었는지에 대한 상세한 예시가 이어진다. 이어서 우리는 계획 활동의 맥락에서 지도들의 다양한 활용을 설명하기 위해서 몇 가지 간략한 요약된 예시를 제시하고자 한다.

계획하기의 틀로서 개념 지도

계획 활동에서 개념 지도들의 활용은 오로지 연구참여자 집단의 요구, 창의성, 동기에 의해서만 제한된다. 이 절에서 우리는 이러한 지도들을 사용하여 성취될 수 있는 네 가지 예시를 살펴보기로 한다. 이러한 예시들은 계획할 때 개념 지도들을 사용하는 아이디어에 대해 소개한다. 그러한 아이디어들로부터 다른 적용들이 쉽게 발전될 수 있다.

프로그램 계획하기 또는 실행 조직화하기

조직기관들은 현재 상태에서 바람직한 미래 상태로 조직을 움직이고자 실행을 계획하기 위해 개념도를 사용한다. 개념도는 관심 주제에 대해 책임이 있는 특정 과업 집단에 의해서 조사되어야 하는 계획 활동을 보다 다루기 쉬운 하위 주제나 과업으로 나누는 하나의 구조이기 때문에, 개념도는 실행 계획 집단에게 자연스러운 순서를 제공한다. 이것은 우선순위나 중요도 평정들이 개념도에 포함된다면 특히 사실이다. 그리고 이러한 과업들은 패턴 일치나 방향-위치 지도(go-zones)와 같은 부가적인 평정 기반 자료들에 기초하여 종종 운용될 수 있다. 군집의 내용들과 지도의 구조를 사용한다면, 집단들은 특정한 책임들이나 실행들을 특정 사람들에게 할당함으로써 과제들을 구체적으로 만들 수 있다. 패턴 일치시키기와 방향-위치 지도 결과들을 사용한다면, 참여자 집단은 보다 작은 특수 임무 부서로 나누는 것을 결정할 수 있고 각각의 특수 임무 부서들은 하나 이상의 최우선 순위의 군집들에 대해 책임을 맡는다. 그들의 책임에 따라서, 언젠가 전체 집단에 의해서 고려되는 '실행 진술문들'에 대한 우선순위 목록을 산출하는 과제가 주어질 수도 있다.

특정 임무 집단 토의가 시작되는 것을 돕기 위해서, 이해관계자들은 군집 내 개별 진술문들과 군집들의 상대적 가치를 참조할 수 있다. 다수의 유용한 질문은 다음과 같다.

1. 모든 진술문이 동등하게 군집 주제와 관련이 있는가?
2. 군집의 주제를 보다 충분하게 기술하기 위해 어떠한 새로운 정보가 추가될 수도 있는가?
3. 어떤 유형의 실행들이 군집 내용에 의해서 제안되는가?
4. 이러한 실행들은 부분적으로 또는 전체적으로 이미 제기되고 있는가?
5. 각 실행에 대해 배분될 필요가 있을지도 모르는 자원의 수준(예: 비용, 직원)과 각 실행의 요구에 대해 어떤 증거가 있는가?
6. 지도상에 인접한 군집들은 무엇인가? 그리고 이러한 군집들은 행할 수도 있는 부가적인 실행을 제안하는가?
7. 지도의 다른 인접한 영역은 협력적 실행이나 주제 영역 간 갈등에 대한 잠재적인 가능성을 제안하는가?
8. 패턴 일치시키기를 사용할 때, 프로젝트는 어떤 변인들을 비

교하는가?

9. 방향-위치 사분면 지도는 어떤 실행을 제안하는가? '방향-위치' 사분면의 우측 상단에 있는 높은 영향력, 높은 실행 가능성 문항들은 종종 실행 계획을 이끌어 낸다고 할지라도, 한 변인에서는 높지만 또 다른 변인에서는 그렇지 않은 사분면들이 필요한 변화 또한 제안할 수도 있다는 것을 주목하라.

실행 계획을 위해서, 개념 지도는 하나의 위계적인 양식에서 전략과 실행을 연결하는 한 가지 방법이다. 지도상의 군집들은 보편성의 가장 높은 수준에 있다. 군집들 내에서 특정한 진술문 지도인 포인트 지도가 있다. 진술문의 전체 또는 일부분은 위계적이고 특정한 실행 단계의 또 다른 층에 소속될 수 있다. 각각의 실행 과정은 각 단계에 소속되는 부가적인 정보를 지닐 수 있으며, 다음과 같다.

- 실행에 대한 기술
- 누가 그것에 책임이 있거나 그것을 실행하도록 배정되는가?
- 시작과 종료 날짜
- 바람직한 성과와 수행 목표
- 필요한 자원이나 비용
- 적절성에 대한 다른 메모들

그래서 개념 지도는 실행 계획을 위한 전반적인 구조로서 작동한다. 하나의 전략적인 그림으로서, 개념 지도는 효과적으로 전략과 실행을 운행 가능하게 연결한다. 과업들과 실행들이 기술된다면, 이러한 모든 정보를 저장하고 과정을 추적할 하나의 다층적 · 위계적 관계 데이터베이스를 고안하는 것은 단순한 문제일지도 모른다. 적합한 기술이 있다면, 실행 계획을 위한 하나의 시각적 조직화 장치로서 지도를 사용하는 웹사이트를 구성하는 것 또한 가능할 것이다. 군집을 클릭하면 해당 진술문들이 열린다. 진술문을 클릭한다면 실행 목록과 세부 사항들이 열릴 수 있다.

같은 접근이 프로그램 계획 과정을 달성하는 데 뒤따를 수 있다. 어떤 프로그램에서 포함할 바람직한 구성요소들이나 요소 모두를 기술하기 위해 개발된 지도상에서, 군집들은 그러한 요소들을 범주화하고 진술문들은 그 요소들을 기술한다. 연구자나 진행자는 프로그램 프로토콜이나 전략적인 고려사항의 서술과 같은 프로그램 운영에 대한 특정 세부 내용을 우선순위 진술문들에 소속시키기 위해 집단과 작업할 수도 있다. 지도를 세부적인 정보와 연결하는 이러한 접근은 전략적 계획하기, 교과과정이나 교육훈련 계획하기, 준비사항 계획하기를 포함하는, 어떤 계획하기 맥락에서 거의 대부분 유용하다. 개념 지도들은 과업 집단들이 자신들의 지도 영역에서 제기해야만 하는 특정 쟁점에 신속하게 집중할 수 있도록 집단으로 정의된 개념적 구조를 제공한다. 이러한 방식으로 과업 집단들은 지도상의 다른 쟁점들에 의해서 곁길로 새는 일이 줄어든다. 왜냐하면 이러한 쟁점들은 지도상에 다른 곳에 위치해 있고 적절한 때에 제기될 것임을 알기 때문이다. 계획하기에 초점화된 개념도들의 몇 가지 예시가 이 장 후반부에 포함된다.

요구 사정 조직화하기

계획하기 집단은 계획을 위한 개념적 구조를 개발한 후에 핵심 개념 영역에 관한 상세한 정보를 원할 수도 있고, 요구 사정을 통해 이를 제기할 수 있다(McKillip, 1987; Witkin & Altschuld, 1995). 개념 지도들은 몇 가지 방식으로 요구 사정을 위한 자료 획득 과정에 도움이 될 수 있다.

- 만약 참여자들이 어떤 집단이나 모집단이 직면하는 문제나 쟁점, 요구들에 집중하도록 요청받게 되면, 결과 지도에는 그 집단이 쟁점이나 요구들을 바라보는 대로 특정한 쟁점이나 요구들이 들어 있다. 그리고 결과로 발생하는 군집들은 요구에 대한 범주를 나타낸다.
- 평정 정보는 계획 활동 집단으로 하여금 어느 요구 영역들이 더 중요한지 결정하도록 안내하는 것을 도울 수 있다. 요구 사정은 이렇게 보다 높은 우선순위의 개념들을 강조한다.
- 개념 지도들은 질문지나 면접과 같은 정보 수집 도구의 구성을 안내할 수 있다. 여기서 군집 내에 진술문들은 도구를 위한 '초안' 문항들로 고려될 수 있다. 연구자는 그다음에 응답자들에게 프로그램 구성요소나 잠재적인 활동을 위한 바람직성에 관한 진술문을 평정하거나, 또는 어떤 쟁점이나 문제가 그들에게 뚜렷하게 중요한지의 정도를 평정하도록 요청하기 위해서 짧은 지필이나 전자 도구를 구성할 수 있다.

예비 평정과 같은 형식을 사용하는 추수 중요도나 요구 사정 평정은 매우 유용할 수 있다. 사실상, 본래의 개념도 연구참여자들로부터의 중요도 평정과 또 다른 집단으로부터 평정을 비교하는 것은 종종 흥미롭다. 이러한 방식으로 계획 활동 집단의 요구에 대한 지각은 고객의 지각과 비교될 수 있다.

교육훈련 요구 사정에서, 개념 지도와 개념 지도가 지지하는 결과들은 조직이나 회사 내에서 특정한 역할을 수행하는 데 필요한 지식, 기술, 태도 또는 역량을 확인하는 것을 도울 수 있다. 군집들이 '강좌 제목'으로 고려되는 유사한 과정이 적용될 수 있으며, 각 군집의 내용들은 각 강좌 전달을 위한 특정한 개요의 시작으로서 역할을 한다. 개념도 과정에서 하게 되는 평정들은 교육과정 설계 노력을 조직화하도록 돕기 위해서 내용에 대한 상대적인 중요도를 결정하는 것을 촉진한다. 또한 사정 체계가 지도로부터 도출될 수 있다. 그 지도는 교육과정 설계 개발이 프로그램의 우선순위의 요구들을 따르고 있는지를 보장한다.

요구 사정 개발의 몇 가지 예시가 이 장 후반에 상세하게 설명된다. 요구 사정과 실행 계획을 개발하기 위해 기관들과 함께 일한 우리의 몇 가지 경험은 공립학교 학군의 학습 및 교과과정 요구, 기술 채택을 위한 대규모 에너지 회사의 교육훈련 요구, 장애인을 위한 노동인력 기회 서비스에서 프로그램 개발 요구를 포함하고 있다.

보고서 작성 조직화하기

대부분의 계획 활동의 최종 결과는 계획 문서나 보고서이다. 또한 많은 연구자는 보고서, 연구 결과, 출판을 위한 논문 원고를 작성한다. 그 지도는 연구계획의 세부 사항을 기술하는 진술문들을 보유할 수 있다. 그리고 개별 분류들은 세부 사항을 군집으로 구성할 수 있다. 결과로 나온 군집들은 장의 제목으로 고려될 수 있고, 진술문들이나 내용들은 각 군집 내에서 주제별로 관련이 있다.

자료 종합과 발표 조직화하기

개념도의 주요한 장점 중 하나는 결과의 시각적인 속성이다. 많은 사람에게 아이디어에 대한 지도는 문서나 표로 산출된 묘사 대신에 자극을 주고 연상을 일으키는 흥미로운 대안이 된다. 제5장에서 본 것처럼, 참여자 집단은 개별 진술문이나 군집에 의한 개념 지도 위에 덧씌워진 평정 자료 도표와 비슷하게, 종합을 위한 배경과 관련 자료의 제시로 지도를 사용함으로써 그림의 이점을 이용할 수 있다. 그러나 우리는 우리 스스로 평정 자료에 한정시킬 필요가 없다. 예를 들어, 개념 지도는 진술문이나 군집에 의해 평균 반응을 보여 주는 요구 사정 조사 결과를 나타내는 데 사용될 수 있다. 응답자들은 각 진술문에 대해 직원의 헌신 수준이나 재정적인 자원의 양을 평정하도록 요구받을 수 있다. 그리고 이런 내용들은 지도상에서 분명하게 보여 줄 수 있다. 만약에 진술문들이 참여자들(예: 프로그램 관리자 및 직원 대 고객)의 서로 다른 두 개의 하위 집단에 의해서 평정되면, 개념 지도에 비교 자료를 도식화하는 것 또한 유용할 수 있고, 지도상으로 시각화하는 것은 가치가 클지도 모른다. 제5장에서 논의된 것처럼, 연구자는 심지어 차이에 대한 몇 가지 통계적 검증(예: *t*검정, ANOVA)을 수행하고 추정치를 도표로 만들 수도 있다.

혼합 연구방법을 적용하는 연구자들은 서로 다른 연구방법에 의해 산출된 자료나 결과들을 통합하는 도전에 직면한다. 특히 질적 자료와 양적 자료를 혼합하는 것은 문제가 있다. 개념도의 타고난 통합적 속성은 여기서 매우 유용할 수 있다. 예를 들어, 어떤 경우에 우리는 프로젝트를 위해서 기존의 자료 소스의 분류를 가능하게 하거나 군집으로 보고하는 웹사이트를 구성했다. 군집을 클릭하면 해당 군집의 내용에 대한 관련 결과들의 목록이 나타난다. 이러한 자료들로는 다양한 요약, 통계적 모델, 또는 자료의 표들을 포함할 수도 있다.

아무리 혼합방법들이 적용되더라도, 개념 지도들은 발표, 이해, 합의를 촉진시키는 시각적이고 그림으로 나타내는 방식에서 상당히 많은 양의 정보를 요약하는 데 좋은 방법의 역할을 할 수 있다. 한 가지의 좋은 예는 공중보건 인력 개발에 초점을 둔 최근 계획이다. 이 계획에서 특정한 전문 수준에서 요구되는 역량을 그림으로 묘사하는 개념 지도는 기존 자산을 역량 목록과 연결하기 위해 사용된다. 결과적으로, 개념 지도는 계획자들이 학습 자원이 어느 영역에서 유용하고 부족한지를 확인하는 것을 가능하게 한다.

개념도의 계획하기 예시

이 절은 계획하기에서 개념도를 사용하는 상세한 예시 한 가지와 다른 가능한 적용을 설명하는 간략한 예시 몇 가지를 살펴본다. 상세한 예시는 담배 산업에 대해 법적인 조치를 통해서 획득한 자금 사용에 대한 전략적인 계획을 달성하기 위해 기획된 하와이주의 공중보건 프로젝트이다.

건강한 하와이 계획—개념도를 활용한 공중보건 전략 계획 연구

1999년에 하와이 보건부는 주정부의 재량으로 지출될 목적으로, 25년 동안 전체 지출되어야 할 13억 달러를 둘러싼 담배 산업의 마스터 정착 계약(the Master Settlement Agreement)의 주정부 지분에 대한 자금 우선순위를 결정하는 업무를 맡았다. 주정부의 법은 담배 규제와 예방, 건강 증진 및 만성적 질병 예방을 포함한 공중보건의 지속 가능한 변화에 이들 자금의 최소 60%를 지출하는 것을 의무화하였다. 이 법은 이와 같은 자금 지원 영역을 하와이 보건부의 감독 아래에 두고 3개월 기간 내에 자금에 대한 전략적인 계획을 명령하였다.

이러한 자금 사용에 대한 우선순위와 이득에 대한 경쟁은 하와이 보건부가 법적 의무 마감 기일 이내에 이러한 우선순위를 제안하라는 강력한 압박을 받을 시기에 표면화되어 광범위한 이해관계자 집단에 따라 전통적인 계획 활동에 참여하는 것을 어렵게 하였다. 이것은 하와이 보건부가 스스로 권고사항을 만드는 것과 지역사회 관심을 이끌어 내는 새로운 접근법을 찾는 것, 두 가지 중 하나를 선택하도록 하였다. 최근 공중보건 생각의 추세에 맞추어, 그들은 공중보건 성과의 장기적인 변화를 위한 주요 메커니즘으로서 지역사회와 체계 변화에 초점을 맞추기를 희망했다.

하와이 보건부는 개념도에 기초한 계획 과정에 참여하기로 선택했고, 지역사회 및 체계 변화에 관한 지역 이해관계자와 국가 전문가 모두를 포함하는 인터넷을 통한 야심 찬 노력을 시작했다(Trochim et al., 2004). 단지 8일간의 업무일 동안 달성한 개념도 프로젝트 내에서, 그들은 차후 주정부 의원들에 의해 승인되는 계획에 통합된 일련의 합의 권고안을 성공적으로 개발했다.

방법론

하와이 내 34명의 보건 전문가와 지역사회 차원의 기관 및 조직 간부 그리고 하와이 외 지역사회 및 체계 변화 전문가 46명으로 구성된 80명의 이해관계자가 웹 기반 브레인스토밍 회의에 참석차 초대를 받았다. 이 집단 중 웹 기반 회의에 참석한 총 53명이 다음의 초점 프롬프트에 대한 반응으로 총 448개의 진술문을 산출하였다.

> 담배, 영양, 신체적 활동과 관련된 개인의 행동에 영향을 미치는 구체적인 지역사회나 체계 요인들을 기술하는 진술문들을 산출하라.

추가적으로, 5명의 하와이 보건부 관리자들 사이에서 개최된 현장 브레인스토밍 회의에서 48개의 추가 진술문을 산출했다. 그 뒤 3명의 하와이 보건부 직원과 프로젝트 연구자로 구성된 팀에 의해 496개의 진술문에 대하여 유사하고 중복된 진술문이 통합됨으로써 아이디어 종합이 수행되어, 90개의 독특한 진술문 세트가 만들어졌다. 이후 이 진술문들은 또다시 인터넷을 통해 이해관계자들에 의하여 범주로 분류되었고, 중요도와 실행 가능성의 측정에 대해 1~5점 리커트 척도를 사용하여 평정되었다.

이어서 90개의 진술문에 대한 다차원 척도법(multidimensional scaling: MDS)과 군집 분석은 7개의 구분된 군집 세트를 만들어 냈다. 〈표 7-1〉은 중요도 및 실행 가능성에서 각 군집의 상위 진술문들을 요약한 것이다.

표 7-1 중요도 및 실행 가능성에서 각 군집의 상위 두 개 진술문으로 구성된, 하와이 담배 정착 연구를 위한 군집 진술문

ID	진술문	중요도	실행 가능성
접근성			
2	건강한 음식, 신체 활동을 위한 안전한 장소, 엄격한 금연 정책에 대한 쉽고 적당한 접근	4.47	3.14
12	다양한 소매점, 기관, 교육 장소에서 건강한 음식 선택의 이용 가능성	4.16	3.71
11	여가 센터 및 수영장의 이용 시간 확대	4.11	4.07
58	방과 후 학교와 지역사회 건강활동을 위한 학교 장소의 이용 가능성(낮은 비용 또는 무료)	3.89	4.14
아동과 학교			
46	학교 체육 교육 및 신체 훈련의 양과 질	4.37	3.57
10	읽고 쓰는 능력	4.21	2.86
17	건강을 증진하기 위한 학교-지역사회 활동의 연합 그리고/또는 프로그램	4.00	3.86
79	신체 활동을 위한 공간의 혁신적 사용의 격려	3.74	3.86
연합/협력			
8	유아기 돌봄, 양육 부모 또는 대리 부모	4.53	3.14
88	금연, 신체 활동 및 영양을 지키는 건강 돌봄 제공자	4.11	3.5
71	전문적·조직적 연합 및 파트너십	3.95	3.86
3	신앙 공동체의 건강 촉진에의 참여	3.53	3.86
지역사회 기반 시설			
84	평생 신체 활동에 집중하기	4.58	4.5
75	목표 인구 집단을 건강 증진에 참여시키기	4.39	3.93
85	바람직한 건강 역할 모델의 공동체 인식	3.95	4.29

환경 기반 시설			
63	나이, 성, 또는 장애에 상관없이 신체 활동 프로그램 참여에 대한 동등한 기회	4.47	3.64
34	보행자 친화적 환경	4.37	3.79
47	여가 시설의 유지 관리	3.95	3.71
정보/통신			
54	미디어 지원 건강 증진 캠페인	4.58	4.14
68	문화적으로 민감하고 적합한 정보	4.32	4.07
28	건강 문제에 관한 입법자 실행에 대한 실적 기록	3.68	4.21
19	건강한 생활방식에 관한 참고 자료(예: 인쇄물, 포스터, 시각 자료, 공공 전시)	3.00	4.29
정책과 법			
31	신체 활동, 건강한 식단, 담배 규제를 촉진하는 학교 정책	4.53	3.93
39	건강을 위한 대안적 교통 수단(자전거 타기, 걷기, 대중교통)을 촉진하는 정책들	4.37	3.79
43	담배 규제를 지원하는 공공 및 직장 정책	4.32	4.29
45	담배 제품에 대한 청소년의 제한된 접근	4.26	4.36

출처: Trochim, W., Milstein, B., Wood, B., Jackson, S., & Pressler, V., "Setting objectives for community and systems change: An application of concept mapping for planning a statewide health improvement initiative" in *Health Promotion Practice*, 5(1), pp. 8-19, copyright © 2004. Reprinted with permission of Sage Publications, Inc.

계획하기 결과

[그림 7-1]에서 보이듯이, 분석에 의해 확인된 일곱 개의 군집은 교육적 쟁점을 중앙 연결로 정치적 · 지역적 · 체계적 요인을 포함하는 생각의 지형을 보여 준다. 다차원 척도법 분석으로 진술문들 간에 서로의 관계를 반영하는 이 배열은 참여자들에 의해서 확인된 다른 요인들 중에서 교육이 핵심 연결의 역할을 할 수 있다는 것을 제안한다. 또한 이 배열은 개별 건강 관련 행위들에서 지각된 요인들이 정책적 수준에서 제기될 수 있는 수많은 구분된 영역으로

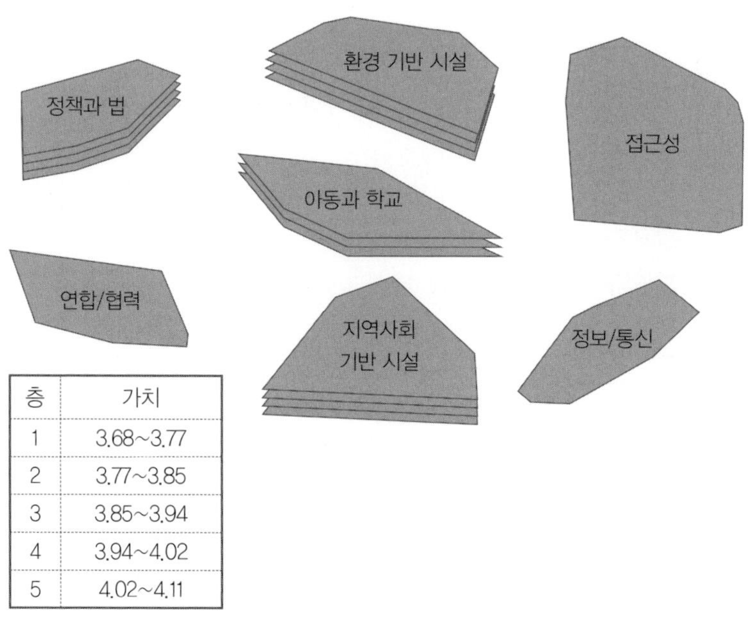

층	가치
1	3.68~3.77
2	3.77~3.85
3	3.85~3.94
4	3.94~4.02
5	4.02~4.11

[그림 7-1] 군집별 평균 중요도 평정을 보여 주는 군집 평정 지도

출처: Trochim, W., Milstein, B., Wood, B., Jackson, S., & Pressler, V., "Setting objectives for community and systems change: An application of concept mapping for planning a statewide health improvement initiative" in *Health Promotion Practice*, 5(1), pp. 8-19, copyright © 2004. Reprinted with permission of Sage Publications, Inc.

정렬되는 것을 나타낸다.

[그림 7-1]은 각 군집 내 평균 진술문 평정값으로 도출된 군집 중요도를 나타낸다. 특히 신체 활동을 촉진시키는 것과 관련이 있는 것으로, 지역사회와 환경 기반 시설은 중요한 요인으로서 가장 높게 평정되었다.

[그림 7-2]는 각 군집에 대한 실행 가능성 평균 평정을 보여 주고 있으며, 이것은 지역사회 기반 시설, 통신 및 공공 정책 요인에 대한 높은 실행 가능성 평정, 연합과 협력 그리고 환경 기반 시설 같

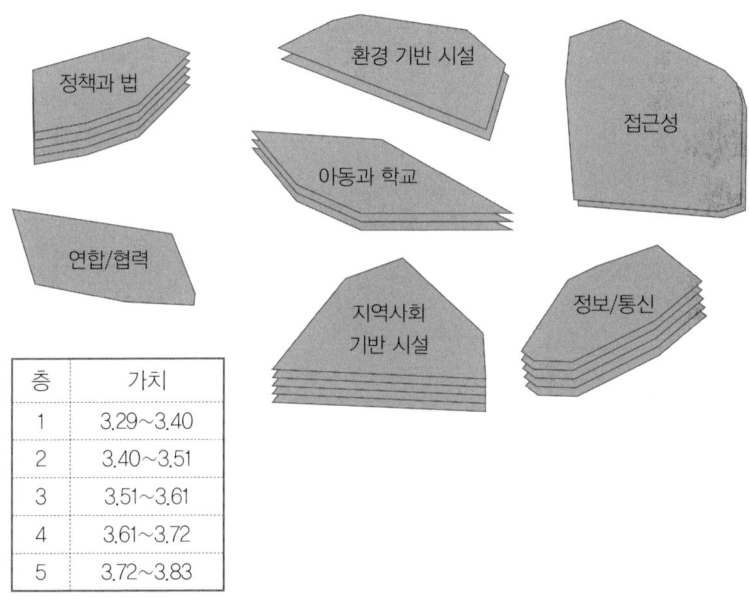

층	가치
1	3.29~3.40
2	3.40~3.51
3	3.51~3.61
4	3.61~3.72
5	3.72~3.83

[그림 7-2] 군집별 평균 실행 가능성 평정을 보여 주는 군집 평정 지도

출처: Trochim, W., Milstein, B., Wood, B., Jackson, S., & Pressler, V., "Setting objectives for community and systems change: An application of concept mapping for planning a statewide health improvement initiative" in *Health Promotion Practice*, 5(1), pp. 8-19, copyright © 2004. Reprinted with permission of Sage Publications, Inc.

은 요인에 대한 낮은 실행 가능성 평정을 나타낸다. 후자는 가장 높은 중요도 평정을 가진 군집이다. 이러한 평정은 이러한 쟁점을 둘러싼 다양한 이해관계자의 환경을 반영한다.

상대적으로 두 평정 측정치 간 중간 범위의 평균이 0.5 이하임에도 불구하고, 이 연구에서 군집 평정 차이는 이해관계자와 각 군집 내의 요인 모두에서 평균이기 때문에 값으로 나타난 것보다 의미가 있었다. [그림 7-3]에서 보이듯이, 패턴 일치는 군집에 의한 중요도와 실행 가능성 평정을 비교했다. 이 패턴 일치는 신체 활동이나 보행자 친화적인 환경과 같은 환경 기반 시설 요인들이 실행 가

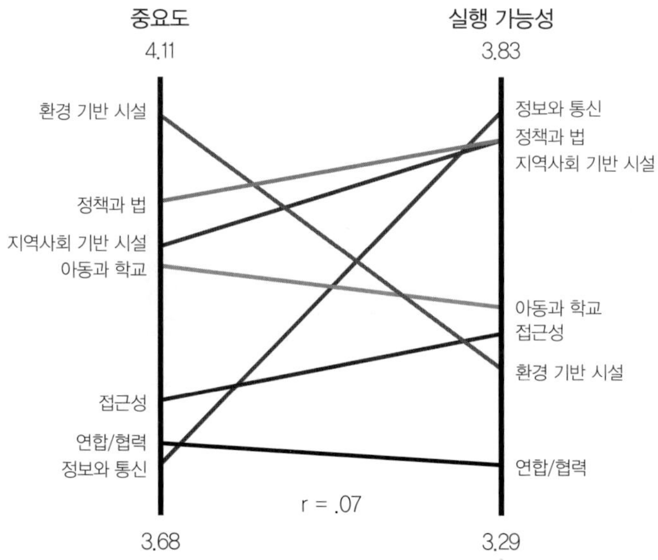

[그림 7-3] 군집별 중요도와 실행 가능성 평정을 비교한 패턴 일치

출처: Trochim, W., Milstein, B., Wood, B., Jackson, S., & Pressler, V., "Setting objectives for community and systems change: An application of concept mapping for planning a statewide health improvement initiative" in *Health Promotion Practice*, 5(1), pp. 8–19, copyright © 2004. Reprinted with permission of Sage Publications, Inc.

능성이 낮지만 가장 중요한 것으로 나타났다. 유사하게, 정보와 통신을 포함하는 요인들은 실행 가능성이 높지만 중요도는 낮은 것으로 드러났다. 중요도와 실행 가능성 사이에서 훨씬 더 밀접한 연관성을 갖는 다른 군집들, 그리고 그러한 근거로 정책과 법 그리고 지역사회 기반 시설과 같은 군집들이 성공적인 실행을 위해서 보다 높은 잠재성을 지니는 것으로 나타났다.

패턴 일치시키기 결과는 하와이 보건부를 위한 즉각적인 계획 결과를 지녔다. 개념도 작업 이전에, 하와이 보건부는 그들의 노력에서 강조해야 하는 것이 무엇인지에 대해 심사숙고했다. 그들의 직관은 대중과의 일반적인 소통과 정보 제공이 강조되어야 한다는 것이었다. 왜냐하면 어느 정도 그러한 미디어와 마케팅 캠페인은 그들과 친숙하고 성취하기에 비교적 쉬웠기 때문이다. 패턴 일치는 즉각적으로 그 전략에 의문을 불러왔다. 비록 미디어 노력에 대한 실행 가능성을 확인했다 할지라도, 제기되어야만 하는 다른 잠재적 요인에 비해 그 중요성이 가장 적은 것으로 판단된 점 또한 명백하게 드러났다.

[그림 7-4]에서 보이는 것처럼, 패턴 일치와 더불어 방향-위치 도표는 90개의 정비된 진술문에 대해 중요도 대 실행 가능성의 지도를 만들기 위해 창안되었다. 방향-위치 도표는 참여자들에게 군집과는 별도로, 진술문 평정에 대한 관점을 제공하였다. 큰 비율의 진술문들은 높은 중요도와 높은 실행 가능성의 방향-위치 도표 내에 있었고, 두 개의 준거 모두에서 가장 높게 평정된 것은 84번 진술문(평생 신체 활동에 집중하기)이었다. 이 진술문의 위치는 신체 활동 증진에 대한 결과로 나타난 권고사항에 영향을 미쳤다.

개념 지도의 구조는 연구참여자들이 담배, 영양소, 신체 활동에

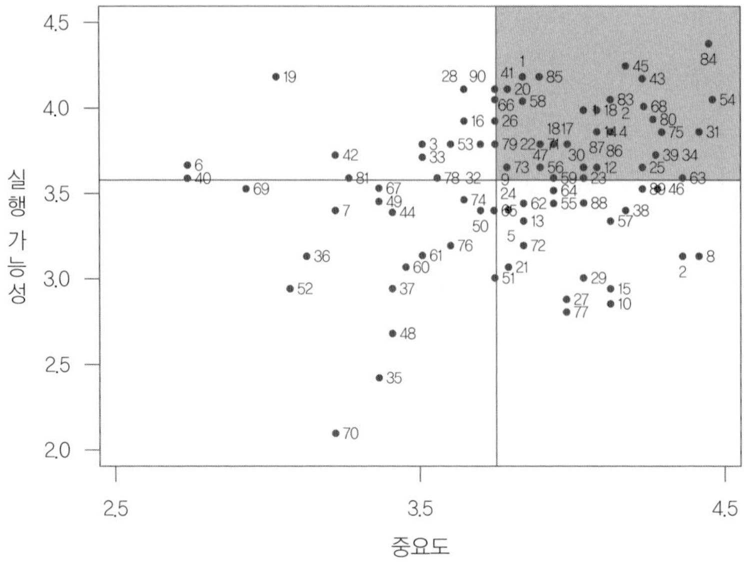

[그림 7-4] 90개의 정비된 진술문에 대한 중요도 대 실행 가능성 방향-위치 도표

출처: Trochim, W., Milstein, B., Wood, B., Jackson, S., & Pressler, V., "Setting objectives for community and systems change: An application of concept mapping for planning a statewide health improvement initiative" in *Health Promotion Practice*, 5(1), pp. 8-19, copyright © 2004. Reprinted with permission of Sage Publications, Inc.

서 공중보건 성과를 개선하는 데 그 이면에 있는 문제를 어떻게 생각하는지 명백하게 보여 주었다. 지역사회와 체계 요인들 사이에 기대되는 구별이 관련 이해관계자들에게 개념적으로 이해가 되는 몇 가지 독립적인 인증을 제공하였고, 개념 지도 구조는 나아가 각 군집들을 세 개의 하위 범주로 분류하였으며 일곱 개의 군집과의 관련성을 보여 주었다. 이 지도는 체계 요인들(공공 정책 문제와 같은)과 지역사회 문제(지역사회 연합 및 통신과 같은)를 정의하는 두 개의 영역을 기술하고 있고 각각은 구조, 기반 시설, 전달 문제를 갖고 있는데, 교육은 이들 각 영역을 포괄하는 중심적 구성요소이다. [그림 7-5]에서 보이는 것처럼, 최종적인 개념도의 그래프 자료는 프로젝트의 핵심적인 권고사항 개발을 촉진하는 데 도움을 주는 방법으로 연구참여자 생각을 명확하게 했다.

이 프로젝트로부터 나온 권고사항들은 건강한 하와이 계획 초안을 위한 전반적인 계획의 기초를 형성했고, 궁극적으로 주의원들에 의해서 승인을 받았고, 하와이 주지사로부터 법률로 제정되었다. 앞서 언급된 가장 높게 평정되었던 84번 진술문에 의해서 나타났듯이, 법의 핵심 측면들 중 몇 가지는 운동경기와는 대조적으로 일상생활에서 활동에의 집중뿐만 아니라 학교 체계에서 교육적 작업 집단, 지역사회 기반 건강 증진 활동, 목표 대상 미디어 캠페인, 보건 전문가를 위한 평생교육을 포함했다.

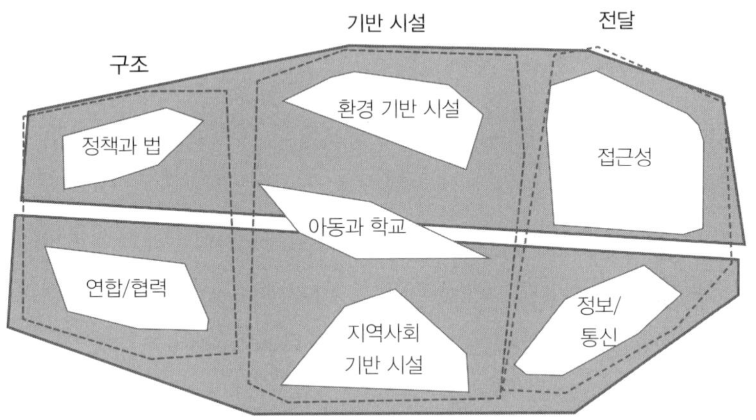

[그림 7-5] 구조, 기반 시설, 전달 측면으로 군집을 체계 및 지역사회 요인들과 연관시킨 최종 개념도

출처: Trochim, W., Milstein, B., Wood, B., Jackson, S., & Pressler, V., "Setting objectives for community and systems change: An application of concept mapping for planning a statewide health improvement initiative" in *Health Promotion Practice*, 5(1), pp. 8-19, copyright © 2004. Reprinted with permission of Sage Publications, Inc.

주 공중보건 정책에 영향을 주는 주요 자금 결정과 관련된 프로젝트는 개념도가 시간 관건 계획 과정을 위한 매우 효과적인 개념적 구조를 제공하는 방법의 한 가지 예이다. 이러한 경우에, 이 계획적 접근을 채택하면서 이해관계자와 하와이 보건부 모두에게 몇 가지 핵심 장점이 있었다.

- 개념도는 높은 수준의 신뢰도를 가진 체계적인 과정을 제공했다.
- 개념도는 하와이 관내 그리고 국가적 규모 모두에서 광범위한 이해관계자들의 인적자원들을 포함하였으며, 이들은 사실상 널리 분산된 지리적 위치에서도 계획 과정에 참석할 수 있었다.
- 개념도의 결론들은 건강한 하와이 계획의 핵심 부분이 되었고, 이어서 주의원들에 의해 승인을 받아 실행되었다.

이 개념도 프로젝트는 중요한 공중보건 계획을 위한 비용 효과적이고 포괄적인 계획에 해당되었다. 이것은 차례로 실행 수준에서 실질적인 결과를 이끌어 냈다. 이러한 계획하기 프로젝트 결과로 파생된 지도는 계획과 평가 활동 사이에서 통합을 가능하게 함으로써 후속 평가를 위한 기초를 형성한다.

다른 계획하기의 예시

이 절에서는 계획 활동을 위해 개념도를 활용한 몇 가지 부가적인 프로젝트를 간략하게 기술한다. 우리는 각 계획의 최종적인 개념 지도를 검토하고 적절한 곳에서 개별 진술문들을 참조하고자 한다.

이러한 프로젝트들은 20년의 세월을 거쳐 왔고, 방법론과 기술 모두 그 시간 동안 극적으로 진화되었다. 예시들은 이 개념도 모델의 첫 번째 적용(the Division of Campus Life: DCL)의 예, 즉 가장 오랫동안 운영된 것 중의 하나(the Center for Disease Control: CDC), 가장 적은 규모 중의 하나(Cultural and Artistic Planning Process: CAP), 가장 포괄적인 것 중의 하나(델라웨어)를 포함한다.

예시: 대학 생활을 위한 전략적 계획과 운영 재편성

대학 생활 분과(DCL)는 굉장히 다양한 서비스(예: 학생의 거주, 교통, 안전, 식사, 상담, 건강 등)를 대학 공동체에 전달하는 것에 책임이 있는 코넬 대학의 행정 부서이다. 대학 생활 분과는 크기, 조직적 구조, 수행하는 기능의 유형에 따라 다양한 11개의 서로 다른 부서로 구성된다. 이 프로젝트의 목표는 대학 생활 분과의 장기적인 계획 활동에 대한 조직 방법으로서 사용될 수 있는 지도를 생산하는 것이었다(Gurowitz, Trochim, & Kramer, 1988; Trochim & Linton, 1986).

11개의 부서를 대표하는 약 45명의 사람이 이 프로젝트의 각 단계에 참여하게 되었다. 브레인스토밍의 초점은 대학 생활 분과의 임무(mission)에 관한 진술문을 산출하는 것이었다. 이 진술문은 세 개의 주요 구절로 제기되어서 논리적 구별이 발생했다. 결과적으로 브레인스토밍 회기가 각각 개최되었다. 참여한 사람들의 수 때문에, 최초로 876개의 진술문들이 브레인스토밍되었다. 네 명의 참여자와 직원과 함께 아이디어 종합 회의에서 문항을 137개의 최종 세트로 줄였다. [그림 7-6]은 최종 지도를 보여 준다.

군집 지도가 개발되었고, 이해관계자와의 토의에서 그 지도는 네 개의 일반적인 영역으로 나누어졌다. 왼쪽에는 다른 세 개의 영역과 상당히 떨어진 곳에 '인간 발달과 가치'로 명명된 영역이 있다. 이 범주에 속하는 문항들의 대부분은 짧고 일반적인 진술문들이다. 오른쪽에 세 개의 영역(관리, 공동체, 프로그램과 서비스)은 본질적으로 보다 구체적이거나 특수한 경향이 있는 진술문들을 포함

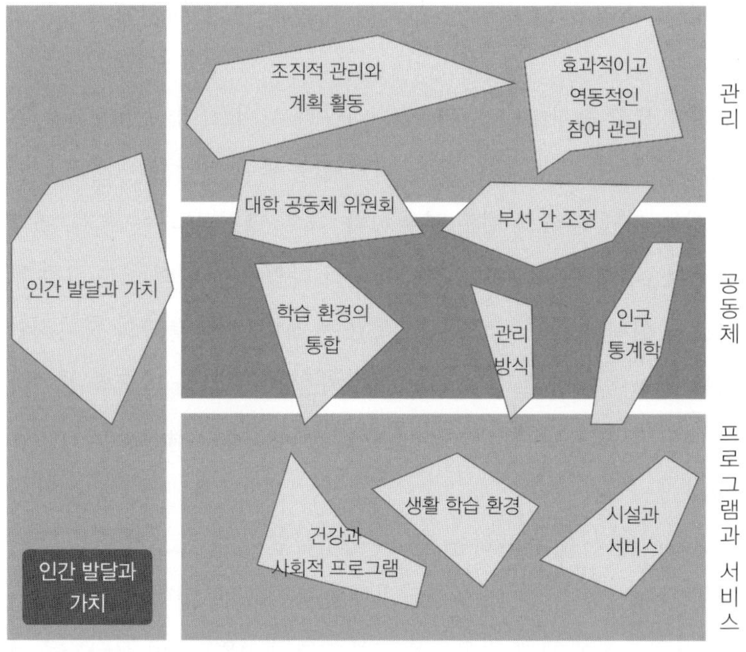

[그림 7-6] 대학 생활 분과를 위한 영역별 개념도

출처: Trochim, W., "Concept mapping: Soft science of hard art?" in *Evaluation & Program Planning, 12*(1), pp. 87-110, copyright © 1989. Used with permission of Elsevier.

하고 있다. 이러한 좌우 분할은 부분적으로 과정을 시작하는 데 사용된 세 개 부분 초점 진술문(임무 진술에 기초한) 때문에 생겼을지도 모른다. 임무 진술문의 한 부분은 보다 일반적인 가치 진술문을 요구하는 것으로 보였던 반면에, 다른 부분들은 보다 구체적인 실행을 암시했다.

이 프로젝트의 지도는 후속 장기간 계획 활동의 기초를 형성하였으며, 재편성 위원회가 즉각적으로 이를 사용하였다(Gurowitz, Trochim, & Kramer, 1988; Trochim & Linton, 1986).

예시: 공중보건 프로젝트 공무원을 위한 교육훈련 요구 사정

이 프로젝트는 질병통제예방센터(CDC)에 있는 국립 만성질환예방보건증진센터(National Center for Chronic Disease Prevention and Health Promotion: NCCDPHP)와 함께 수행되었다(National Center for Chronic Disease Prevention and Health Promotion, 2003). 이 프로젝트의 목표는 프로젝트 공무원들이 협업자(주 및 지역 보건 기관)와의 관계에서 그들의 전문적인 책임을 이행하기 위한 요구를 확인하는 것이었다. 국립 만성질환예방보건증진센터는 공무원들을 위한 완전히 새로운 훈련 프로그램을 고안하기 위해서 자원 위임에 앞서 요구 사정을 수행하는 것을 계획하였다. 자체 프로젝트 공무원들의 요구를 확인하는 것이 국립 만성질환예방보건증진센터에게 중요하였지만, 그들은 다른 질병통제예방센터를 이러한 논의에 가담시키는 기회를 사용하는 것 또한 중요한 계획 활동이 될 것이며 개발 활동을 지지할 것이라고 강력하게 느꼈다.

질병통제예방센터는 필요한 비교와 세부 정보를 두 개의 요구 사정 지도가 제공할 것이라 결정했다. 두 개의 요구 사정 지도는 질병통제예방센터 내부 공무원, 임원, 프로젝트 관리자와 감독자들의 의견을 반영한 지도와 협업 기관들(주 및 지역 공중보건 기관들)의 요구를 기술하는 지도이다. 두 개 지도의 비교와 맞춤식 자료 통합은 훈련과 코칭에 필요한 계획을 구성하는 데 사용되었던 최종 개념도를 산출하였다. [그림 7-7]은 두 개의 최초 지도의 자료를 프로젝트 공무원들의 교육훈련 요구에 대한 공통의 개념적 구조로 연결하는 최종 개념 지도를 보여 준다.

이러한 요구 사정의 개발과 교육훈련 개발의 개념구조는 질병예방통제센터 분과와 주정부, 지방 그리고 지역의 외부 협업 기관을 대표하는 500명 이상의 사람들을 참여시켰다. 이러한 포괄적인 과정은 모든 관점에 대해 표현하는 것을 가능하게 한다. 국립 만성질환예방보건증진센터는 현재 필요한 기능과 요구되는 과업 및 기술

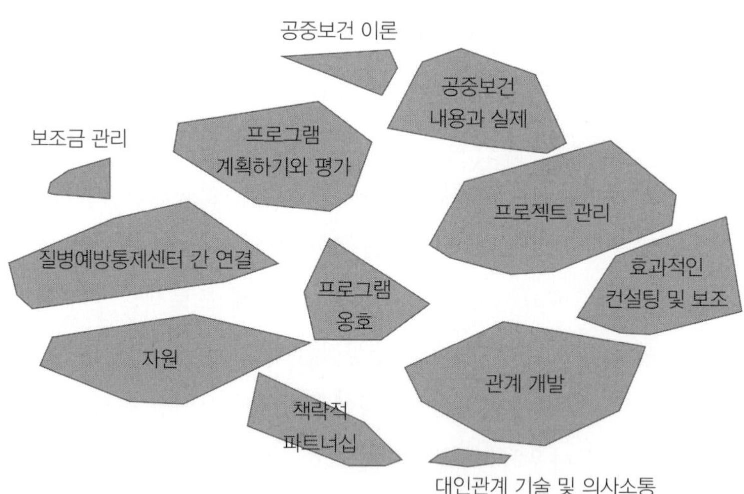

[그림 7-7] 두 가지 분리된 개념도 요구 사정의 자료를 통합한, 미래 프로젝트 공무원을 위한 요구 사정 및 계획 과정에 대한 최종 개념 지도

을 연결하기 위해서 결과 지도를 사용했다. 지금까지 이러한 결과의 가장 의미 있는 사용은 3년 차 훈련 개발 계획으로, 이것은 현재와 요구되는 기술 및 지식을 연결해 주며 교육훈련이 개념 지도의 우선순위 내용에 맞추어 구체적으로 제공할 것을 지지한다. 교육훈련이 지도 구조와 내용에 기반하고 있기 때문에, 지속적인 훈련 사정과 평가 구조가 논리적으로 이어졌다.

예시: 측정 전공 대학원 과정 계획하기

이 프로젝트는 측정 전공 대학원 과정 수업의 일부분으로 두 개 수업 회기에서 이루어졌다. 이 프로젝트는 측정 전공에서 주요 쟁점에 대한 집단의 인식과 이러한 쟁점들에 대한 상호관련성을 결정하기 위해서 학기 초에 수행되었다. 학생들은 '측정'에 대해 그들이 생각했던 것을 기술하는 진술문들을 간략하게 산출하도록 촉구되었다. [그림 7-8]은 그 결과 지도를 보여 준다.

학생들은 99개의 진술문에 따라 16개의 군집을 확인하였다. 특히 흥미로운 것은 측정 과정을 처음부터 끝까지 설명하는 군집들에 따른 반시계 방향 패턴에 대한 인식이다. 측정은 지도의 맨 왼쪽에서 이론과 개념들 군집에서 시작하여 시계 반대 방향으로 비용과 같은 실제적인 고려사항, 측정 도구와 자료 수집(예: 설문조사, 질문지 등), 척도와 수치(예: 서열화나 순위), 타당도와 신뢰도(예: 측정의 질) 그리고 분석, 마지막으로 결론과 권고사항(예: 요약, 권고사항, 출판하기)으로 끝난다. 이러한 과정은 학생들에게 그들이 이미 측정에 대해서 상당한 양을 알고 있었다는 것을 집약적으로 보여 주었고, 동시에 그 수업 과정 후반부에 다루었던 다차원 척도법과 군

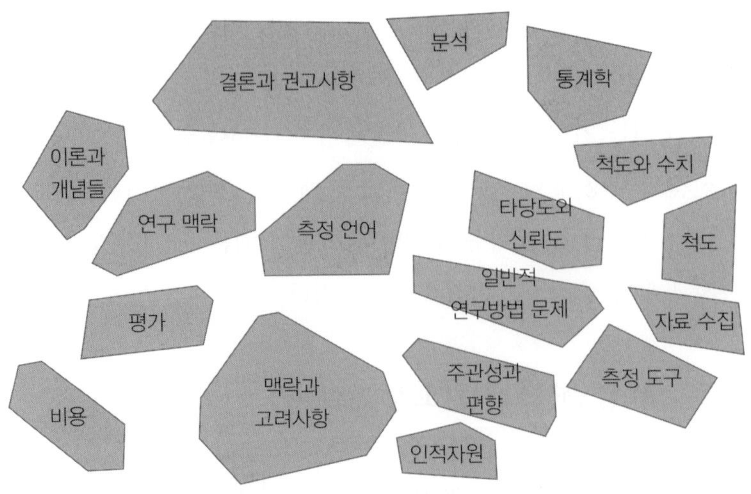

[그림 7-8] 측정 전공 대학원 과정 계획을 위한 최종 개념도

출처: Trochim, W., "Concept mapping: Soft science of hard art?" in *Evaluation & Program Planning, 12*(1), pp. 87-110, copyright © 1989. Used with permission of Elsevier.

집 분석에 대한 아이디어를 그들에게 소개했다.

예시: 예술 위원회를 위한 장기간 계획 과정

지방에서 문화적이고 예술적인 노력을 강화하고 격려하는 데에 책임이 있는 예술 위원회는 그들의 장기간 계획 과정의 기초로서 개념도를 사용할 것을 희망했다. 15명의 지도부 임원은 '효과적인 예술 위원회가 해야 할 것'을 기술한 63개의 진술문을 산출했다. 또한 각 참여자들은 1~5점 우선순위 척도로 각 진술문을 평정했다. [그림 7-9]는 최종 지도를 보여 준다.

예술 위원회는 조직의 임무를 다룰 때 보다 직접적으로 실행하기 위해 이사회에 의존하는 작은 조직(전임 전문가 1명, 파트타임 비

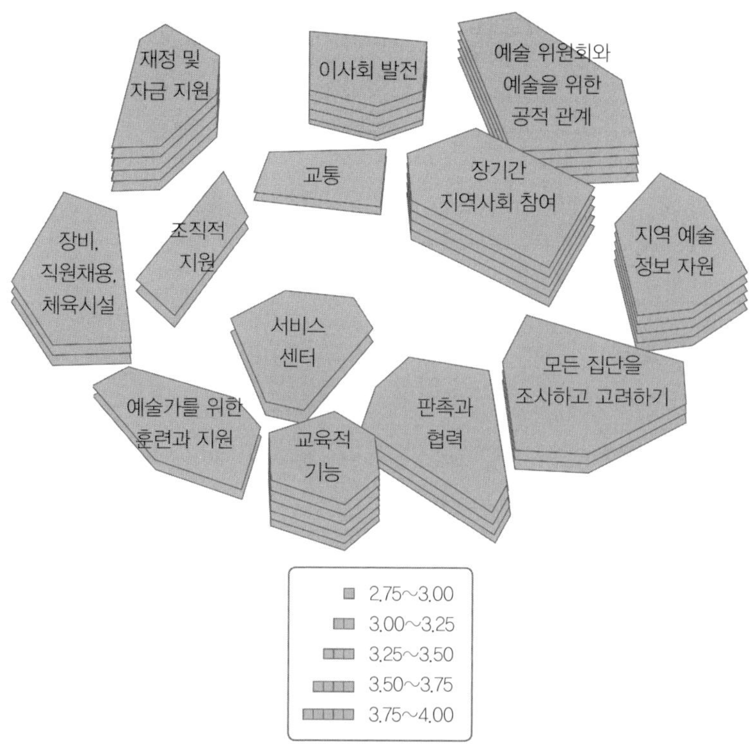

[그림 7-9] 예술 조직의 전략적 계획 과정을 위한 최종 개념도

출처: Trochim, W., "Concept mapping: Soft science of hard art?" in *Evaluation & Program Planning, 12*(1), pp. 87-110, copyright © 1989. Used with permission of Elsevier.

서, 자원봉사자)이다. 개념도 이전에, 이사회 구성원들 간 그들의 적절한 역할과 기능에 관해서 거의 합의된 바가 없었다. 이 프로젝트를 기초로, 그들은 기금 마련을 지원하고, 위원회의 교육적 기능, 장기간 지역사회 참여, 그리고 예술 위원회와 예술 전반의 공적인 관계를 격려하는 것과 같은 주요 과제를 확인할 수 있었다. 추가적으로, 그들은 지속적이고 확장된 이사회 발전 노력의 필요성을 확실하게 보았다.

예시: 델라웨어 주정부의 포괄적인 암 예방 계획안 발의

이 발의는 델라웨어주에서 암 예방을 다루기 위해 자문위원이었던 주지사의 요청으로 착수되었다(Delaware Advisory Council on Cancer Incidence and Mortality, 2002). 암은 인구 집단의 다양한 부분에 서로 다르게 영향을 미치는 다양한 요인을 갖는 복잡한 질병이기 때문에, 이러한 광범위한 질병을 다루기 위해서 포괄적인 주 전체의 실행 계획을 형성하는 것은 어렵다.

암 발생과 사망에 관한 자문 위원회(The Advisory Council on Cancer Incidence and Mortality)는 다음의 목표들을 세웠다.

- 현재와 미래에 해결해야 할 암 통제 문제의 범위에 대한 공유된 자각과 합의를 창출하기
- 이러한 요구를 해결하기 위한 구조와 실행 의제를 창출하기
- 델라웨어주가 시민들을 위해서 의미 있는 실행으로 전진할 수 있도록 하기

개념도 방법론을 주 전체 규모의 쟁점에 적용한 것은 암 통제에 대해 서로 다른 관심을 지닌 인구 집단별로 기술된 대로, 자문위원회로 하여금 현저한 암 통제 문제와 관심들을 이해할 수 있도록 하였다. 또한 그들은 암 통제에 관한 명백한 의제를 형성하는 이러한 관점들을 요약함과 동시에, 다양한 이해관계자의 세부적인 공헌점을 포착할 수 있었다.

[그림 7-10]은 최종적인 아홉 개의 군집이 있는 지도를 보여 준다. 자문위원회는 여섯 개의 분과위원회를 조직하고, 각 군집의 내

용에 기술된 대로 분과위원회에게 우선순위 요구 목록이나 문제를 제공하는 데 이 군집 지도를 사용했다. 위원회는 의학 정보 체계와 공공 의식 및 교육의 개념이 연결되듯이, 한 분과위원회를 위한 주제로 접근성과 보험의 개념이 잘 연결된다는 것을 인지하여 두 개의 군집을 결합하고 두 개의 세트로 만들었다. 중심의 군집은 위원회 자체의 핵심 책임으로 느껴졌기 때문에 이것은 대체로 위원회의 책임이었다.

위원회는 각 주제 분야 내에서 현재의 문제를 조사하기 위해서, 만약 있다면 최신 연구를 확인하기 위해서, 델라웨어주 내에 확인된 특정 문제를 다룰 때 동반자로서 행동할 실제적 또는 잠재적 기관이나 조직을 확인하기 위해서 분과위원회와 실행 계획 방법론을 활용했다. 델라웨어주는 공식적인 계획으로 준비가 되어 있었고, 주지

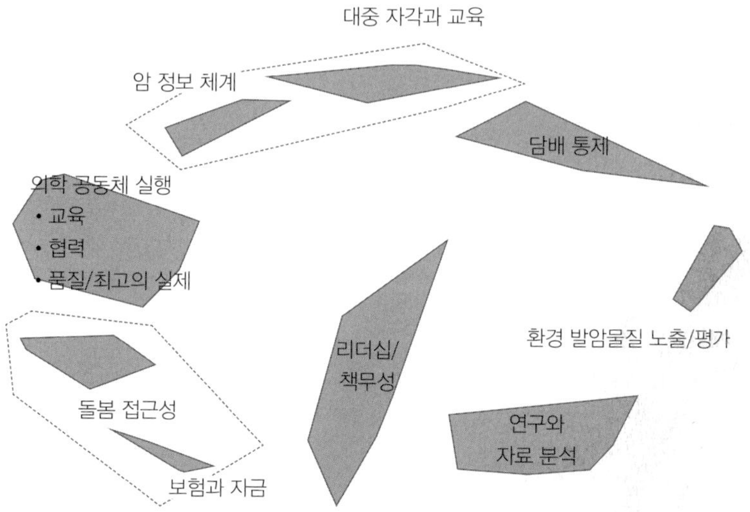

[그림 7-10] 델라웨어주 암 통제 계획 프로젝트에 대한 군집 지도

출처: 건강과 사회적 서비스, 델라웨어주 보건부의 허락을 받고 재인쇄.

사와 입법부로부터 엄청난 지지를 받았다. 지금이 4년째 해이다.

요약

결과만큼 설득력이 있는 개념 지도의 창안이 발의를 계획하는 것의 목표는 아니다. 연속적인 작업에서 지도의 유용성이 그들의 가치를 결정한다. 이 장은 계획하기를 위한 개념도의 네 가지 일반적인 사용을 기술했다. 이는 ① **프로그램 계획하기 또는 실행**(action or program planning)을 위해 조직화하기, ② **요구 사정**(needs assessment) 조직화하기, ③ **보고서 작성**(report writing) 조직화하기, ④ **자료의 종합과 발표**(data synthesis and presentation) 조직화하기이다. 개념도 결과의 적용과 의미 있는 계획 성과 사이에 종종 직접적인 상관관계가 있다. 그리고 여기에 제시된 예시들과 같은 개념도 프로젝트 예시들은 독자 자신의 계획하기 환경에서 활용될지도 모르는 다양한 방법의 지도를 만드는 것을 보여 주는 데 도움이 될 수 있다.

연습문제

1. 이 장에서 논의되었던 네 가지 계획하기 적용 각각에서 개념도가 사용될 수 있었던 가능한 실제 삶의 예시를 토의하라. 이는 작업 집단을 조직화하기, 정보 획득을 위해 조직화하기, 보고서 작성 조직화하기, 자료에 대한 발표 조직화하기 등이다.
2. 앞서 분석한 예와 같은 개념도 분석에서 지도를 가져와 1~2페이지 이내의 계획하기 권고사항을 개발하기 위해서 이러한 지도를 활용하라. 고려해야 할 일부 영역들은 다음을 포함할 수도 있다.
   - 평정에 따른 군집 값들은 계획하기 과정의 실행 항목 범주들과 어떻게 서로 관련되는가?
   - 군집 평정값이 특정 권고사항의 우선순위 또는 상대적 시간 구조에 어떻게 영향을 미치는가?
   - 앞의 하와이 보건부의 최종 개념 지도들의 경우와 마찬가지로 개념 지도들의 체계적 분류가 군집을 위한 해석 구조에 도움이 되는가?
   - 다양한 평정 또는 인구통계 집단이 있다면, 패턴 일치시키기 도표는 이러한 계획하기 권고사항에 영향을 미치는 합의 또는 불일치의 영역에 대한 윤곽을 보여 주는가?
   - 만약 중요도 또는 실행 가능성과 같은 두 가지 평정값이 있다면, 이러한 군집 내의 진술문들의 방향-위치 도표는 관심 있는 특정 아이디어의 윤곽을 보여 주거나 높게 평정된 진술문들에 따른 경향들을 드러내는가?

제8장

평가에서 개념도 활용하기

CONCEPT MAPPING FOR PLANNING AND EVALUATION

제8장

평가에서 개념도 활용하기

아이디어는 지속되지 않을 것이다. 무언가 그 아이디어들에 대해 행해져야 한다.

—Alfred North Whitehead

프로그램 평가자는 지도 제작자(cartographer)의 한 유형으로 볼 수 있다(Trochim, 1999). 지도 제작자란 프로그램의 지형과 그 결과를 이해하고 도표화하고, 관찰과 측정을 안내하는 지도들을 개발하며, 바라는 목적지를 향하여 나아가는 진전도를 사정하기 위해 지도를 활용할 수 있는 사람이다. 개념도 방법론은 지도 제작의 이러한 은유를 조작할 수 있게 하는 이상적인 방법이다. 전통적인 지도 제작처럼, 개념도는 계획하기 및 평가의 경우에 후속 활동들을 안내하는 데 활용되는 지도를 창안한다. 그 지도들은 항상 특정한 관점, 즉 과정에 참여하는 사람들의 관점에서 만들어지고 프로그램 활동, 측정, 성과와 연결될 수 있는 개념구조를 제공한다.

평가에서 활용될 수 있는 개념도 방법들에 대한 논의를 시작하기 전에, 이 책의 도입부에 제시되고 [그림 8-1]에서 보여 준 프로젝트 실행 주기 모델을 상기하는 것이 유용하다.

그 모델은 개념화, 개발, 실행, 사정의 진행 중인 프로젝트 실행 주기를 제시한다. 처음의 두 단계는 전통적으로 계획하기에 대한 아이디어와 연관된다. 제7장은 개념도가 이러한 영역들을 다루기 위해 어떻게 활용되는지를 보여 주었다. 이 장은 실행에 대한 모니터링과 성과에 대한 사정을 포함하는 평가에 초점을 맞추고 있다.

[그림 8-1]에서 실행과 사정 간 구분은 프로그램 평가에서 과정 및 성과 평가 간에 종종 이루어지는 구분과 일치한다. 과정 평가는 실행 주기의 실행 단계를 다루고, 측정 도구 개발 및 프로그램과 즉각적인 결과물을 모니터링하는 데 측정 도구들을 활용하는 것을 포함한다. 사정은 성과 평가를 통해 완수되고, 이는 출력물 및 성과 척도 개발과 프로그램이나 개입의 효과를 추정하는 데 측정 도구들을 활용하는 것을 포함한다. 여기서는 과정-성과 평가 범주를 구분된 것으로 보기보다, 그것들이 하나의 통합된 노력 안에서 프로그램의 실행, 즉각적인 출력물, 장기적인 성과에 대한 사정을 포함하는 연속체인 것으로 묘사된다.

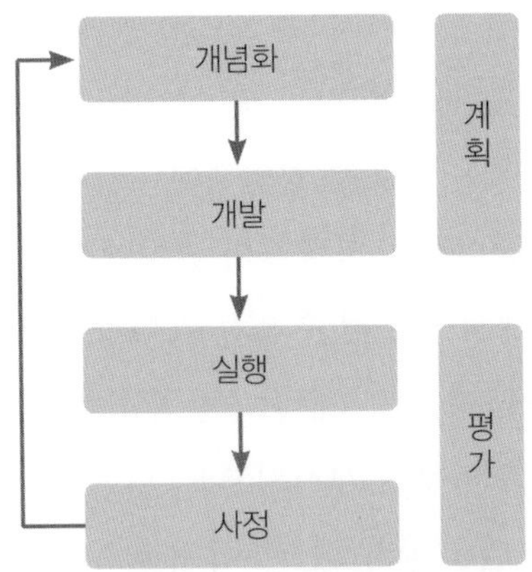

[그림 8-1] 기본적인 프로젝트 실행 주기 모델

사례 연구: 과정 및 성과 평가를 위해 개념도 활용하기

평가에서 개념도의 잠재적인 활용은 평가자의 독창성과 맥락의 제약에 의해서만 제한된다. 이 장에서는 이러한 활용에 대한 모든 잠재적 편차들을 설명하려고 시도하지 않는다. 대신에, 이 장은 개념도가 어떻게 과정 및 성과 평가 모두를 달성하기 위해 통합될 수 있는지를 보여 주는 복합적인 프로그램 사정을 위한 개념적 구조를 개발하기 위해 개념도를 사용하는 것에 대하여 특히 풍부하고 상세한 사례 연구를 제시하고 있다. 이러한 구조는 직접적으로 프로그램의 예상된 즉각적인 결과물과 중간 및 장기적 성과를 나타내는 성과 논리모델로 변환되었다. 그 개념도는 또한 출력물 및 성과에 대한 척도 개발을 조직하기 위해 활용되었다. 개념도의 구조는 혼합연구방법을 통해 다양한 방법으로 수집된 자료의 종합을 이끌었고, 지도 및 논리모델은 프로그램이 의도했던 것을 달성하고 있는 것으로 나타나는지의 여부를 사정하기 위해 성과들의 패턴을 조사하기 위한 구조를 제공했다. 이러한 상세한 사례 연구는 개념도가 평가에 사용될 수 있는 많은 방법을 설명하고 다른 잠재적 편차에 대해 생각하기 위한 구체적인 출발점을 제공해 준다.

프로그램

이러한 사례의 맥락을 제공해 주는 프로그램은 융복합흡연연구센터(Transdisciplinary Tobacco Use Research Centers: TTURC) 계

획으로(Stokols et al., 2003), 국립알코올남용 및 알코올중독연구소(National Institute on Alcohol Abuse and Alcoholism), 국립약물남용연구소(National Institute on Drug Abuse), 국립암연구소(National Cancer Institute)가 원래 5년이 넘게 70만 달러씩 공동 출자하여, 현재 두 번째 5년 주기로 재투자되고 있는 프로젝트이다. 이 프로그램은 연구에서 실제로의 전환을 장려하는 것뿐만 아니라, 흡연과 니코틴 중독, 그리고 이것들을 퇴치하기 위한 개입과 방법들에 대한 융복합적인 관점을 개발하는 데에 다양한 학문 분야의 사람들을 관여시키기 위해 설계된 연구 계획이다. 각각 다양한 프로젝트와 수십 명의 연구원을 보유하고 있는 일곱 개의 주요 대학 기반 센터가 이 연구 당시에 이 프로그램으로 자금을 지원받았다.

이 프로그램에 대한 평가는 전방위로 자금 투자자와 이해관계자들에게 독특한 도전을 제안했다. 평가는 센터의 실행에 대한 과정 사정에서부터 센터들의 즉각적인 산출물 및 성과, 궁극적으로 공중보건에 미치는 효과까지 모든 것을 총망라해야만 했다. 통제된 성과 평가를 위한 전통적인 모델은 여기에서 가능하지 않았다. 예를 들어, 임상실험 접근을 활용하고 무작위로 프로그램을 일부 센터에 할당하여 다른 센터들을 대조군으로 활용하는 것은 실현 가능하지 않았다. 더욱이 과정 평가만으로는 중간 및 장기적 효과에 대한 고려를 포함하는 데 충분하지 않았다. 이러한 평가는 과정 및 성과 접근을 포함하는 통합적인 접근을 요구하였다.

또한 바로 이러한 속성에 의해서, 융복합적 연구 계획은 방법, 성과, 기대가 다양한 서로 다른 유형의 연구자들을 소집하게 한다. 특히 협력적인 문화가 실험실 과학 및 방법론을 지향하는 경향이 있는 임상 연구자들과 응용 연구방법과 개인 또는 모집단 개입을 지향하는 사회연구자들이 포함되도록 발전해야만 했다. 센터는 평가에 협력할 필요가 있었고, 그래서 사용된 방법론은 주관 기관 구성원 전체에 걸쳐 광범위한 참여를 포함할 수 있어야만 했다.

여기서 설명하는 연구는 복잡한 과학적 연구 계획을 평가하기 위한 방법을 탐색하기 위해 다년간의 예비 프로젝트로 수행되었다. 자료의 종합과 측정 도구들의 개발을 조정하기 위한 개념구조로서 사용될 수 있는 논리모델을 개발하기 위해서, 그리고 평가를 개념화하기 위한 중심 방법론으로 개념도가 선정되었다.

지도

초기의 개념도 프로젝트는 TTURC 센터 연구원들, 자금투자기관 대표들, 주관 기관 자문가들, 그리고 담배 규제 옹호 집단과 같은 기타 이해관계자들을 포함하여, 계획과 관련된 주요 집단 전체에 걸쳐 뽑힌 34명의 이해관계자 집단을 포함하였다. 이러한 참여자들은 다음과 같은 초점 프롬프트를 사용하여 웹으로 평가 준거를 브레인스토밍하였다.

"TTURC 계획이 만약 ________한다면 성공할 것이다."

이해관계자 집단은 총 262개의 브레인스토밍된 진술문을 산출했고, 이는 궁극적으로 97개의 고유한 진술문 세트로 축약되었다. 이러한 진술문들은 5점 응답 척도로 중요도에 대해 평정되었고, 개념도 분석은 97개의 진술문을 13개의 개별적인 군집 세트로 하여 지도를 만들었다. [그림 8-2]는 군집으로 지도를 만든 97개의 진술

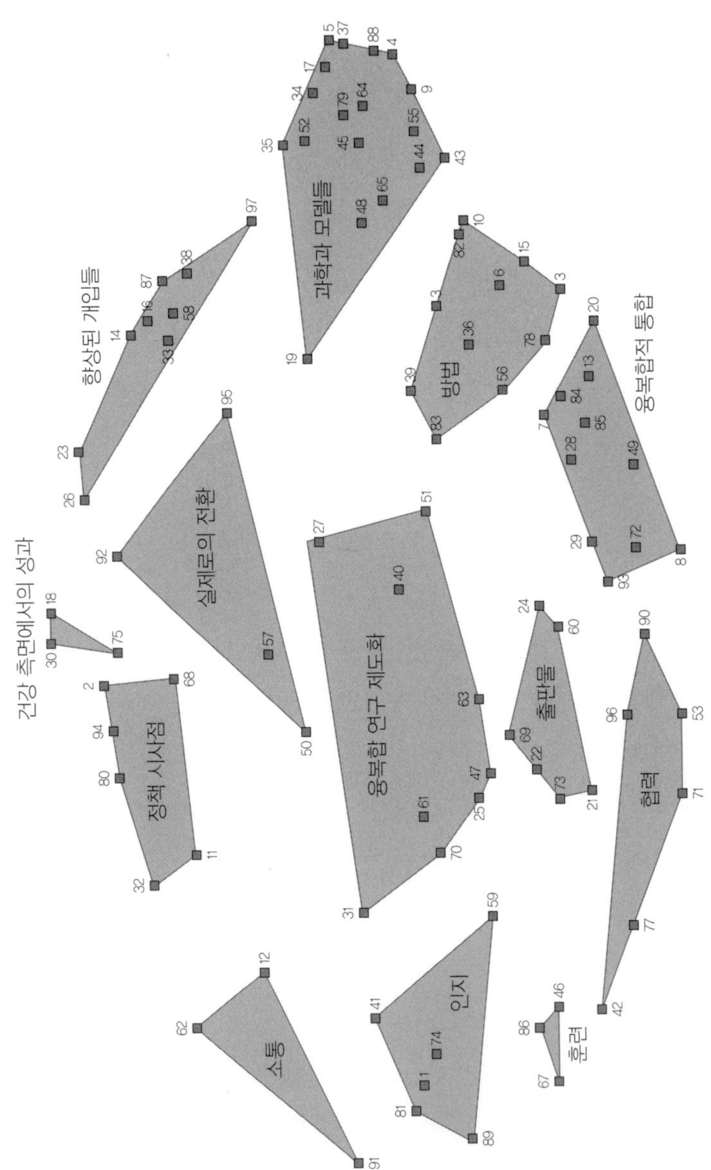

[그림 8-2] TTURC 평가를 위해 97개 진술문의 13개 군집으로 구성된 포인트 군집 지도

문을 보여 준다. 브레인스토밍된 진술문들의 유형을 이해시키기 위해 〈표 8-1〉은 13개의 군집을 나열하여, 각 군집 내 가장 높은 중요도 평정값을 갖는 세 개의 진술문을 보여 주고 있다.

지도의 해석은 [그림 8-3]에서 보여 주는 최종적인 성과 지도를 생성하여, 다섯 개의 광범위한 지역들 또는 소통, 건강 영향요인, 전문적인 승인, 협력, 과학적 통합의 메타 범주들로 배열된 13개의 군집들을 보여 주었다. 대략적으로, 시간이 흐르면서 군집들이 순서대로 배열될 수 있음 또한 명백하게 되었다. 지도의 하단에는 소통, 훈련, 융복합적 통합과 같은 계획을 실행하는 즉각적인 과정이 반영된 군집들이 있다. 지도 중앙에 걸쳐서는 과정, 구조, 성과들의 측면에서 중간적이고 구조적인 함의점들과 관련된 군집들이 있다. 이는 순서대로 성공을 위한 단기, 중간, 장기 지표들과 일치한다.

평가를 위한 논리모델을 개발하기 위하여 개념 지도 활용하기

지난 수십 년에 걸쳐 평가에서 가장 중요한 발전들 중 하나는 프로그램 이론의 진화이다(Chen, 1990; Chen & Rossi, 1983). 그것은 실험적인 평가 모델에 대한 직접적인 반응을 만들어 냈고, 이러한 실험적인 평가 모델은 단일한 이분변수를 사용하여 비교 조건과 대조적으로 치료나 프로그램을 보는 경향이 있었다. 프로그램 이론 접근은 프로그램이 어떻게 작동되는지 그리고 프로그램이 어떻게 즉각적인 결과들과 이런 결과들을 통해서 장기 성과에 영향을 끼쳤는지에 대한 모델이나 '이론'을 개발하는 것을 포함하였다. 논리모델의 아이디어(Kellogg Foundation, 2001)는 이러한 강조점과 일치한다. 논리모델은 프로그램이나 개입을 위한 환경적 요인, 투입, 결과물, 성과를 보통 도표 형태로 일반적으로 보여 주는 구조이다.

이 프로젝트에서 개념도는 성과 논리모델로 지칭할 수도 있는 논리모델의 하위 유형을 개발하기 위해 활용되었고, 여기서 강조점은 평가를 위한 주요 결과물과 성과 사이의 관계를 보여 주는 것에 있어, 환경과 투입 요인들은 눈에 띄게 파악되지 않는다는 것이다. 모델의 이러한 유형은 특히 평가에서 중요한데, 이러한 이유는 결과 및 성과의 측정과 직접적으로 관련될 수 있기 때문이며, 이것은 우리가 나중에 보여 줄 것이다.

표 8-1 가장 높은 중요도 평균값을 지닌 세 개의 진술문을 포함한, TTURC 평가 프로젝트로부터의 군집들

협력		
90	담배 연구에 참여하고 협력하는 학문의 다양성이 증대된다.	3.86
53	지속 가능한 융복합적 협력이 기존 센터 간 및 센터 내에 발생한다.	3.76
42	소통의 용이함이 TTURC 간 및 전체에 걸쳐서 나타난다.	3.57
소통		
12	담배 관련 연구는 대중에게 더 효과적으로 전달된다.	3.62
62	미디어에서 폭넓게 다루어지는 흥미롭고 중요한 연구 결과들이 산출된다.	3.27
91	TTURC 연구 결과가 빈번하게 보도자료에서 발표된다.	2.65
건강 측면에서의 성과		
18	흡연율이 감소된다.	3.97
30	담배 관련 질병 및 사망률이 감소된다.	3.95
75	담배 제품 시장이 초래하는 대중 건강에 미치는 피해의 결과들에 대한 폭넓은 이해가 이루어진다.	2.91

향상된 개입들		
26	흡연을 줄이는 데 효과적인 개입들이 개발되고 보급된다.	4.30
23	연구 결과들은 성공적인 개입으로 전환되었다.	4.30
16	여러 학문 분야를 포함하여, 청소년 흡연을 예방하는 새로운 방법들이 개발된다.	4.27
방법		
15	여러 분석 수준에 걸쳐 증거를 통합하는 담배 연구의 새로운 통합이 달성된다.	3.86
6	이전에는 니코틴 중독이나 금연에 적용되지 않았던 방법들이 개발/적용 및 응용된다.	3.81
19	연구 영역들은 단편적으로가 아니라, 보다 신속하고 철저하게 다루어진다.	3.68
정책 시사점		
94	연구로부터의 결과들이 정책에 신속하게 유포/보급된다.	3.89
2	개선된 담배 규제 방법의 유포 및 실행이 정책 수준에서 일어난다.	3.76
11	분명한 융복합적 학문의 뿌리에 기반한 유용한 정책 개입들이나 시사점들이 새롭게 발생한다.	3.75
출판물		
73	아주 유명하고 인용지수가 높은 학술지(예: 『Science』『NEJM』『Nature』『JAMA』)에 게재된 담배 연구가 증가한다.	3.92
69	담배 관련 원고들이 비담배 학술지에 게재된다.	3.22
22	TTURC 과학자들에 의해 수행된 연구가 높은 인용 횟수를 가진다.	3.19
인지		
1	센터들에서의 연구가 독립적인 출처(예: 학술지, 기관 등)에 의해 중요하거나 주목할 만한 것으로 인정된다.	4.05
74	융복합적 연구가 학술기관에서 더 가치 있게 되고, 확대된 지원을 받는다.	3.81
41	담배 연구가 대학들과 행정가들에 의해 더 높은 우선순위(예: 주어진 자원)로 간주된다.	3.73

과학과 모델들		
4	흡연의 생물학적이고 환경적인 요인들 간 관계를 이해하는 데 있어서 진전이 가속화된다.	3.97
17	니코틴 중독 단계의 여러 가지 결정요인이 더 잘 이해된다.	3.86
65	유용한 융복합적 이론 또는 모델들이 개발되고 새로운 통찰력을 얻거나 흥미로운 연구를 촉진한다.	3.81
융복합 연구 제도화		
51	결과들은 TTURC 메커니즘 없이 성취했을 것보다 더 큰 기여를 한 것으로 판단된다.	4.03
27	명확한 융복합적 학문에 기반한 개입들, 통찰력, 또는 프로그램들	3.57
47	(단일) 학문 분야 기반 연구의 한계점들에 대한 이해가 증진된다.	3.41
훈련		
67	혁신적인 담배 연구에 대해 관심을 갖고 독특한 맥락을 개발하는 새로운 연구자들이 훈련된다.	4.14
46	새로운 과학자들이 융복합적 연구에 대해 훈련받고 이를 수월하게 생각한다.	4.11
86	담배 규제 연구원들로서의 훈련 기회가 소수 민족에게 더 많이 제공된다.	3.22
융복합적 통합		
20	담배 규제 연구와 프로그램들이 중독에 대한 유전학, 신경과학, 약리학의 역할에 따라 알려진다.	3.84
7	새로운 융복합적 연구 제안들은 그 센터들에서의 새로운 예비 시범 작업에서 진실로 도출된다.	3.84
85	흡연과 니코틴 연구 과학자들은 그들 자신과 다른 분야들에서의 연구를 통합한다.	3.81

실제로의 전환		
92	담배 의존 치료와 일상 건강 관리를 더 잘 통합한다.	3.89
50	그 과정은 기초연구부터 실제에서 적용된 결과물까지 연계시키는 이점들을 보여 준다.	3.78
95	다학제 간 상호작용으로부터 도출된 새로운 구성 개념들이 만들어지고 실제에 채택된다.	3.65

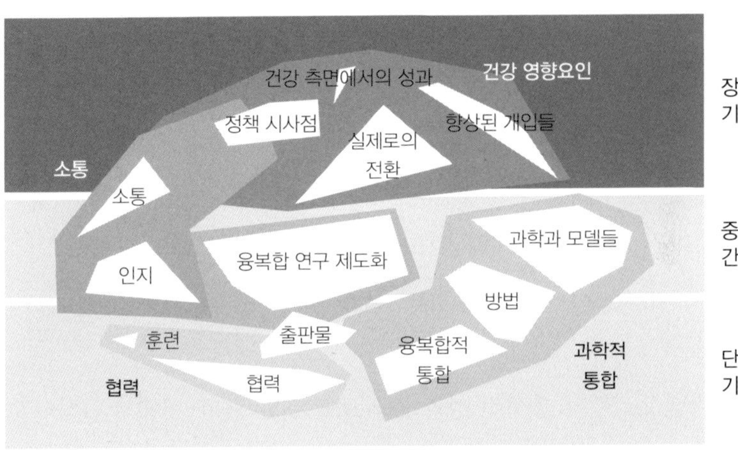

[그림 8-3] TTURC 평가 프로젝트로부터의 성과 지도

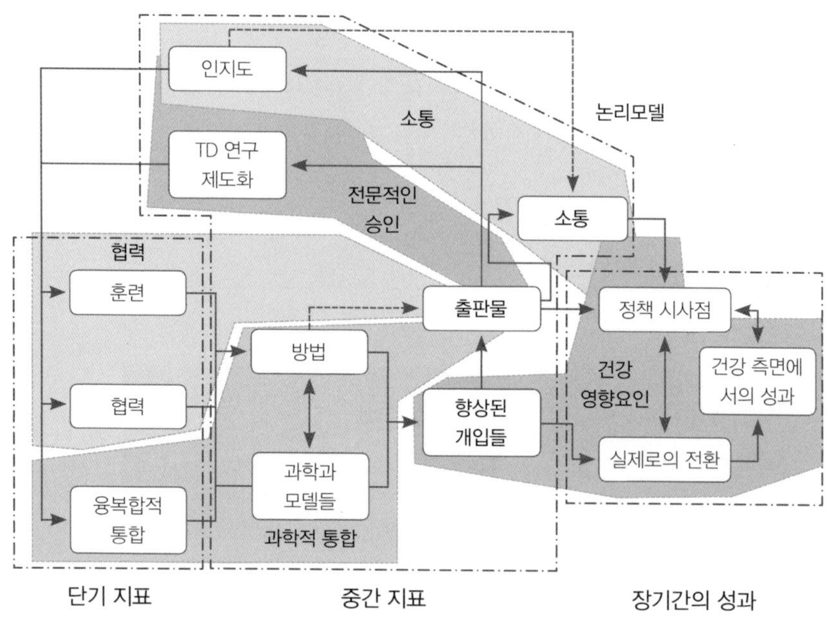

[그림 8-4] TTURC 평가 프로젝트를 위한 개념 및 성과 지도로부터 도출된 논리모델

개념도로부터 생성된 성과 논리모델은 [그림 8-4]에서 나타나고 있다. 지도로의 연결들이 바로 보인다. 본질적으로, 지도를 90도 회전하는 것은 왼쪽에서 오른쪽 순서로 군집들을 대략 정렬하였고, 단기 지표에서 중간 지표로, 그리고 장기간의 성과로 흘러가게 했다. 그런 다음, 군집들의 근접성, 시간에 따른 인과관계의 있을 법한 흐름, 피드백의 가능성을 바탕으로 주요 인과관계들이 화살표로 그려졌다.

지도 왼쪽에서 시작하는 군집들은 주관 기관의 주요 활동들과 그들의 즉시적인 결과물인 **훈련**(training), **협력**(collaboration), **융복합적 통합**(transdisciplinary integration) 모두를 나타낸다. 이상적으로, 이것들이 가장 즉시적인 결과물과 성과, **방법**(methods)의 개선, 그리고 과학과 모델들(science & models)의 발전으로 이끌었을 것이다. 이것은 순서대로 두 가지 주요한 결과를 이루었을 것이다. 연구자들은 향상된 개입들(improved interventions)을 개발하고, 이에 대한 연구는 (방법의 개선과 과학과 모델들의 발전과 함께) 과학적 출판물(publications)로 이끌었을 수도 있다.

과학적 맥락에서, 동료 평가 출판물들은 생산성의 기본 단위이자 과학적 진보의 지표이다. 그러한 출판물들은 연구자와 그들의 센터들에 대한 인지도(recognition)를 더 높이고 그들을 후원하는 기관들(대학, 의과대학 또는 공중보건대학) 내에서 더 많은 융복합적 연구 제도화(transdisciplinary research institutionalization)를 장려한다. 이러한 더 많은 인지도와 제도화는 센터들 자체에 대한 더 큰 지원으로 이끌게 된다. 즉, 이는 더 많은 지원과 아마도 더 많은 훈련, 협력, 융복합적 통합으로 이끄는 피드백 고리를 구성하게 한다. 출판물들 그리고 출판물로부터 파생되는 인지도는 연구의 의사소통(communication)을 위한 주요한 투자이고, 이러한 의사소통은 정책적 시사점(policy implications)들을 가져오는 주요 요인이 된다. 연구 맥락들에서 개발된 개선된 개입들은 실제로의 전환(translation to practice)을 거치고, 이러한 실제는 그것을 뒷받침하는 정책 변화들과 함께, 담배 및 담배 제품들의 보급과 소비의 감소와 질병률 및 사망률 감소를 위한 장기간의 건강 측면에서의 성과(health outcomes)의 주요 동인이 된다. 개념 지도는 이러한 단순한 성과 논리모델의 기초와 참여자들 자신의 관점에서 비롯된 암묵적인 프로그램 이론을 기술하는 설명서를 제공하였다. 개념도 연습으로부터 도출된 논리모델의 다른 예에 관하여 Anderson 등(2006)을 참조하고, 개념도가 프로그램 이론을 개발하는 데에 어떻게 활용될 수 있는지에 대해 더 배우기 위하여 Rosas(2005)를 참조하라.

평가 질문들을 개발하기 위해 개념 지도 활용하기

어떤 복잡한 평가에서, 특히 과정과 결과 평가 모두를 포함하는 평가에서 고려될 필요가 있는 여러 질문이 있다. 한 가지 주요한 도전은 이러한 질문들을 확인하여 효과적으로 처리될 수 있도록 그 질문들을 구조화하는 것이다. 개념 지도는 그런 질문들을 개발하기 위해 유용한 장치를 제공하고, 지도의 구조는 질문들의 사용을 안내하는 데 도움이 된다. 예를 들어, 이 프로젝트에서 우리는 주요 평가 질문들을 확인하기 위해 지도의 함축된 구조[기간(단기에서 장기로), 군집 범주들, 범주들 내 진술문들]를 활용하였다. 우리는 대략 군집들을 기간에 따라 분류하였고(성과 논리모델에서), 각 군집에 대해 우리는 대단히 중요한 질문을 공식화했다. 각 군집 내에서, 우리는 관심 있는 특정한 하위 질문들의 개발을 안내하기 위해 진술문들을 활용하였다.

〈표 8-2〉는 결과로 도출된 평가 질문들을 보여 준다. 지도 내용과 질문들 사이에 직접적인 관련성이 있다. 또한 이것은 자료 종합과 분석에 대해서도 시사점을 지닌다. 그러나 아마도 지도를 질문 개발의 기초로서 활용하는 것의 가장 중요한 특징 중 하나는 그 내용이 그런 다음에 참여자들(이 경우, 연구자들, 자금 투자자들 및 관계자들)에게 바로 역추적되고 그들의 언어로 진술된다는 것이다. 그들은 지도를 해석하는 데에 참여하였기 때문에, 평가 질문들의 구조는 특히 그들 자신의 개념적 구조와 일치해야 한다. 이러한 의도들과 평가 질문들의 정렬은 전체 연구책임자가 프로젝트의 전략적

비전에 대한 추적을 지속하는 데에 도움이 되고, 또한 그들의 작업에서 개인적인 임무와 관련된 엄청난 양의 세부적인 운영 사항을 관리할 수 있는 데에 도움이 된다.

표 8-2 개념도에서 도출된 평가 질문 목록*

단기 지표

센터들의 협력적인 융복합적인 업무(훈련을 포함하여)가 얼마나 잘 수행되고 있는가?

- 협력과 융복합적 연구에 대한 TTURC 연구원의 태도는 어떠한가?
- 연구자들은 협력, 융복합적 연구, 훈련, 기관 지원, 센터 관리에서 그들의 센터의 성과를 어떻게 사정하고 있는가?
- 센터들의 협력, 융복합적 연구, 훈련 활동들의 예는 무엇인가?
- 센터들의 협력, 융복합적 연구, 훈련 활동들의 질과 영향은 무엇인가?
- TTURC 연구 출판물들은 협력 및 융복합적 연구의 근거를 제공하는가? 그리고 '전통적인' 연구와 그 출판물들을 어떻게 비교하는가?
- TTURC들의 관리는 얼마나 효과적이고 효율적인가?

중기 지표

센터들의 협력적인 융복합적 연구는 새로운 또는 개선된 연구방법, 과학적 모델, 이론의 개발을 이끄는가?

- TTURC 연구자들은 방법, 과학, 모델 개발에서의 진전도에 대해 어떻게 사정하는가?
- 방법, 과학, 모델에 있어서 어떤 진전이 있었는가?
- 방법, 과학, 모델에서 있어서 진전의 예는 무엇인가?
- TTURC 연구자들이 새로운 보조금을 받는 데 얼마나 생산적인가?

TTURC 연구는 높은 질로 인정받는 과학적인 출판물들을 도출하는가?

- TTURC들은 출판에 있어서 얼마나 생산적인가? 시간이 지남에 따라 이러한 변화는 어떠한가?
- 출판된 연구의 질은 어떠한가?

TTURC 연구는 대내외적으로 연구의 목표를 성공적으로 달성할 것 같은 양질의 연구로 인식되고 있는가?

- 주관 기관들은 TTURC들에 그들의 업무를 위한 적절한 공간, 자원들, 지원을 제공하고 있는가?
- 주관 기관들은 TTURC 업무를 승진이나 정년보장 같은 표준적인 학업 보상 기제를 통해 보상하고 있는가?
- 외부의 개인들과 조직들(예: 자금 투자자들, 전문적인 협회들)이 TTURC 업무를 인정하고 보상하고 있는가?

TTURC 연구는 효과적으로 소통이 이루어지고 있는가?

- TTURC들은 연구원들과 외부 사이에서 얼마나 효과적으로 소통하는가?
- TTURC들에서 효과적인 의사소통에의 주요 장벽들은 무엇인가? 그리고 그 장벽들은 시간이 지남에 따라 달라지는가?

장기 지표

모델들과 방법이 향상된 개입들로 전환되는가?

- (개입의 다른 유형들을 위해) 새로운 혹은 개선된 개입들을 개발하는 데 있어 어떤 진전이 있어 왔는가?

TTURC 연구가 보건 정책에 영향을 미치는가?

- 어떤 정책들이 TTURC 연구의 영향을 받았는가?

TTURC 연구가 건강 실천에 영향을 미치는가?

- TTURC 연구가 얼마나 효과적으로 실제로 전환되었는가?(서면, 비디오, 혹은 소프트웨어 자료의 개발을 포함하기, 실무자 훈련하기, 지침 개발하기, 복리후생 제도들에 영향을 주기)

TTURC 연구가 건강 측면에서의 성과에 영향을 미치는가?

- 연구자 및 동료 평가자는 TTURC 연구의 건강 측면에서의 성과들에 미치는 영향에 대해 어떻게 사정하는가?

* 질문들이 기간별로 정리되어 있다.

측정 도구와 척도를 개발하기 위해 개념 지도를 활용하기

개념도에서 세부적인 내용은 특히 측정 도구와 척도들을 개발하는 데 유용할 수 있다. 이것은 놀라울 일이 아닌데, 그 이유는 개념도의 경우 그것의 핵심적인 분석으로서 다차원 **척도법**(scaling)을 가지고 있기 때문이다. 이 프로젝트에서, 지도는 성과 지표들의 전체 범위와 관련된 TTURC 연구자들의 의견 및 평가적인 사정을 도출하기 위해 설계된 설문 도구인 연구자용 양식의 첫 초안을 개발하는 데 활용되었다. 그 도구는 하위 그룹으로 나뉘고, 구체적인 군집들에 할당되고, 그러한 군집들에서 진술문들을 검토하고, 잠재적인 질문들이나 설문 문항들을 개발하도록 요청받은 참여자들에 의해 협력적으로 설계되었다. TTURC 자금 투자자들, 자문가들, 연구자들은 이러한 양식을 위해 수백 개의 잠재적인 문항을 산출하였다. 이러한 문항들은 성과 논리모델에서 성과 범주들로 분류되었고 연구자용 양식에서 다중 문항 질문들로 분류되었다.

이 양식은 협력, 융복합적 통합, 과학·모델·방법들, 내외적인 지원과 승인, 소통, 그리고 정책·실천 및 건강 측면에서의 성과에서 TTURC 연구의 영향을 포함하여, 논리모델에서 모든 성과 범주의 진전도에 대한 연구자들의 판단을 측정한다. 이 도구는 TTURC 평가 방법론 팀, 자금 투자자들, TTURC 자문 위원회, TTURC 수석 연구자들 등을 포함한 다양한 집단과 함께 여러 순환 주기의 검토 및 개정을 통해서 이루어졌다.

그 양식은 각 척도마다 여러 문항을 지닌 네 가지 척도(협력에 대한 만족, 신뢰와 존중, 협력의 성과, 융복합적 연구)를 포함하였다. 확인적 요인 분석 결과는 지도에 의해 제안된 협력 및 융복합적 척도의 선험적 요인구조가 약간의 수정으로 검증되었음을 나타냈다. 게다가 26개의 색인 변수는 서로 다른 문항들을 적절하게 추가하거나 평균을 내어 구성되었다. 마지막으로, 그것은 각 개념 지도 군집 영역들(다양한 하위 영역으로 구분된 여러 영역과 함께)에서 그들의 전반

표 8-3 TTURC 개념도로부터 개발된 연구자용 양식에서의 전반적인 성과 사정을 위한 문항

다음의 각 영역에서 지난 12개월 동안 **당신의 센터의 전반적인 성과**를 평가해 주세요.

각 문항별로 하나의 응답에 동그라미를 표시하라.	부적절한	좋지 못한	만족스러운	좋은	훌륭한
a. 학생들, 새로운 연구자들, 그리고 직원의 훈련	1	2	3	4	5
b. 센터 내 연구 협력의 효과	1	2	3	4	5
c. 여러 학문 분야에 걸친 연구의 통합	1	2	3	4	5
d. 융복합적 연구를 수행하는 역량	1	2	3	4	5
e. 새로운 과학이론이나 모델의 개발, 또는 기존 이론들의 강화	1	2	3	4	5
f. 새로운 연구방법들의 개발을 이끄는 연구	1	2	3	4	5
g. 출판 생산성	1	2	3	4	5
h. 출판물의 질	1	2	3	4	5
i. 향상된 개입들의 개발	1	2	3	4	5
j. 연구를 위한 기관 지원	1	2	3	4	5
k. 센터 관련 연구의 승인	1	2	3	4	5
l. 연구 결과의 소통(출판물 외)	1	2	3	4	5
m. 연구에서 실천으로의 전환	1	2	3	4	5
n. 연구에서 정책으로의 전환	1	2	3	4	5
o. 최종적인 건강 측면에서의 성과에 영향을 미치는 역량(예: 유병률, 질병률, 사망률)	1	2	3	4	5
p. 센터의 전반적인 관리	1	2	3	4	5

적인 성과 사정을 평정하기 위해 연구자들에게 요청한 질문을 포함하였다. 〈표 8-3〉은 이러한 질문들을 보여 준다.

이 연구자용 양식의 실행 자체는 궁극적으로 둘 다 과학적으로 엄격하고 주요 이해관계자들의 그 부분에 대한 합의를 반영하는 협력적이고 융복합적인 평가 방법론을 구성하였다.

종합과 분석을 위한 구조로서 개념 지도를 활용하기

지도의 구조는 다양한 출처로부터 혼합연구방법 자료들의 결과를 종합하는 데 사용되는 내용 기반 분류체계를 제공하였다. 연구자용 양식으로부터 얻은 조사 결과들은 개념 지도상의 군집들로 명확하게 분류될 수 있었는데, 그 이유는 개념 지도가 군집들의 개발을 안내하는 데 사용되는 구조였기 때문이다. 또한 결과들이 지도 구조와 직접적으로 관련될 수 있도록 하는 몇 가지 측정 도구가 구성되었다. 우리는 각 센터로부터 각각의 프로젝트(3년에 걸쳐 272개의 연구 프로젝트)에 대한 연간 진행 보고서의 체계적인 동료 검토를 수행하였다. 각 프로젝트에는 일반적인 진행, 여러 집단(과학자, 실무자, 정책입안자, 고객들)에 미치는 프로젝트의 잠재적인 영향, 군집 범주들 각각에 대하여 각 프로젝트를 평가하는 두 명의 독립적인 검토자가 무작위로 할당되었다. 검토자들은 또한 질적인 평가 의견들을 제공하였다. 우리는 그 요약들이 각각의 개념도 성과 범주들을 다루고 있는지의 여부를 코딩함으로써, 모든 연간 프로젝트 보고서 요약 기술들에 대한 내용 분석을 수행하였다.

이러한 세 가지 다른 자료 출처, 즉 조사, 동료 평가, 연간 보고서에 대한 내용 분석은 개념도 및 개념도에 수반하는 논리모델의 관점에서 의도적으로 구조화되었다. 이것은 특히 세 가지 다른 혼합 연구방법에 걸쳐 결과들을 통합하기 위한 유용한 구조를 제공하였고, 이에 따라 이것은 결과들의 보다 직접적인 종합과 자료 출처에 걸친 결과들의 패턴에 대한 이해를 가능하도록 하였다.

성과 패턴들을 검증하기 위해 개념 지도를 활용하기

앞에서 설명한 바와 같이, TTURC 논리모델은 단기 지표로 시작하여 시간에 따라 장기 지표에까지 도달하는 일련의 연구 계획의 성과들을 제안한다. 이러한 패턴은 관측된 결과가 패턴 일치시키기 설계의 한 유형인 논리모델에 의해 제안된 기대치들과 일치하는 정도를 검증할 수 있게 한다(Trochim, 1985, 1989d). 일반적으로 논리모델에 기초한다면, 우리는 가장 단기 결과물들 또는 지표들이 가장 초기에 영향을 받고, 모델에서 더 오른쪽에 있는 성과들이 나중에 결과를 보일 것으로 예상할 것이다. 결과들이 연이어 수십 년에 걸쳐 쌓이는 동안, 우리는 패턴이 논리모델에서 왼쪽에서 오른쪽으로 이동하는 파동처럼 보이는 것을 예상하였고, 이러한 파동은 단기 지표들이 중간 지표들을 지속적으로 이끌고, 이는 차례대로 장기 지표들을 이끄는 것이었다.

설명하기 위해, 우리는 그 연구 계획의 첫 3년에 걸친 모든 프로젝트를 위한 개념도 및 논리모델 성과 범주들 각각에서의 진전도에 대한 동료 검토 사정의 결과들을 도표화하여 왔다. 이러한 결과들은 [그림 8-5]의 논리모델 그래프에 도표로 표시된다. 각 군집에 대해, 세 개의 세로 막대는 그 연구 계획의 첫 3년을 나타낸다. 각 막대는 모든 연구 프로젝트에 걸쳐 무작위로 할당된 두 명의 동료 검토자 군집을 위한 평균 평정값을 나타낸다(N=272, 대략적으로 매년 85명). [그림 8-5]에서 몇 가지 점이 눈에 띈다. 예상한 대로, 더 높은 막대가 단기 및 중간 지표들에 대한 모델의 왼쪽에 나타나고, 오른쪽에 장기 지표에 대한 더 낮은 진전도가 나타나고 있다. 그리고 거의 모든 경우에, 3년에 걸쳐 평정된 진전도의 향상이 눈에 띈다.

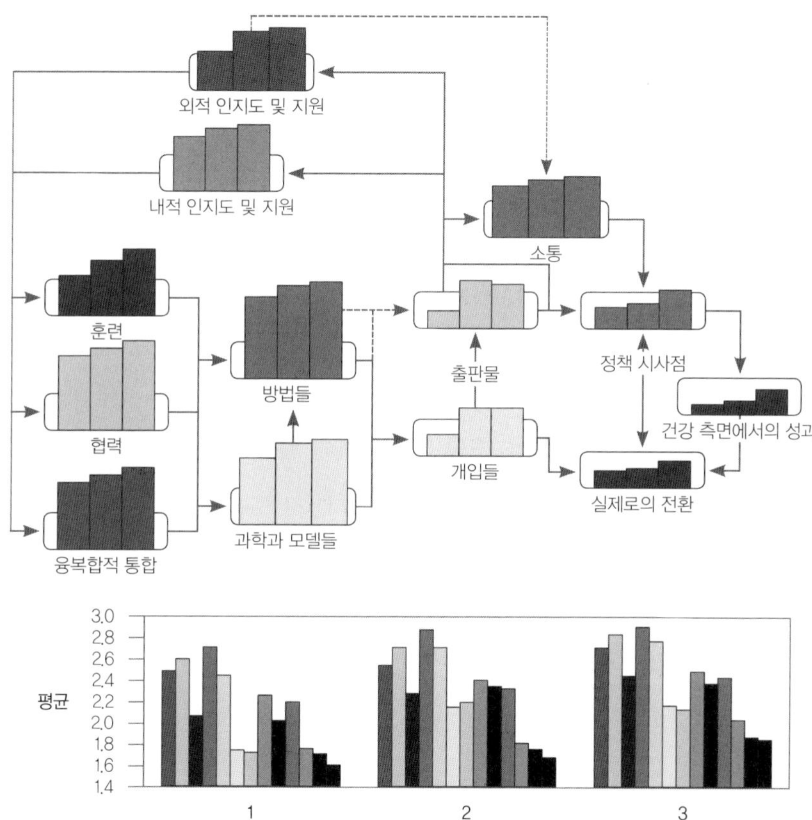

[그림 8-5] 연구 계획의 1~3년 동안 개념도(및 논리모델) 범주에 의한 TTURC 프로젝트의 진전도 보고서에 대한 동료 평가 평균 평정값의 결과

그러한 패턴 일치시키기 가설 모델에 대한 공식적인 통계 검증은 아직 개발되지 않았으나, 세 가지 자료 출처에 대해 관찰된 TTURC 지표들의 패턴은 TTURC 논리모델에 의해 예측될 수 있는 것과 시각적으로 잘 일치하고 있다. 일반적으로 단기 지표들(즉, 진전도 측정)은 가장 큰 진전도를 보이고, 예상되는 대로 중간 및 장기 지표들은 더 낮은 진전도를 보이고 있지만 진전도 수준이 점진적으로 증가하고 있다. 시간 경과에 따른 시각적 경향성은 TTURC 계획이 그것들의 프로그램 이론을 구성하는 논리모델을 고려해 볼 때 기대될 수 있는 기준선을 따라 진전도를 만들고 있음을 제안한다. 기대치와 패턴의 전반적인 일치는 개념 지도에 기반한 논리모델에 일치하는 체계적인 무언가가 발생하고 있다는 것을 제안한다.

이러한 종류의 패턴 일치시키기 사정은 평가에서 인과관계 사정에 대해 중요한 함의점들을 갖는다. 비교 집단을 가질 수 없는 상황들에서, 결과 변수들의 스펙트럼 및 변수들의 특정한 기대 패턴은 변수들 자체가 비동등 종속변수 설계의 패턴 일치시키기 버전에서 통제 요인들로서 작용할 수 있게 한다(Cook & Campbell, 1979). 변수들에 걸친 결과 패턴들이 이론적으로 기반한 기대들과 일치할 때(그리고 그 결과 패턴을 생성할 가능성이 있는 다른 타당한 인과 요인들이 없을 때), 이것은 프로그램이나 개입이 인과적 영향을 미친다는 아이디어를 뒷받침하는 증거로서 받아들여질 수 있다.

요약

개념도는 평가에서 중요한 역할을 할 수 있다. 이러한 지도들은 프로그램의 계획, 개발, 실행, 평가를 안내할 수 있는 '접착제' 혹은 개념적 구조로서 사용할 수 있는 평가체계 관점에서 특히 유용하다. 지도들의 위계적 특성은 계획하기 맥락에서 전략적 수준 비전을 보다 구체적인 실행과 연결하기 위한 구조를 제공한다. 평가를 위해, 이러한 위계는 측정 도구를 조작하고, 데이터 및 분석을 구조화하며, 구체적인 자료 요소들을 더 큰 성과 패턴과 관련시키는 우리의 역량을 향상시킨다.

우리는 이 장에서 유용한 응용 프로그램들을 다양하게 잘 보여주는 평가 맥락에서 개념도 활용의 자세한 예를 제시했다. 우리는 이해관계자들의 암묵적 프로그램 이론들의 논리모델을 개발하고, 측정 도구나 척도를 개발하고, 혼합 방법 평가에서 서로 다른 자료 출처들의 자료들을 연결하고, 프로그램 평가에서 인과관계를 탐구하기 위한 성과의 패턴 일치시키기 분석을 만드는 데에 개념도의 유용성을 입증하였다.

그렇지만 응용 프로그램들의 잠재적 변형은 단지 제공된 요소들을 상당히 뛰어넘는다. 개념도는 질적 연구를 위해서도 의미 있는 잠재적 이점을 지닌다. 개념도는 자료의 주제와 관련된 질적 분석을 위한 주제 범주들에 대한 분류체계를 개발하는 데에 활용될 수 있다(Jackson & Trochim, 2002). 혹은, 그것은 프로그램이 그들에게 어떤 영향을 주었는지를 지도로 만들기 위해 참여자들과 함께 직접 활용될 수 있다. 개념도는 참여적 실행 연구(Participatory Action

Research: PAR; Reason & Bradbury, 2001) 혹은 공동체 기반 참여 연구(Community-Based Participatory Research: CBPR) 작업에서 구조화하는 방법론으로 활용될 수 있다(Krieger et al., 2002; Macaulay, 1999). 이러한 사례들 및 기타 사례에서 개념도는 평가를 위한 유용하고 엄격한 방법을 제공할 뿐만 아니라, 특히 자료 생성만이 아니고 분석 및 해석의 협력적인 과정에서 직접적으로 참여자들을 포함시키는 새로운 평가 모델의 지평을 열고 있다.

개념도는 평가에서 큰 가치를 지님에도 불구하고, 그것은 현재 활용되는 방법론을 배제하거나 대체하지 않는다. 오히려 그것은 평가를 달성하기 위한 보완적이거나 대안적인 방법이다. 개념도는 효과적으로 표준적인 조사연구와 결합하여, 설문 질문들을 산출하고 설문조사 결과들을 분석하기 위한 구조를 제공하는 역량 모두를 향상시킬 수 있다. 개념도는 유용한 보완적 혹은 대안적 요구 사정 접근 방법으로서 잘 기여할 수 있다. 지도를 만드는 것은 초점 집단 접근 방법에 반하는 것이 아니다. 그것은 초점 집단의 특정 유형을 수행하기 위한 통계 및 과정 구조를 제공하는 것으로, 상호 보완적인 것으로 간주될 수 있다. 또한 개념도는 실험 및 준실험 설계와 같은 인과적 사정을 위한 전통적인 방법론에서도 중요한 역할을 할 수 있다. 그러한 맥락들에서, 개념도는 프로그램을 사정하는 데 활용되는 측정 도구와 프로그램 모두의 구성타당도를 제기하기 위한 개념적·수학적 구조를 제공해 줄 수 있다. 이러한 모든 활용에서, 개념도는 확립된 방법론들을 보완하고 평가를 개선하기 위한 다양한 이해관계자 참여 구조를 제공한다. 우리는 여전히 질적 평가를 수행할 것이고, 우리는 여전히 성과를 사정하기 위해 실험 및 준실험 설계를 활용할 것이다. 개념 지도들은 유용한데, 그 이유는 기본적으로 평가를 위한 이론적 근거들을 명확하게 표현하고 검증하는 우리의 역량을 향상시키고, 관련된 청중 및 고객층들이 더 잘 이해할 수 있도록 결과를 그림 형식으로 제시하는 것을 장려함으로써 그것들이 평가 자료의 전통적인 분석을 확장하고 강화하기 때문이다.

제9장

미래 지도 만들기

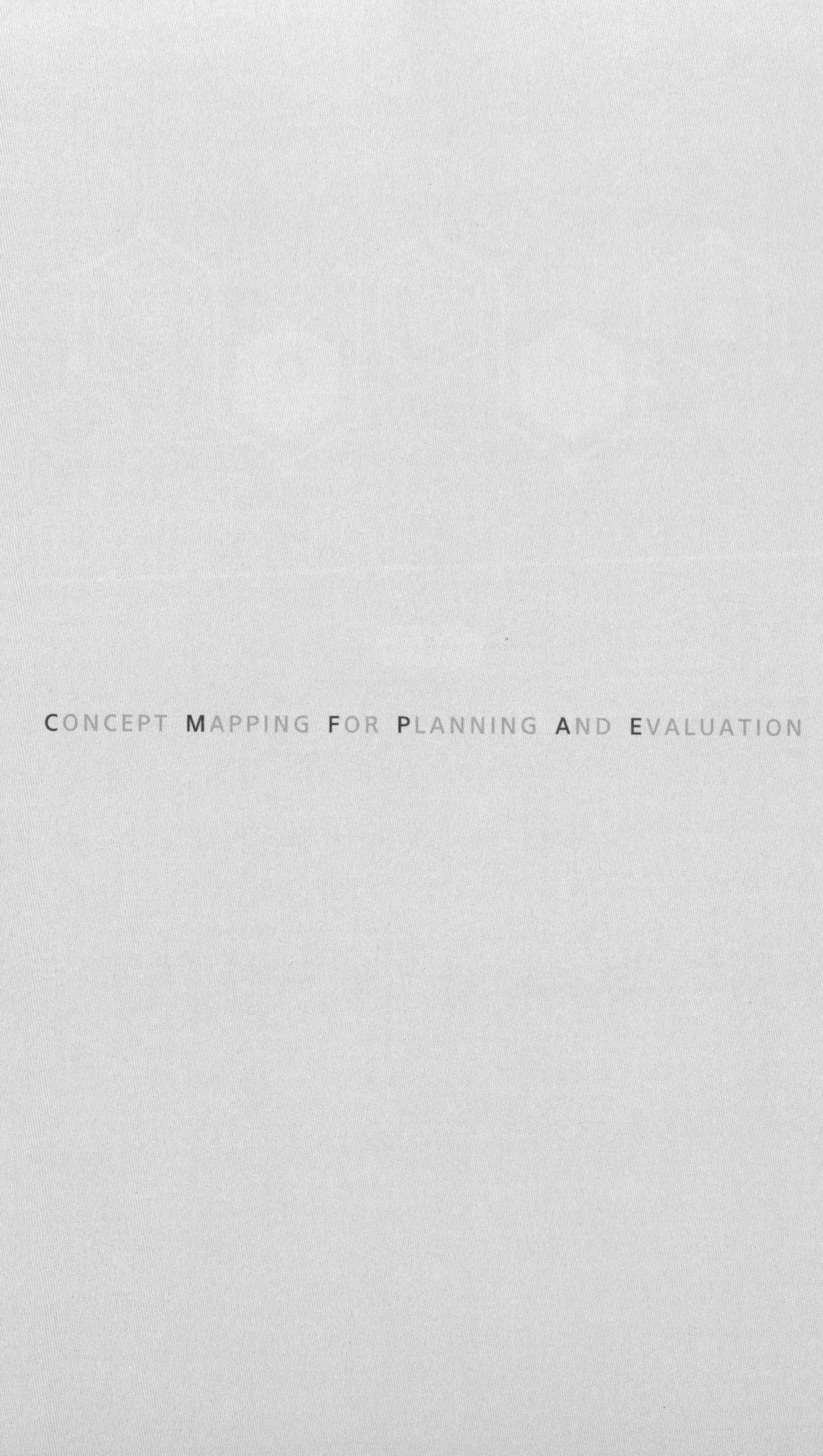
CONCEPT MAPPING FOR PLANNING AND EVALUATION

제9장

미래 지도 만들기

개념화 이론과 실제적 자문을 결합하는 혼합의 전통인 이러한 독특한 방법론을 어떻게 이해할 수 있을까? 개념도로 우리는 여기서 어디로 가는가? 이 장에서 우리는 개념도가 의미하는 것을 성찰하기 위해서 그 방법이 어떻게 이루어지는지, 방법론들의 별자리 내에서 개념도가 어떻게 부합하는지, 개념도의 미래가 어떻게 될 수 있을지에 대한 세부 사항들로부터 일시적으로 뒤로 물러나 생각해 볼 기회를 갖는다.

개념도의 특징

우리는 보다 큰 방법론의 맥락에서 더 좋은 위치에 있을 수 있도록 개념도 접근의 뚜렷한 특징들을 요약함으로써 시작해 보기로 하자. 개념도는 하나의 **포괄적인 기법**(generic technique)이다. 사람들이 어떤 분야에서 그들의 집합적 생각을 조직하고 싶을 때마다, 개념도는 무수히 많은 문제 분야나 주제들에 적용될 수 있다. 개념도 방법 본래의 이름인 구조화된 개념화, 그리고 독창적 구성하기 이론(Trochim & Linton, 1986)은 이 방법론이 일반적이고 아주 흔한 요구를 제기하는 것을 강조할 의도를 지녔다. 마치 워드프로세서 프로그램이 소설부터 기술적 안내문까지 어떤 종류의 문서를 작성하는 데에도 사용될 수 있는 것처럼, 개념도 방법론은 이론적 구성에서부터 정당의 계획까지 어떠한 것이라도 지도를 만드는 데에 사용될 수 있다. 이것은 하나의 문제를 제기한다. 일단 사람들이 그 방법을 이해하기 시작하면, 종종 그것은 망치가 되고 모든 것이 못처럼 보이기 시작한다. 그 방법이 적절하게 꼭 맞는 상황들을 구별하는 것은 판단과 기법의 균형을 요구하는 하나의 도전이다.

개념도는 또한 하나의 **과정**(process)이라는 뿌리 위에 있다. 그것은 집단 촉진에 대한 긴 전통에 의지하고 있다. 개념도는 20세기 초반을 지배한 과학적 관리에 관한 보다 기계적인 모델에 대한 반응이었던 조직적 개발과 인간 잠재 능력 회복 운동의 패러다임에서 굳건하게 자리하고 있다. 심지어 전자식으로 이루어질 때조차 잘 성취되도록 하기 위해서 개념도는 강한 촉진적 기술과 맥락에 대한 민감성을 요구한다. 개념도는 구조화된 접근이지만, 자동화될 수 없다. 그것은 기술에 의존하지만, 완전히 프로그램화될 수 없다. 인간 경험이 중심이 되는 일부 과정은 개념도 가치의 핵심이다.

개념도는 하나의 **집단 노력**(group endeavor)이다. 비록 개념도가 개인에 의해서 이용될 수 있고, 우리는 그렇게 하는 방법을 설명할지라도, 다른 개인적인 사용 도구들보다는 다루기 힘들고 덜 생산적인 접근이다. 매우 자주 개념도에 참여하는 집단은 어떤 공동체

이거나 심지어 여러 공동체의 집합이고, 그 방법은 이러한 공동체들의 생각을 향해하는 하나의 구조화된 과정이 된다. 즉, 개념도는 직접적으로 공동체 기반 **참여 연구**(participatory research), 공동체 조직화 및 개발, 조직학습, 참여적 실행 연구의 노력들을 지지하고 향상시킨다.

개념도는 **개념적**(conceptual)이다. 이것은 우리가 인간으로서 구성하는 세계를 강조한다. 개념도는 우리가 그 세계와 관련시키는 의미들을 지도로 만든다. 개념도는 현실주의자들에게 우리의 마음 밖에 있는 비구조화된 세계에 개념들의 존재가 있다고 가정하는 구성개념들을 기술하기 위해 경험적으로 반복 가능한 방법을 제공한다. 개념도는 구성주의자들에게 집합적 구조들을 지도로 만들고 서로 집합적 구조와 연관 짓는 하나의 수단을 제공한다. 그 방법은 이러한 의미에서 다양한 철학적 패러다임의 관점으로부터 나온 개념들에 대한 하나의 접근을 제공함으로써, 존재론적으로 중립적이다.

개념도는 현실 세계의 **실제적인 자문 방법**(practical consultative method)이다. 그것은 비록 통계에 의존하더라도, 간단하게 통계적 접근으로 처리할 수는 없다. 우리는 추구할 만한 가치가 있는 노력으로서 다른 통계적 기법들을 사용하는 개념도에 대한 비유를 창안하는 것을 상상할 수 있다. 그러나 여기서 말하는 개념도는 참여자들에게 직접적인 관심사에 대한 쟁점들이나 주제들을 제기하기 위해서 현실 세계에서 전형적으로 적용되는 하나의 실제적인 과정이다. 개념도가 다수준으로 측정 가능하고 상당히 유연하다는 사실은 그것의 실제적 유용성을 향상시킨다.

그러나 개념도는 또한 **응용 다변량 방법론**(applied multivariate methodology)이다. 그것은 응용 다차원 척도법에 대한 하나의 적용으로 설명하는 데 완벽하게 타당하다. 개념도는 확고한 수학적 토대에 놓여 있고 독립적인 반복 가능성과 엄격성 모두에 대한 호소력을 지닌다. 학문적 유래나 권위와 관련된 자질을 보이는 학문적 청중들에게 개념도를 설명할 때, 연구자는 보다 진부한 용어인 '개념도'를 사용하지 않고 그 방법론을 제시할 수 있다고 우리는 종종 사용자들에게 추천한다. 학문적 청중이 그 접근의 과학 기반을 인식할 수 있도록, 설명은 다변량 통계 기법들(다차원 척도법, 위계적 군집 분석)과 그 방법의 구조화된 본질, 그리고 개념적 표현 등등에 초점을 둔다.

대조적으로, 공동체 기반 조직들에게 우리는 기본적인 분석들에 대한 참고 자료 없이 그 과정을 종종 설명한다. 오히려 우리는 집단 참여의 관점에서 현재 상태의 쟁점들이나 공동체 해결의 구축이나 우선순위와 프로그램 간 차이 확인 등을 창출하는 과정에서 개념도를 논의한다.

개념도는 하나의 **통합적인 혼합 방법**(integrative mixed method)이다. 단순히 질적 방법과 양적 방법을 결합하였다기보다는, 이 둘 사이의 구분에 도전하고 그 방법들이 사실상 보다 깊게 관련될 수 있다는 것을 제안한다. 어떤 의미에서 그것은 질적인 정보가 양적으로 잘 나타날 수 있고 양적인 정보가 질적인 판단에 놓여 있다는 통념을 지지한다(Trochim, 2001). 개념도는 지속적으로 연구진행자와 참여자들이 다양한 관점으로부터 파생된 질문들에서 그 쟁점을 보도록 격려하고 요구한다.

일반적으로 그러하듯이, 집단에 적용될 때 개념도는 본래 하나의 **체계 방법론**(systems methodology)이다. 인간과 조직적 체계들은 체계의 쟁점들과 도전들을 제기하기 위해서 개념도를 사용한다

(Trochim, Cabrera, Milstein, Gallagher, & Leischow, 2006). 특별한 지도를 만드는 결과들이 개념적 체계 그 자체를 설명할 때 적절하게 고려된다. 개념도를 수행하는 주요한 소프트웨어 프로그램의 제목이 Concept 'System'이라는 것은 그것의 체계적 속성들과 능력들이 시작부터 중심이었기 때문에 우연이 아니다. 개념도는 체계 과학들과 체계 사고들에 관한 현재 논의들의 중심에 있다. 예를 들어, 복잡한 적응 체계들이나 복합 과학의 관점에서 보면(Trochim & Cabrera, 2005), 개념도는 한 집단이 그들의 암묵적인 모델을 정교화할 수 있게 하는 하나의 유용한 방법이다. 그 초점이 이러한 목적으로 구성될 때, 군집들(그리고 군집 내 진술문들)은 그 모델과 연결되는 '간단한 규칙들'로 구성될 수 있다. 자율적인 구성원들(예: 참여자들)은 이러한 암묵적인 규칙들을 보다 의식적으로 적용함으로써 새롭고 아마도 보다 적응적인 행동의 출현을 격려할 수 있을지도 모른다. 즉, 인간 노력의 진화에서 개념도는 학습, 창의성, 적응을 고취하는 것을 돕는 하나의 방법론으로서 중요한 역할을 수행할 수 있다.

개념도는 어디에 적합한가

우리는 다른 방법들이나 방법론적 전통들의 은하계 내에서 개념도를 어디에 배치할 수 있을까? 그것은 하나의 응용 통계 방법론인가? 그것은 하나의 조직 개발 도구인가? 그것은 하나의 촉진적 집단 과정 접근인가? "맞다. 그렇다. 그리고, 그렇다!" 우리가 개념도를 분류하고 다른 접근들과 비교해서 개념도를 생각하는 방법 모두는 우리가 어느 전통을 고려하고 있는지에 달려 있다.

예를 들어, 단지 양적인 통계 방법들의 전통 내에서 우리가 어떻게 개념도를 분류할 것인지 고려하라. 그것은 궁극적으로 일반 선형 모델 위에 놓여 있고, 명백하게 그 구조 내에서 수학적으로 공식화될 수 있는 다변량 통계 방법이다. 그것은 가설 검증 접근이 아니다. 그리고 이러한 의미에서 중다 회귀나 변량 분석보다는 요인 분석, 관계적 구조 방정식, 주성분 분석과 같은 다변량 관계 방법들에 훨씬 가깝다. 그것은 구인들 사이에 잠재적인 상호관계성에 대한 이해를 돕기 위해서, 종종 하나의 형성적이고 상관적인 방식으로 사용된다. 즉, 개념도는 그러한 구조들의 함의를 검증하기 위한 것보다는 개념적 구조의 개발을 위해서 더 많이 사용된다. 그러나 대부분의 현실 세계 프로젝트들이 모델 구체화와 구성 타당도를 확실히 이해할 때까지 가설 검증으로 잘 이동할 수 없다는 사실은, 대체로 어떤 일에 대한 전형적인 순서의 가공물일 수 있다. 개념도의 시작부터, 가설을 검증하는 맥락 내에서 개념도가 가치 있다는 강조가 있었다. 패턴 일치시키기는 복잡한 가설들의 검증을 가능하게 하고 인과적 추론을 향상시키기 위해 구축되었다. 구성 타당도를 개선하기 위한 개념도의 가치는 내적 타당도를 향상시키기 위한 개념도의 가치와 연결되었다. 단순히 기초적인 탐색 작업을 위한 보다 큰 요구가 있기 때문에, 이러한 맥락에서 패턴 일치시키기 사용에 대해 보다 소수의 예시가 있었다. 즉, 비록 중다 회귀와 같은 진보된 가설 검증 접근들과 잠재적인 연결들을 갖고 있어서 우리가 다변량 전통에서 개념도를 설명할 수 있을지라도, 역사적으로 그리고 경험적으로 탐색적인 다변량 사촌들 그리고 대부분의 다차원 척도법이 놓여 있는 곳에 개념도의 위치를 함께 정하는 것이 보다 정확하다.

개념도는 한 극단에서는 초점 집단과 같은 소집단의 통념과, 다른 극단에서는 대규모 표본 조사와 유사하다. 프로젝트의 목적에 따라서, 개념도의 사용은 어느 쪽이든 적절하다. 초점 집단의 언어로 개념도에 대한 소집단 버전을 기술하는 것은 완벽하게 합리적일 것이다. 이러한 의미에서 초점 집단 참여자들 자신에 의한 참여적 분석과 다변량 방법이라는 엔진의 추가에 의해서 개선되는 초점 집단의 장점들을 지닌다. 같은 맥락에서, 조사연구의 언어로 개념도 프로젝트를 전적으로 설명하는 것이 가능할 것이다. 여기에서는 설문이 응답자 표본으로부터 자료를 수집하는 것을 포함하는 전통적인 통념과 더불어, 개념도의 변형은 설문조사 또한 응답자들에 의해서 협력적으로 계획되고 분석되는 것을 추가한다.

개념도 연구진행자들은 광범위한 기술들이 필요하다. 이러한 것들은 프로젝트의 성격에 따라 다양할 수 있다. 경영 환경에서 하나의 개념도 프로젝트는 공동체 기반 참여적인 개념도보다는 상당히 다른 민감성과 능력들을 요구할 수 있다. 연구진행자가 주로 자료를 수집하고, 분석 도구로 자료들을 처리하며, 그 결과에 대해 보고하는 많은 전통적인 사회연구의 방식으로 개념도를 수행하는 것이 확실하게 가능할 것이다. 그러한 적용에서는 그 과정을 관리하기 위한 사회적 기술을 지니도록 하는 연구진행자에 대한 요구가 상당히 감소될 것이다. 다른 한편으로, 전적으로 집단 과정 단계들에 초점을 두고, 분석을 위해서 다변량 통계를 완전히 건너뛰고 그들의 아이디어에 대한 지도를 직접적으로 그리는 것에 집단을 참여시키는 개념도의 유사 형태로 이해하는 것이 가능하다. 이것은 조직의 자문에 익숙한 과정이며, 우리 중 많은 사람이 참여했다. 전지(또는 전지와 동등한 기능의 보다 현대적인 전자식 칠판)를 벽 전체에 놓고 아이디어의 자유로운 목록을 남김없이 기록할 때, 우리는 연구진행자가 "좋습니다. 이제 이것을 조직화합시다."라고 가능한 한 많은 열정의 말을 끄집어내는 벅찬 순간을 종종 만나게 된다. 그러한 적용에서, 다변량 통계 지식과 전문적인 소프트웨어 없이, 연구진행자가 이것을 성취하는 것이 가능하다.

그러나 이 책에서 기술된 개념도 방법의 핵심은 이러한 극단들 사이에 놓여 있다. 개념도 방법은 연구진행자에게 독특한 방식으로 도전하고, 부담이 될 수 있다. 개념도 계획의 결과는 주로 개념도에 기여했던 참여자들이 만든 개념구조라는 것을 기억한다면, 개념도는 과정을 처리하는 민감성과 집단들과 작업하는 능력을 요구한다. 그리고 비록 성공적인 개념도를 수행하는 것이 통계적 배경을 요구하지 않더라도, 개념도는 연구진행자가 필요한 프로그램이나 소프트웨어를 사용할 수 있고 다변량 분석의 기초에 대한 어느 정도의 이해 수준을 가질 것을 기대한다.

개념도 전통은 통계학에 대한 엘리트주의적인 통념과 반대의 입장을 취한다. 그것은 매우 복잡한 다변량 도구들을 사용할 수 있고 그것들의 중요한 맥락적 가정들을 충족시킬 수 있다는 것을 보여준다. 개념도를 수행하는 사람들은 참여자들에게 다변량 통계의 결과들을 설명할 수 있기를 요구한다. 개념도 연구진행자들은 어떤 의미에서 소통을 가능하게 하는 두 개의 언어를 충분히 이해하는 번역가들이지만, 그러한 의미가 어떻게 만들어지는지에 초점을 맞추는 문법학자나 의미론자들은 아니다.

따라서 개념도는 연구진행자가 여러 전통의 간극에서 편안하게 느끼는 하나의 혼합된 접근이고, 그런 의미에서 여러 학문 분야가 관련된다. 개념도 방법론이 독특한 혼합의 통계이고 측정과 척도 그리고 조직적 개발 방법이라는 점에서, 연구진행자는 합법적으로 심지어 융복합학문적이라고 부를 수도 있다(Stokols et al., 2003). 개념도는 체계적이고 엄격한 과학의 접근들을 예술의 감수성과 판단력으로 결합한다. 그것은 아마도 과학은 항상 내재적으로 한 인간의 노력이며 예술은 항상 학문의 한 형태라는 것을 인식하는 이상주의적 의미에서는 '부드러운 과학'과 '딱딱한 예술'(Trochim, 1989b), 두 가지 모두로 가장 좋은 위치에 있다.

궁극적으로, 개념도는 하나의 독특한 방법론이다. 비록 개념도가 방법론의 진화적 나무 위에 수많은 사촌이 있다 할지라도, 그들은 아주 가까운 가족의 수준은 아니다. 비록 개념도에서 각각의 현저한 요소들이 잘 알려진 전통들에서 비롯되더라도, 전체 방법론 안으로 그들의 독특한 역동적 통합은 그것의 부분들로부터 차이를 만든다. 매우 현실적인 의미에서, 개념도 전체는 그것의 부분의 합보다 크다.

앞으로의 길

이 시기는 개념도 방법론의 개발에서 매우 흥미로운 시간이다. 지난 20년 동안 주요한 변화 중 하나는 바로 인터넷과 우리 세상의 통합된 부분으로서 기술과 관련된 진화였다. 초기에 인터넷의 접근이 제한되었던 집단과 국가들은 가까운 미래에 충분한 접근이 가능하게 되어 인터넷에 의존하는 과정들에서 배제되지 않을 것이다. 이것은 간단하게 이전에 존재할 수 없었던 소통과 상호작용의

문을 연다.

우리는 이미 개념도 기술들이 웹 환경으로 이동하는 큰 진전을 이루었고, 이것은 확실하게 이 방법론이 진화되는 주된 방향이다. 이미 원한다면 여전히 비동시적인 개별 참여를 가능하게 하는 하나의 공통된 프로젝트 일정하에 전 세계의 참여를 가능하게 하는 하나의 프로젝트를 수행하는 것은 비교적 용이하다. 동시에, 그리고 같은 기술로, 연구진행자는 참여자들이 직접 기술을 사용하지 않은 채 전적으로 면대면의 그 과정을 이루어 내는 15명 또는 20명의 집단과 단일한 공간에서 작업할 수 있다.

이러한 광범위한 확장성과 유연성은 향후 개념도를 지금까지보다 훨씬 많이 특징지을 것이다. 여러 언어의 명백하고 어려운 문제들과 더불어, 아마도 주된 도전은 지구촌 규모의 접근과 지방 또는 지역사회 환경의 친밀감을 성취하기 위한 노력의 방법에 있을 것이다. 가장 좋은 개념도 프로젝트들은 소통을 위한 컴퓨터 사용인 '첨단 기술'과 면대면 만남의 '높은 접촉'인 참여를 혼합한다. 이러한 이중적 도전은 아무리 복잡하더라도, 단독 기술만으로는 해결될 가능성은 없다. 가장 정교하다고 예상되는 기술들조차로도 쉽게 완화되지 않을 직접적인 인간 만남이 항상 필요할 것이다. 기술적인 것들과 인간이 이렇게 균형을 이루는 것이 항상 개념도 노력의 중심이었다. 그리고 비록 특정한 기술적 형태와 인간 과정 쟁점들이 진화될지라도, 이러한 두 가지 힘의 균형을 이루는 긴장과 요구는 확실하게 개념도 미래에서 충분히 핵심에 있을 것이다.

부록

개념도 방법론 학위논문

Abstracts of these dissertations are available at http://www.conceptsystems.com/dissertations.

Abrahams, D. A. (2004). Technology adoption in higher education: A framework for identifying and prioritizing issues and barriers to adoption. Ph.D. dissertation, Cornell University.

Antonucci, S. R. (2004). Counselling processes experienced by adult male survivors of childhood sexual abuse. Ph.D. dissertation, University of Alberta, Canada.

Barakett, L. A. M. (1999). The latent organization of salient memories: A psychoanalytic perspective (psychoanalytic theory, concept mapping). Ph.D. dissertation, Auburn University.

Bedi, R. P. (2004). Concept-mapping the client's perspective on counselling alliance formation. Ph.D. dissertation, University of British Columbia, Canada.

Bosch, S. J. (2004). Identifying relevant variables for understanding how school facilities affect educational outcomes. Ph.D. dissertation, Georgia Institute of Technology.

Brossard, D. (2002). Media effects, public perceptions of science and authoritarian attitudes towards agricultural biotechnology decision-making. Ph.D. dissertation, Cornell University.

Brown, J. B. (1999). Traumatic sequalae in Vietnam veterans: A concept map. Ph.D. dissertation, Auburn University.

Cabrera, D. (2006). Crisis of conceptualization: The challenges of systems thinking in public health. Ph.D. dissertation, Cornell University.

Cacy, J. R. (1995). The reality of stakeholder groups: A study of the validity and reliability of concept maps. Ph.D. dissertation, University of Oklahoma.

Chun, J. (2004). Stress and coping strategies in runaway youths: An application of concept mapping. Ph.D. dissertation, University of Texas at Austin.

Clayton, L. B. (2002). The use of concept mapping to evaluate the isomorphism of the hierarchical leisure constraint typology. Ph.D. dissertation, Clemson University.

Davidson, M. L. (2000). Using moral maxims to promote character development in sixth-grade students: A collaborative action research approach for planning, implementing, and evaluating comprehensive character education strategies. Ph.D. dissertation, Cornell University.

Davis, T. S. (2003). Viability of concept mapping for assessing cultural competence in children's mental health systems of care: A comparison of theoretical and community conceptualizations. Ph.D. dissertation, University of Texas at Austin.

Davis, T. S. K. (1994). Job search activities: A comparison of predicted and observed search patterns of structurally unemployed job seekers. Ph.D. dissertation, Cornell University.

Diehl, D. C. (2000). Emergent literacy and parent-child reading in Head Start families: The implementation and evaluation of a multigenerational reading program. Ph.D. dissertation, Cornell University.

Driebe, N. M. (2000). The devolution challenge: A case study of

Americorps. Ph.D. dissertation, Cornell University.

Dumont, J. M. (1993). Community living and psychiatric hospitalization from a consumer/survivor perspective: A causal concept mapping approach. Ph.D. dissertation, Cornell University.

Edwards, A. E. (2002). Mobilizing the village: Collaborating with parents and community members to increase parental involvement in a high school of the arts. Ph.D. dissertation, Georgia State University.

Florio, G. A. (1997). The structure of work-related stress and coping among oncology nurses on high-stress units: A transactional analysis. Ph.D. dissertation, State University of New York at Buffalo.

Gannon, E. J. (2002). Men's perceptions of the ideal woman: A concept map. Ph.D. dissertation, Auburn University.

Gans, J. (2000). Facilitating synthesis and advancing methodological development in strategic planning. Ph.D. dissertation, Cornell University.

Gol, A. R. (1994). Coping theories and their underlying dimensions: A reevaluation using concept mapping. Ph.D. dissertation, Texas Tech University.

Grant, L. C. (1997). Impact of multiple sclerosis on marital life. Ph.D. dissertation, University of Alberta, Canada.

Grayson, T. E. (1992). Identifying program theory: A step toward evaluating categorical state-funded educational programs. Ph.D. dissertation, University of Illinois at Urbana-Champaign.

Harper, R. L., Jr. (2001). The professionalization of logistics: A management specialty to meet 21st century challenges. Ph.D. dissertation, Nova Southeastern University.

Harris, K. D. (2004). The lived experience of perceived stress in the lives of black women. Ph.D. dissertation, D'Youville College.

Hawkins, B. (2003). Rehabilitation services to youths and adults with visual disabilities: What is critical? Ph.D. dissertation, Cornell University.

Hayward, G. B. (2002). Developing a competency model-based maintenance manager qualification program utilizing concept mapping methodology. Ph.D. dissertation, Capella University.

Jackson, K. M. (2003). The team exchange contract in autonomous work groups: Behaviors and work strategies for sustainable performance. Ph.D. dissertation, Cornell University.

Johnson, J. M. (2003). Barriers to racial/ethnic minority participation in medical research: A comparison of community defined barriers and health professional perceptions. Ph.D. dissertation, Cornell University.

Johnston, H. (1997). Piecing together the "mosaic" called diversity: One community college's experience with hiring a more diverse faculty. Ph.D. dissertation, University of Illinois at Urbana-Champaign.

Joseph, D. D. (2004). Hispanic dropouts speak out: A study of Hispanic youth and their experiences in the public school system. Ph.D. dissertation, The University of Texas at Austin.

Klostermann, K. C. (2003). Adolescent suicidal behavior: Causes and prevention. Ph.D. dissertation, State University of New York at Buffalo.

Kohler, P. D. (1993). Serving students with disabilities in postsecondary education settings: A conceptual framework of program outcomes. Ph.D. dissertation, University of Illinois at Urbana-Champaign.

Kolb, D. G. (1991). Adventure-based professional development: A theory-focused evaluation. Ph.D. dissertation, Cornell University.

Kronour, J. P. (2004). Preservice teaching standards: What skills should first-year teachers possess as they enter the field? Ph.D. dissertation, University of Dayton.

Lacene, K. (1996). Concept mapping wives' adaptation to husbands with brain injuries. M.Ed Thesis, University of Alberta, Canada.

Lassegard, E. (2005). The use of provider and consumer concept maps for the classification and prioritization of mental health services. Ph.D. dissertation, Cornell University.

Lewis, M. F. (2005). Concept mapping school personnel perceptions of adolescent suicide and its prevention. Ph.D. dissertation, State University of New York at Buffalo.

Linton, R. (1985). Conceptualizing feminism: A structured method. Ph.D. dissertation, Cornell University.

Ludwig, S. R. (1996). Abused women's experience with the justice system: Concept mapping. Ph.D. dissertation, University of Alberta, Canada.

Mannes, M. C. (1990). The perceptions of human service workers in planning for the implementation of the family preservation services innovation in Indian child welfare settings. Ph.D. dissertation, Cornell University.

Marquart, J. M. (1988). A pattern matching approach to link program theory and evaluation data: The case of employer-sponsored child care. Ph.D. dissertation, Cornell University.

Martin, M. T. (1999). Students' perceptions of psychologists' characteristics and activities: A concept map and taxonomy. Ph.D. dissertation, Auburn University.

McMurtry, L. J. (1997). James Coleman's theory of social capital as manifest and quantified in a public school setting in southeastern Idaho. Ph.D. dissertation, University of Idaho.

Mensah, D. V. N. (2004). Student campaign against HIV/AIDS in Ghana: A participatory action research (PAR) initiative. Ph.D. dissertation, Cornell University.

Michalski, G. V. (1999). Stakeholder variation in perceptions about training program evaluation. Ph.D. dissertation, University of Ottawa,

Canada.

Nelson, E. M. (1999). Internationally-focused managerial behaviors of executives working in large United States multinational corporations. Ph.D. dissertation, University of Illinois at Urbana-Champaign.

Nettina, J. M. (2005). A concept mapping study of the perceived benefits of a therapeutic and recreational camp for grieving children. Ph.D. dissertation, State University of New York at Buffalo.

Phillips, L. J. (1993). Problems faced by adolescents, mothers, and stepfathers while learning to live in a remarried family. Ph.D. dissertation, University of Alberta, Canada.

Plybon, L. E. (2001). Ethnic identity by any other name: A longitudinal analysis of the measurement of ethnic identity in an urban African American early adolescent sample. Ph.D. dissertation, Virginia Commonwealth University.

Purcell, D. L. (1999). Effects on spouses of caring for a partner with dementia. Ph.D. dissertation, University of Alberta, Canada.

Rizzo, M. L. L. (1998). Concept mapping in evaluation practice and theory: A synthesis of current empirical research. Ph.D. dissertation, University of Ottawa, Canada.

Roy, S. M. (1997). Living with chronic pain of rheumatoid arthritis. M.S. Thesis, University of Alberta, Canada.

Rush, S. C. (2004). Teachers' perceptions of working with adolescents with attention-deficit/hyperactivity disorder: A concept-mapping approach. Ph.D. dissertation, University of Alabama.

Sacks, M. L. (1998). Mothers' and fathers' responses to SIDS. Ph.D. dissertation, University of Alberta, Canada.

Schuck, K. (2002). The female managerial experience: A concept map. Ph.D. dissertation, Auburn University.

Sengupta, S. (1995). A similarity-based single study approach to construct and external validity. Ph.D. dissertation, Cornell University.

Setze, R. J. (1994). A nonequivalent dependent variables-pattern matching approach to evaluate program outcomes: The case of a Ph.D. dissertation. PhD, Cornell University.

Stewart, N. F. (2003). Identity, competency, and autonomy of medical social workers in acute care settings. Ph.D. dissertation, University of Texas at Austin.

Stuart, J. M. (2002). Client perceptions of emotional experience in counselling. Ph.D. dissertation, University of Alberta, Canada.

Tittle, M. D. (2001). Assessing university students' epistemological beliefs about foreign language learning. Ph.D. dissertation, University of Illinois at Urbana-Champaign.

Torre, D. A. (1986). Empowerment: Structured conceptualization and instrument development. Ph.D. dissertation, Cornell University.

Weir, D. H. (2001). Rebalancing goals in the National Park Service: Achieving reform in a federal agency. Ph.D. dissertation, Cornell University.

Whitmarsh, B. G. (1998). Athletic pain in competitive swimming. Ph.D. dissertation, University of Alberta, Canada.

Zawallich, A. M. (1997). The experiences of persons with Tourette's syndrome and their family members, as garnered from the Internet. MED thesis, University of Alberta, Canada.

참고문헌

Adams, J. L. (1979). *Conceptual blockbusting: A guide to better ideas* (second edition). New York: Norton.

Anderberg, M. R. (1973). *Cluster analysis for applications.* New York: Academic Press.

Anderson, L. A., Gwaltney, M. K., Sundra, D. L., Brownson, R. C., Kane, M., Cross, A. W., et al. (2006). Using concept mapping to develop a logic model for the prevention research centers program. *Preventing Chronic Disease: Public Health Research, Practice and Policy, 3*(1), 1-9.

Baldwin, C. M., Kroesen, K., Trochim, W. M., & Bell, I. R. (2004). Complementary and conventional medicine: A concept map. *BMC Complementary and Alternative Medicine, 4*(2). Retrieved June 29, 2006 from http://www.pubmedcentral.nih.gov/articlerender.fcgi?artid=356920

Batterham, R., Southern, D., Appleby, N., Elsworth, G., Fabris, S., Dunt, D., et al. (2002). Construction of a gp integration model. *Social Science & Medicine, 54*(8), 1225-1241.

Bickman, L. E. (1986). *Using program theory in evaluation.* San Francisco: Jossey-Bass.

Biegel, D. E., Johnsen, J. A., & Shafran, R. (1997). Overcoming barriers faced by African-American families with a family member with mental illness. *Family Relations, 46*(2), 163-178.

Block, J. (1961). The q-sort method in personality assessment and psychiatric research. *American lecture series no. 457.* Springfield, IL: Charles C. Thomas.

Brown, J., & Calder, P. (1999). Concept-mapping the challenges faced by foster parents. *Children and Youth Services Review, 21*(6), 481-495.

Burton, M. L. (1975). Dissimilarity measures for unconstrained sorting data. *Multivariate Behavioral Research, 10*, 409-424.

Caracelli, V. (1989). Structured conceptualization: A framework for interpreting evaluation results. *Evaluation and Program Planning, 12*(1), 45-52.

Caracelli, V. W., & Greene, J. C. (1993). Data analysis strategies for mixed-method evaluation designs. *Educational Evaluation and Policy Analysis, 15*(2), 195-207.

Carpenter, B. D., Van Haitsma, K., Ruckdeschel, K., & Lawton, M. P. (2000). The psychosocial preferences of older adults: A pilot examination of content and structure. *Gerontologist, 40*(3), 335-348.

Cataldo, E. F., Johnson, R. M., Kellstedt, L. A., & Milbrath, L. W. (1970). Card sorting as a technique for survey interviewing. *Public Opinion Quarterly, 34*, 202-215.

Chen, H. T. (1990). *Theory-driven evaluations.* Thousand Oaks, CA: Sage.

Chen, H. T., & Rossi, P. H. (1983). Evaluating with sense: The theory-driven approach. *Evaluation Review, 7*(3), 283-302.

Chen, H. T., & Rossi, P. H. (1987). The theory-driven approach to validity. *Evaluation and Program Planning, 10*, 95-103.

Collaros, P., & Lynn, A. (1969). Effect of perceived expertness upon creativity of members of brainstorming groups. *Journal of Applied Psychology, 53*(2), 159-163.

Concept Systems Incorporated. (2004). *The concept system* (version 3.0). Ithaca, NY: Concept Systems Incorporated.

Concept Systems Incorporated. (2005). *The concept system* (Version 4.0).

Ithaca, NY: Concept Systems Incorporated. Available at http://www.conceptsystems.com

Cook, T. D., & Campbell, D. T. (1979). *Quasi-experimentation: Design and analysis for field settings*. Boston: Houghton Mifflin.

Cooksy, L. (1989). In the eye of the beholder: Relational and hierarchical structures in conceptualization. *Evaluation and Program Planning, 12*(1), 59-66.

Cordray, D. S. (1986). Quasi-experimental analysis: A mixture of methods and judgment. In W. Trochim (Ed.), *New directions in program evaluation* (pp. 9-28). San Francisco: Jossey-Bass.

Cousins, J. B., & MacDonald, C. J. (1998). Conceptualizing the successful product development project as a basis for evaluating management training in technology-based companies: A participatory concept mapping application. *Evaluation and Program Planning, 21*(3), 333-344.

Coxon, A. P. M. (1999). *Sorting data: Collection and analysis*. Unpublished manuscript.

Daughtry, D., & Kunkel, M. A. (1993). Experience of depression in college students'a concept map. *Journal of Counseling Psychology, 40*(3), 316-323.

Davis, J. (1989). Construct validity in measurement: A pattern matching approach. *Evaluation and Program Planning, 12*(1), 31-36.

Davison, M. L. (1983). *Multidimensional scaling*. New York: John Wiley & Sons.

Delaware Advisory Council on Cancer Incidence and Mortality. (2002). *Turning commitment into action: Recommendations of the Delaware advisory council on cancer incidence and mortality*. Dover: Delaware Department of Health and Social Services, Division of Public Health.

Delbecq, A. L. (1975). *Group techniques for program planning: A guide to nominal group and delphi processes* (Management Applications series). New York: Scott, Foresman.

DeRidder, D., Depla, M., Severens, P., & Malsch, M. (1997). Beliefs on coping with illness: A consumer's perspective. *Social Science & Medicine, 44*(5), 553-559.

Diehl, M., & Wolfgang, S. (1987). Productivity loss in brainstorming groups: Toward the solution of a riddle. *Journal of Personality and Social Psychology, 53*(3), 497-509.

Diehl, M., & Wolfgang, S. (1991). Productivity loss in idea-generating groups: Tracking down the blocking effect. *Journal of Personality and Social Psychology, 61*(3), 392-403.

Donnelly, J. P., Donnelly, K., & Grohman, K. J. (2005). A multi-perspective concept mapping study of problems associated with traumatic brain injury. *Brain Injury, 19*(13), 1077-1085.

Donnelly, J. P., Huff, S. M., Lindsey, M. L., McMahon, K. A., & Schumacher, J. D. (2005). The needs of children with life-limiting conditions: A healthcare-provider-based model. *American Journal of Hospice & Palliative Care, 22*(4), 259-267.

Donnelly, K. Z., Donnelly, J. P., & Grohman, K. J. (2000). Cognitive, emotional, and behavioral problems associated with traumatic brain injury: A concept map of patient, family, and provider perspectives. *Brain and Cognition, 44*(1), 21-25.

Dumont, J. (1989). Validity of multidimensional scaling in the context of structured conceptualization. *Evaluation and Program Planning, 12*(1), 81-86.

Dunn, W. (1981). *Public policy analysis: An introduction*. Englewood Cliffs, NJ: Prentice-Hall.

Einhorn, H. J., & Hogarth, R. M. (1986). Judging probable cause. *Psychological Bulletin, 99*(1), 3-19.

Everitt, B. (1980). *Cluster analysis* (2nd ed.). New York: Halsted Press.

Fillenbaum, S., & Rappaport, A. (1971). *Structures in the subjective lexicon*. New York: Academic Press.

Fowler, F. (2001). *Survey research methods* (3rd ed.). Thousands Oaks, CA: Sage.

Galvin, P. F. (1989). Concept mapping for planning and evaluation of a big brother/big sister program: Planning and evaluation example. *Evaluation and Program Planning, 12*(1), 53-58.

Greene, J. C., Caracelli, V. J., & Graham,W. F. (1989). Toward a conceptual framework for mixed-method evaluation designs. *Educational Evaluation and Policy Analysis, 11*, 255-274.

Gurowitz, W. D., Trochim,W., & Kramer, H. (1988). A process for planning. *The Journal of the National Association of Student Personnel Administrators, 25*(4), 226-235.

Hair, J. F., Tatham, R. L., Anderson, R. E., & Black, W. C. (1998). *Multivariate data analysis* (5th ed.). New York: Prentice Hall.

Hiltz, S. R., & Turoff, M. (1978). *The network nation: Human communication via computer*. London: Addison-Wesley.

Hurt, L. E., Wiener, R. L., Russell, B. L., & Mannen, R. K. (1999). Gender differences in evaluating social-sexual conduct in the workplace. *Behavioral Sciences & the Law, 17*(4), 413-433.

Jablin, F. (1981). Cultivating imagination: Factors that enhance and inhibit creativity in brainstorming groups. *Human Communication Research, 7*(3), 245-258.

Jackson, K. M., & Trochim, W. M. K. (2002). Concept mapping as an alternative approach for the analysis of open-ended survey responses. *Organizational Research Methods, 5*(4), 307-336.

Johnsen, J. A., Biegel, D. E., & Shafran, R. (2000). Concept mapping in mental health: Uses and adaptations. *Evaluation and Program Planning,*

23(1), 67-75.

Keith, D. (1989). Refining concept maps: Methodological issues and an example. *Evaluation and Program Planning, 12*(1), 75-80.

Kellogg Foundation. (2001). *Logic model development guide: Using logic models to bring together planning, evaluation, and action*. Battle Creek, MI: W. K. Kellogg Foundation.

Krieger, J., Allen, C., Cheadle, A., Ciske, S., Schier, J. K., Senturia, K., et al. (2002). Using community-based participatory research to address social determinants of health: Lessons learned from Seattle partners for healthy communities. *Health Education & Behavior, 29*(3), 361-382.

Krippendorf, K. (2004). *Content analysis: An introduction to its methodology* (2nd ed.). Newbury Park, CA: Sage.

Kruskal, J. B. (1964). Nonmetric multidimensional scaling: A numerical method. *Psychometrika, 29*(2), 115-129.

Kruskal, J. B., & Wish, M. (1978). *Multidimensional scaling*. Beverly Hills, CA: Sage.

Levy, S. (Ed.). (1994). *Louis Guttman on theory and methodology: Selected writings*. Aldershot, England: Dartmouth.

Linstone, H. A., & Turoff, M. (1975). *The delphi method: Techniques and applications*. Reading, MA: Addison-Wesley.

Linton, R. (1989a). Conceptualizing feminism: Clarifying social science concepts. *Evaluation and Program Planning, 12*(1), 25-30.

Linton, R. (1989b). Toward a feminist research method. In A. M. Jagger & S. R. Bordo (Eds.), *Gender/body/knowledge: Feminist reconstructions of being and knowing*. New Brunswick, NJ: Rutgers University Press.

Macaulay, A. C. (1999). Participatory research maximizes community and lay involvement. *British Medical Journal, 319*(7212), 774-778.

Mannes, M. (1989). Using concept mapping for planning the implementation of a social technology. *Evaluation and Program Planning, 12*(1), 67-74.

Mark, M. M. (1986). Validity typologies and the logic and practice of quasiexperimentation. In W. Trochim (Ed.), *Advances in quasi-experimental design and analysis.* San Francisco: Jossey-Bass.

Marquart, J. M. (1989). A pattern matching approach to assess the construct validity of an evaluation instrument. *Evaluation and Program Planning, 12*(1), 37-44.

McKillip, J. (1987). *Needs analysis: Tools for the human services and education.* Newbury Park, CA: Sage.

McLinden, D., & Trochim, W. (1998). Getting to parallel: Assessing the return on expectations of training. *Performance Improvement, 37*(8), 21-25.

McLinden, D., & William, T. (1998). From puzzles to problems: Assessing the impact of education in a business context with concept mapping and pattern matching. *Implementing Evaluation Systems and Processes, the American Society for Training and Development, 18*, 285-304.

Mercier, C., Piat, M., Peladeau, N., & Dagenais, C. (2000). An application of theorydriven evaluation to a drop-in youth center. *Evaluation Review, 24*(1), 73-91.

Michalski, G. V., & Cousins, J. B. (2000). Differences in stakeholder perceptions about training evaluation: A concept mapping/pattern matching investigation. *Evaluation and Program Planning, 23*(2), 211-230.

Moore, C. M. (1987). *Group techniques for idea building.* Beverly Hills, CA: Sage.

Nabitz, U., Severens, P., van den Brink, W., & Jansen, P. (2001). Improving the EFQM model: An empirical study on model development and theory building using concept mapping. *Total Quality Management, 12*(1), 69-81.

National Association of Chronic Disease Directors. (2003). *The healthy aging project: Promoting opportunities for collaboration between the public health and aging services networks.* Atlanta: NACDD.

National Center for Chronic Disease Prevention and Health Promotion. (2003). *Project officer of the future*. Washington, DC: CDC.

Novak, J. D., & Gowin, D. B. (1984). *Learning how to learn*. Cambridge: Cambridge University Press.

Osborn, A. F. (1948). *Your creative power.* New York: Scribner.

Pammer, W., Haney, M., Wood, B. M., Brooks, R. G., Morse, K., Hicks, P., et al. (2001). Use of telehealth technology to extend child protection team services. *Pediatrics, 108*(3), 584-590.

Paulson, B. L., Truscott, D., & Stuart, J. (1999). Clients' perceptions of helpful experiences in counseling. *Journal of Counseling Psychology, 46*(3), 317-324.

Rao, J. K., Alongi, J., Anderson, L. A., Jenkins, L., Stokes, G., & Kane, M. (2005). Development of public health priorities for end-of-life initiatives. *American Journal of Preventive Medicine, 29*(5), 453-460.

Reason, P., & Bradbury, H. (Eds.). (2001). *Handbook of action research: Participative inquiry and practice.* London: Sage.

Rico, G. L. (1983). *Writing the natural way: Using right-brain techniques to release your expressive powers.* Los Angeles: J.P. Tarcher.

Rosas, S. R. (2005). Concept mapping as a technique for program theory development: An illustration using family support programs. *American Journal of Evaluation, 26*(3), 389-401.

Rosenberg, S., & Kim, M. P. (1975). The method of sorting as a data gathering procedure in multivariate research. *Multivariate Behavioral Research, 10*, 489-502.

Rothwell, W. J., & Kazanas, H. C. (1989). *Strategic human resource development.* New Jersey: Prentice Hall.

SAS Institute. (2005). *SAS*. Cary, NC: SAS Institute Inc.

Shadish, W. R., Cook, T. D., & Houts, A. C. (1986). Quasi-experimentation in a critical multiplist mode. In W. Trochim (Ed.), *Advances in quasi-experimental design and analysis*. San Francisco: Jossey-Bass.

Shepard, R. N., Romney, A. K., & Nerlove, S. B. (1972). *Multidimensional scaling: Theory and applications in the behavioral sciences* (Vol. 1). New York: Seminar Press.

Shern, D., Trochim, W., & Lacomb, C. A. (1995). Fidelity of model transfer example: The use of concept mapping for assessing fidelity of model transfer. *Evaluation and Program Planning, 18*, 143-153.

Southern, D. M., Young, D., Dunt, D., Appleby, N. J., & Batterham, R. W. (2002). Integration of primary health care services: Perceptions of Australian general practitioners, non-general practitioner health service providers and consumers at the general practice-primary care interface. *Evaluation and Program Planning, 25*(1), 47-59.

SPSS Inc. (2005). *SPSS*. Chicago: SPSS Inc.

Stefflre, V. J., Reich, P., & McClaran-Stefflre, M. (1971). Some eliciting and computational procedures for descriptive semantics. In P. Kay (Ed.), *Explorations in mathematical anthropology* (pp. 79-116). Cambridge: MIT Press.

Stewart, D. W., & Shamdasani, P. N. (1990). *Focus groups: Theory and practice*. Newbury Park, CA: Sage.

Stokols, D., Fuqua, J., Gress, J., Harvey, R., Phillips, K., Baezconde-Garbanati, L., et al. (2003). Evaluating transdisciplinary science. *Nicotine and Tobacco Research*, *5*(Suppl. 1), S21-39.

Stone, P. J., Dunphy, D. C., Smith, M. S., & Ogilvie, D. M. (1966). *The general inquirer: A computer approach to content analysis*. Cambridge: MIT Press.

Trochim, W. (1985). Pattern matching, validity, and conceptualization in program evaluation. *Evaluation Review, 9*(5), 575-604.

Trochim, W. (1989a). Concept mapping for evaluation and planning. *Evaluation and Program Planning, 12*(1), 1-16.

Trochim, W. (1989b). Concept mapping: Soft science or hard art? *Evaluation and Program Planning, 12*(1), 87-110.

Trochim, W. (1989c). An introduction to concept mapping for planning and evaluation. *Evaluation and Program Planning, 12*(1), 1-16.

Trochim, W. (1989d). Outcome pattern matching and program theory. *Evaluation and Program Planning, 12*(1), 355-366.

Trochim, W. (1993). The reliability of concept mapping. Paper presented at the Annual Conference of the American Evaluation Association, Dallas, TX, November 6, 1993.

Trochim, W. (1999). The evaluator as cartographer: Technology for mapping where we're going and where we've been. Paper presented at Conference of the Oregon Program Evaluators Network. Portland, OR. Available at http://www.socialresearchmethods.net/research/OPEN/The%20Evaluator%20as%20Cartographer.pdf

Trochim, W. (2001). *The research methods knowledge base* (2nd ed.). Cincinnati: Atomic Dog Publishing.

Trochim, W. (2004). Concept mapping. In S. Matheson (Ed.), *Encyclopedia of evaluation*. Thousand Oaks, CA: Sage.

Trochim, W., & Cabrera, D. (2005). The complexity of concept mapping. *Emergence: Complexity and Organization, 7*(1), 11-22.

Trochim, W., Cabrera, D., Milstein, B., Gallagher, R., & Leischow, S. (2006). Practical challenges of systems thinking and modeling in public health. *American Journal of Public Health, 96*, 538-546.

Trochim, W., & Cook, J. (1992). Pattern matching in theory-driven evaluation: A field example from psychiatric rehabilitation. In H.-T. Chen & P. H. Rossi (Eds.), *Using Theory to Improve Program and Policy Evaluations* (pp. 49-69). New York: Greenwood Press.

Trochim, W., Cook, J., & Setze, R. (1994). Using concept mapping to develop a conceptual framework of staff's views of a supported employment program for persons with severe mental illness. *Consulting and Clinical Psychology, 62*(4), 766-775.

Trochim, W., & Kane, M. (2005). Concept mapping: An introduction to structured conceptualization in health care. *International Journal for Quality in Health Care, 17*(3), 187-191.

Trochim, W., & Linton, R. (1986). Conceptualization for planning and evaluation. *Evaluation and Program Planning, 9*(4), 289-308.

Trochim, W., Milstein, B., Wood, B., Jackson, S., & Pressler, V. (2004). Setting objectives for community and systems change: An application of concept mapping for planning a statewide health improvement initiative. *Health Promotion Practice, 5*(1), 8-19.

Trochim, W. M. K., Stillman, F. A., Clark, P. I., & Schmitt, C. L. (2003). Development of a model of the tobacco industry's interference with tobacco control programmes. *Tobacco Control, 12*(2), 140-147.

Valacich, J. A. D., & Nunamaker, J. (1992). Group size and anonymity: Effects on computer-mediated idea generation. *Small Group Research, 23*(1), 49-73.

Valentine, K. (1989). Contributions to the theory of care. *Evaluation and Program Planning, 12*(1), 17-24.

van Nieuwenhuizen, C., Schene, A. H., Koeter, M. W. J., & Huxley, P. J. (2001). The Lancashire quality of life profile: Modification and psychometric evaluation. *Social Psychiatry and Psychiatric Epidemiology, 36*(1), 36-44.

VanderWaal, M. A. E., Casparie, A. F., & Lako, C. J. (1996). Quality of care: A comparison of preferences between medical specialists and patients with chronic diseases. *Social Science and Medicine, 42*(5), 643-649.

Veney, J. E., & Kaluzny, A. D. (1984). *Evaluation and decision making for health services programs.* Englewood Cliffs, NJ: Prentice-Hall.

Wasserman, A., & Faust, K. (1994). *Social network analysis: Methods and applications.* Cambridge: Cambridge University Press.

Weller, S. C., & Romney, A. K. (1988). *Systematic data collection.* Newbury Park, CA: Sage Publications.

Wheeler, F., Anderson, L. A., Boddie-Willis, C., Price, P., & Kane, M. (2005). The role of state public health agencies in addressing less prevalent chronic conditions. *Preventing Chronic Disease: Public Health Research, Practice, and Policy, 2*(3), 1-9.

White, K. S., & Farrell, A. D. (2001). Structure of anxiety symptoms in urban children: Competing factor models of the revised children's manifest anxiety scale. *Journal of Consulting and Clinical Psychology, 69*(2), 333-337.

Witkin, B., & Altschuld, J. W. (1995). *Planning and conducting needs assessments.* Thousand Oaks, CA: Sage.

Witkin, B., & Trochim, W. (1997). Toward a synthesis of listening constructs: A concept map analysis of the construct of listening. *International Journal of Listening, 11*, 69-87.

Wrightson, M. (1976). The documentary coding method. In R. Axelrod (Ed.), *The structure of decision: The cognitive maps of political elites*. Princeton, NJ: Princeton University Press.

찾아보기

인명

내용

저자 소개

Mary Kane, M. S.

Concept Systems Incorporated(CSI)의 사장이며 CEO이다. 개념도 방법론과 개념도 과정을 표준화하였으며 공공 및 민간 조직을 개선하는 사업에서 컨설팅 경험이 있다. 주요 컨설팅 분야는 전략적 운영 계획, 리더십 코칭 및 조직 개발, 제품 및 프로그램 개발, 교육 및 훈련 설계, 프로그램 요구 확인 및 평가 계획 등이다. 25년 동안 공공 및 민간 조직 개선 사업에서 CSI 고객의 컨설팅, 교육, 관리 업무를 수행해 왔다. 개념도 및 패턴 일치의 적용에 대한 다수의 저술 및 공동 저술에 참여하였고, 주요 기사의 주제는 공중보건, 지역사회 의사결정 및 평가 구조 개발 분야의 협력사 및 고객과 함께하는 조직 의사결정 및 전략적 계획 등이다.

William M. K. Trochim

노스웨스턴 대학교에서 심리학으로 박사학위를 받았고, 다변량 형식의 개념도와 Concept System 소프트웨어 및 방법론의 개발자로서, ㈜Concept System 사의 공동설립자이자 미국평가협회 이사를 역임하였다. 현재는 코넬 대학교 정책분석경영학과 교수로 활동하고 있으며, 『American Journal of Evaluation』 『New Directions for Program Evaluation』 『Evaluation and Program Planning』 『Evaluation Review』 『American Journal of Public Health』 『Journal of Clinical Epidemiology』 『Journal of Consulting and Clinical Psychology』 『Controlled Clinical Trials』 『Performance Improvement』 『Medical Decision Making』 등의 학술지에 다수의 논문을 발표하였다.

역자 소개

최윤정(Yoonjung Choi)

서울대학교 대학원 교육학과(교육상담전공) 박사

전 한국생애개발상담학회 사례관리위원장 및 기획정책위원장

현 한국명상학회 편집위원장

한국교육상담학회 사례관리위원장

강원대학교 교육학과(교육상담전공) 부교수

〈주요 저서〉

성인학습 및 상담론(학지사, 2018)

학교상담과 생활지도(학지사, 2020)

〈주요 논문〉

고학력 기혼여성의 진로단절 위기 경험에 대한 개념도(2007)

상담학 연구에서 개념도(Concept Mapping)방법의 적용(2007)

고용센터 직업상담사가 인식한 심층상담 수퍼비전 요구에 대한 개념도(2013)

국내 상담심리 분야의 개념도 연구방법에 대한 메타분석적 개관(2019)

예비교사를 위한 학교상담론 수업 성과에 대한 개념도: 성찰일지 분석을 중심으로(2021)

특성화고 입학생이 고교 진학과정에서 경험한 어려움에 대한 개념도(2021)

김지연(Jiyeon Kim)

서울대학교 대학원 교육학과(교육상담전공) 박사

전 계명대학교 교육대학원 진로진학상담전공 조교수

한국기술교육대학교 테크노인력개발전문대학원 대우교수

현 경기대학교 일반대학원 상담학과 및 교육대학원 상담교육전공 조교수

〈주요 저서〉

진로상담과 연구를 위한 진로상담 척도 핸드북(공저, 학지사, 2014)

상담학 연구방법론: 연구논문 작성의 리얼 스토리(공저, 학지사, 2022)

〈주요 논문〉

담임교사가 인식한 학교상담자와의 자문 관계에서의 장애요인 탐색(2019)

전문상담교사 자문 역할 수행의 장애요인 탐색(2019)

고등학교 담임교사가 인식하는 우수 진로전담교사의 직무수행 특성에 대한 개념도 연구(2021)

이혜은(Hyeeun Lee)

서울대학교 대학원 교육학과(교육상담전공) 박사

전 서울대학교 대학생활문화원 전문위원

수원대학교 교육대학원 상담교육과 특임교수

현 한국기술교육대학교 고용서비스정책학과 조교수

〈주요 저서〉

대학생의 행복한 삶을 위한 진로심리학(공저, 학지사, 2020)

상담학 연구방법론: 연구논문 작성의 리얼 스토리(공저, 학지사, 2022)

〈주요 논문〉

예비교사를 위한 학교상담론 수업 성과에 대한 개념도: 성찰일지 분석을 중심으로(2021)

개념도 연구방법론:

계획에서부터 평가에 이르기까지

Concept Mapping for Planning and Evaluation

2022년 10월 1일 1판 1쇄 인쇄
2022년 10월 10일 1판 1쇄 발행

지은이 • Mary Kane · William M. K. Trochim
옮긴이 • 최윤정 · 김지연 · 이혜은
펴낸이 • 김진환
펴낸곳 • (주)학지사
04031 서울특별시 마포구 양화로 15길 20 마인드월드빌딩
대표전화 • 02-330-5114 팩스 • 02-324-2345
등록번호 • 제313-2006-000265호

홈페이지 • http://www.hakjisa.co.kr
페이스북 • https://www.facebook.com/hakjisabook

ISBN 978-89-997-2764-1 93370

정가 16,000원

역자와의 협약으로 인지는 생략합니다.
파본은 구입처에서 교환해 드립니다.